2017年度国家社科基金青年项目,"干部选拔任用中的'逆淘汰'现象及其治理研究"(17CZZ028)

光明社科文库
GUANGMING DAILY PRESS:
A SOCIAL SCIENCE SERIES

·政治与哲学书系·

"淘汰"与"逆淘汰"
干部结构转换机制研究

袁 超 | 著

光明日报出版社

图书在版编目（CIP）数据

"淘汰"与"逆淘汰"：干部结构转换机制研究 /
袁超著. --北京：光明日报出版社，2023.7
 ISBN 978-7-5194-7343-3

Ⅰ.①淘… Ⅱ.①袁… Ⅲ.①干部制度—研究—中国
Ⅳ.①D630.3

中国国家版本馆 CIP 数据核字（2023）第 124326 号

"淘汰"与"逆淘汰"：干部结构转换机制研究
"TAOTAI" YU "NITAOTAI"：GANBU JIEGOU ZHUANHUAN JIZHI YANJIU

著　　者：袁　超	
责任编辑：李壬杰	责任校对：李　倩　李　兵
封面设计：中联华文	责任印制：曹　净

出版发行：光明日报出版社
地　　址：北京市西城区永安路 106 号，100050
电　　话：010-63169890（咨询），010-63131930（邮购）
传　　真：010-63131930
网　　址：http://book.gmw.cn
E - mail：gmrbcbs@ gmw.cn
法律顾问：北京市兰台律师事务所龚柳方律师
印　　刷：三河市华东印刷有限公司
装　　订：三河市华东印刷有限公司
本书如有破损、缺页、装订错误，请与本社联系调换，电话：010-63131930
开　　本：170mm×240mm
字　　数：228 千字　　　　　　　　　印　　张：13.5
版　　次：2023 年 7 月第 1 版　　　　印　　次：2023 年 7 月第 1 次印刷
书　　号：ISBN 978-7-5194-7343-3
定　　价：85.00 元

版权所有　　翻印必究

本书献给爱踢妈妈肚皮的"知知"宝

自　序

本书是在笔者主持的国家社会科学基金青年项目"干部选拔任用中的'逆淘汰'现象及其治理研究"（17CZZ028）结项研究报告和复旦大学政治学博士后出站报告（2022年6月）的基础上精简而成。

本书在干部体制、党政体制及至党领导国家发展的广义政治逻辑中展开，将中观意义上的干部结构状况视为影响干部体制韧性、党政体制运行以及政党治理成效的重要自变量，而着重探析这个中观理论链条中的中间变量——干部结构转换机制。在认识论意义上，干部结构被视为一个面向外部党政体制和内部队伍建设的结构化存在：一方面，它是支撑党政体制权力运作的中枢结构；另一方面，它是支撑干部队伍能力形成和能动性发挥的核心结构。在实在论意义上，干部结构可依据政策要求划分为政治标准、年龄阶梯、知识构成、能力导向、行为作风等五大维度。在当代中国干部人事制度的叙事背景下，干部结构转换实际上是通过身份意义上的干部"进出"、职级意义上的干部"上下"与职权意义上的岗位"虚实"调整来实现的，它不仅限于单一的干部人事制度环节，而且与干部选任、管理和培养三大制度环节相衔接、相融合。对此，本书主要从干部淘汰与逆淘汰的视角探析干部结构转换机制的运作，并将二者分别视为干部结构转换的规范支撑和非预期断裂。

从制度变迁的视角考察，干部淘汰机制是伴随着改革开放以来的干部制度变革而逐渐构建起来的，其功能主要是为实现干部选任过程中的"选贤任能"目标及满足时代发展需求的干部结构转换提供规范性支撑。在干部人事制度的变迁历程中，当代中国的干部淘汰机制形成了竞争型、考评型和过失型三大制度类型，虽不断发挥着系统性的制度优势，但仍然存在进一步完善的空间。本书从完善干部淘汰机制构建的基础性制度、相关性要件以及推动全社会关于干部淘汰的认知变革的角度提出了尝试性的改进方向。

然而，在干部淘汰的制度过程中，还存在一种非预期现象，即干部逆淘汰。本书认为在当代中国的党政体制中，一些机关内伴随选人用人过程而发生的逆淘汰已经成为"正常"现象，甚至一些生成逆淘汰的潜规则行为已然演化为"寄生于正式制度的非正式行为"。无论干部逆淘汰现象有多复杂，它都是组织环境的产物，在受到特定历史传统的路径依赖影响之外，还存在一以贯之的制度逻辑。本书将逆淘汰现象的本质结构界定为组织权力主导下的"权力共谋"，并提出它是结构性的"科层失灵"和过程性的"关系"裹挟共同作用的结果。干部逆淘汰的发生有着路径依赖式的历史根源，也有着看似规范的组织制度基础，它造成的事实就是导致干部结构转换发生不同程度的断裂。遏制逆淘汰首先需要明确使命型政党治理的整体主义路径，即基于使命型政党的类型化特征，充分发挥其理想信念引领功能、自我革命功能以及党内法规制度约束功能；其次还需要在具体的实践层面着力逆转"科层失灵"、破除"关系"裹挟。

最后，本书回到更广阔的政治结构场景，就推动党领导国家发展的广义政治逻辑提出两个关联性的理论发展方向：一是可拓展探讨干部结构转换机制与干部体制韧性之间的关系问题，尝试提出更为丰富的干部体制韧性维度；二是拓展干部结构与宏观政治逻辑相联系的中间机制解释，可尝试由政治体制能力概念延展开去。相比于中微观层面的干部淘汰和逆淘汰机制，以干部结构转换、干部体制韧性、政治体制能力乃至当代中国政治发展为线索的宏大叙事将成为这项未竟研究进一步拓展的方向。

目 录
CONTENTS

绪 论 ·· 1
  第一节 从"淘汰"视角反观干部选任与干部结构转换 ······················· 1
  第二节 文献回顾与研究现状 ··· 5
  第三节 概念工具与理论逻辑 ·· 16
    一、基础概念再界定——"干部""干部淘汰" ························· 17
    二、核心概念再概念化——"干部结构""干部逆淘汰" ············· 22
    三、基本理论工具——"党政体制""干部国家""政党能力" ····· 28
  第四节 研究进路与研究方法 ·· 30
    一、组织社会学与新制度主义 ·· 30
    二、历史政治学与比较历史分析 ··· 30
    三、社会调查与深度访谈 ·· 31

第一章 干部选任、干部结构转换与当代中国政治发展 ·················· 32
  第一节 干部结构转换:从干部选任到政治发展的支撑机制 ············ 33
  第二节 干部结构转换的动力因素分析 ···································· 35
    一、境外局势变化层面 ··· 35
    二、国内形势变化层面 ··· 37
    三、干部人事制度变革层面 ··· 38
    四、干部队伍建设现状层面 ··· 39
  第三节 干部结构转换的政策导向和实践要求 ···························· 40
    一、政治标准 ·· 41

二、年龄梯队 ………………………………………… 43
　　三、知识构成 ………………………………………… 44
　　四、能力导向 ………………………………………… 46
　　五、行为作风 ………………………………………… 47
　第四节　干部结构转换的制度保障 …………………………… 48
　　一、构建全方位的干部培养方案 …………………… 48
　　二、构建精细化的考核评价体系 …………………… 50
　　三、激活"五大"选任环节的功用 …………………… 52
　　四、完善能上能下的用人机制 ……………………… 53
　第五节　小结：作为干部结构转换机制的"淘汰"与"逆淘汰" … 54

第二章　淘汰机制：干部结构转换的规范支撑 ………………………… 56
　第一节　当代中国干部制度改革历程中的淘汰机制构建 …… 57
　　一、干部淘汰机制的初步创建 ……………………… 57
　　二、干部淘汰机制的实践发展 ……………………… 60
　　三、干部淘汰机制的系统调适 ……………………… 62
　第二节　当代中国干部淘汰机制的实践类型分析 …………… 64
　　一、竞争型淘汰 ……………………………………… 64
　　二、考评型淘汰 ……………………………………… 66
　　三、过失型淘汰 ……………………………………… 68
　第三节　"备选型淘汰"？干部培养中的"备而不用、用而不备"
　　　　　现象分析 ……………………………………………… 75
　　一、精英转换视野下的后备干部制度 ……………… 76
　　二、"二元互嵌"：后备干部"培养"的制度过程分析 … 78
　　三、"支流选配"："用而不备、备而不用"背后的政治逻辑 … 82
　第四节　当代中国干部淘汰制度的问题分析 ………………… 85
　　一、干部队伍建设基础性制度存在不足 …………… 86
　　二、涉及竞争性淘汰机制规范运行的制度性不足 … 88
　　三、涉及否定性淘汰机制规范运行的制度性不足 … 89
　第五节　小结 …………………………………………………… 91

第三章　逆淘汰机制：干部结构转换的非预期断裂 ………… 93
第一节　从现象到机制：干部逆淘汰问题的当代浮现 ………… 94
第二节　干部逆淘汰的历史源生论：关于结构性根源的探析 ………… 95
一、逆淘汰的早期历史形态 ………… 96
二、专制皇权 ………… 99
三、选官制度与现实的矛盾 ………… 112
四、小农经济对社会风气的影响 ………… 117
五、民众观念的转变 ………… 122
第三节　干部逆淘汰的实践类型论：关于场景化认知的分析 ………… 127
一、社会观念中的干部逆淘汰 ………… 129
二、社会—政治过程中的干部逆淘汰 ………… 130
第四节　干部逆淘汰的组织社会论：关于生成运作机制的分析 ………… 131
一、形成于正式制度过程中的非预期行为和结果 ………… 131
二、"科层失灵"——干部逆淘汰形成的组织结构变量 ………… 132
三、"关系"裹挟——从科层失灵到干部逆淘汰的中介机制 ………… 136
第五节　小结 ………… 139

第四章　"规范'淘汰'与遏制'逆淘汰'的治理之道" ………… 141
第一节　规范并完善当代中国的干部淘汰机制 ………… 141
一、完善干部淘汰机制构建的基础性制度 ………… 142
二、规范干部淘汰机制构建的相关性要件 ………… 144
三、推动干部淘汰机制的认知变革 ………… 147
第二节　以使命型政党的治理之道遏制干部逆淘汰 ………… 149
一、使命型政党治理：遏制干部逆淘汰的整体主义路径 ………… 149
二、逆转"科层失灵"：遏制干部逆淘汰的结构之维 ………… 153
三、破除"关系"裹挟：遏制干部逆淘汰的过程之维 ………… 158

结束语 ………… 163

附　论　关于党内政治生态的理论思考和认识 ………… 167
第一节　时序视野中的党内政治生态问题 ………… 168

第二节　党内政治生态的概念界定 ················· 170
第三节　影响党内政治生态的基本要素 ·············· 172
第四节　党内关于政治生态问题的系统性认识 ········· 174

参考文献 ··· 180

后　记 ··· 197

绪　论

第一节　从"淘汰"视角反观干部选任与干部结构转换

所谓"为政之要，惟在得人。用非其才，必难致理"①，选人用人是政治运作的核心过程，亦是实现善治的中介途径。在中国的政治传统中，建构一套行之有效的组织人事制度以筛汰糟粕、拔擢良才是实现政治精英良性轮替、确保政权巩固稳定、促进政治社会有序发展的必要条件，人们经常用"选贤任能"这一既强调过程意义又指向结果意义的概念来界定选人用人的目标工作和理想状态②。若暂且不论结果意义上的"选贤任能"，仅从其关键性的制度机制来看，"淘汰"与"晋升"是支撑"选贤任能"的两套核心制度机制③，它们虽有不尽相同的制度逻辑，但在政治过程上实为一体两面、反向互

---

① 贞观政要［M］. 骈宇骞，齐立洁，李欣，译注. 北京：中华书局，2012：232.
② 从数千年政治史走来，"贤能（人）政治"和"选贤任能"早已在中国人的传统政治观念中形成了极为特殊的地位，并生长出不言自明的文俗情感。尽管1500年之后东西方政治社会开始发生"大分流"，但在西方古希腊的早期传统政治观中，柏拉图等经典哲学家所主张的"哲学王"观念亦可谓在一定程度上与东方"贤治"不谋而合。加拿大学者贝淡宁（Daniel A. Bell）曾出版专著，以西方学者的视角对此政治模式做出一定阐释，具体参见：贝淡宁. 贤能政治：为什么尚贤制比选举民主制更适合中国［M］. 吴万伟，译. 北京：中信出版社，2016.
③ 考虑本研究对象会在不同实践语境下分属于不同的理论分析层次，因而有必要对"制度"和"机制"做一个简要的界定。一方面，就普遍意涵而言，《辞海》将"制度"定义为"经制定而为大家共同遵守认同的办事准则"，将"机制"定义为"本指机器的构造与运作原理，后泛指社会或自然现象的内在组织和运行的变化规律"，可知"制度"包含"机制"；本研究认同这一基本界定，并在大多数论述时运用这一组概念界定及其逻辑关系，例如当研究层次具体指向特定制度时，当论及"干部选任制度与干部的晋升或淘汰机制""干部淘汰制度与淘汰机制"时，其概念逻辑是不言自明的。但另一方面，当研究层次转换到具体指向整体的科层政治运作过程时，"机制"就会包含具体"制度"，例如当论及"干部选任与干部结构转换机制"时，实则是在政治过程层次上进行考察，强调干部人事制度的实践运作之于实现干部结构转换、政治精英轮替的"机制"作用。特此辨明。

补的，以共同推进基于政治标准、年龄梯队、知识构成、能力结构、作风行为等要素的党政干部结构转换，或称科层制内部政治精英的规范轮替，进而推动更高层次的政治发展。

然而，无论是实务界，还是学术界，"干部提拔""官员晋升"都是干部选任研究中最受关注的显问题，相比之下，作为其"一体两面"的"干部淘汰"却是一个少有人问津、相对冷门的隐问题。实际上，干部提拔和干部淘汰均为当代中国干部选任的核心过程，二者共同构成了干部队伍机体的"新陈代谢"系统。正如《推进领导干部能上能下规定》所强调的，"推进领导干部能上能下，重点是解决能下问题"①。科学有效的干部淘汰机制能够保持党政干部队伍的生机活力，优化党政干部队伍的德才素质构成，进而提升党政组织体系的结构能力，甚至还在一定条件下对政治大局发挥着"过滤器"和"稳压器"的作用。新中国成立以来，我国党政组织中事实上存在过干部终身制，也在相当程度上存在机关领导干部"人浮于事""得过且过"但却"能上不能下"的现象，在干部淘汰的政治实践中曾普遍存在"认识不到位""重视程度不够""顾忌太多""利益关系复杂""过于强调稳定、和谐""雷声大、雨点小""基础制度支撑不足"等突出问题。

甚至，在过去一段时间的治党实践中，一些地方和单位的选人用人，特别是"党政领导干部"的选拔任用过程中存在着不同程度的逆淘汰现象。2014年以来，习近平、刘云山等党和国家领导人多次明确指出要"坚决纠正'劣币驱逐良币'的逆淘汰现象"②"切实防止一些干部的'逆淘汰'问

---

① 2022年9月19日由中共中央办公厅印发，具体参见：中办印发《推进领导干部能上能下规定》[N]．人民日报，2022-09-20（1）．

② 2015年1月13日，习近平在第十八届中央纪律检查委员会第五次全体会议上指出："买官卖官为什么屡禁不止？一手交钱、一手交货，这多容易啊！一些德才平平、投机取巧的人屡屡得到提拔重用，踏实干事的干部却没有进步的机会。这是搞逆淘汰，伤害了多少好干部的心！"参见：习近平在十八届中央纪委五次全会上发表重要讲话强调：深化改革　巩固成果　积极拓展　不断把反腐败斗争引向深入［N］．人民日报，2015-01-14（1）。2016年10月27日，习近平在党的十八届六中全会第二次全体会议上强调："要大力整治选人用人上的不正之风，使用人风气更加清朗，坚决纠正'劣币驱逐良币'的逆淘汰现象。"参见：习近平在党的十八届六中全会第二次全体会议上的讲话（节选）[J]．求是，2017（1）．

题"①，展开了整肃选人用人不正之风和纠正选人用人根本导向的治党实践，引起全社会的高度关注。2015年7月以来，由中共中央办公厅依次印发（个别已经过二次修订）的《推进领导干部能上能下若干规定（试行）》《中国共产党纪律处分条例》《关于防止干部"带病提拔"的意见》《关于新形势下党内政治生活的若干准则》《中国共产党问责条例》《中国共产党党内监督条例》《中国共产党组织工作条例》等，从党内法规和规范性文件的高度为"整治选人用人上的不正之风""坚持正确的选人用人导向"提供制度保障，力图"以用人环境的风清气正促进政治生态的山清水秀"②。2020年10月，在深圳经济特区建立40周年庆祝大会上，习近平从"建立健全激励机制"的角度指出，党内要着重"推动形成能者上、优者奖、庸者下、劣者汰的正确导向，为改革者负责、为担当者担当，激发党员、干部干事创业的热情和劲头"③，将坚持选人用人的正确导向与"在更高起点上推进改革开放"联系起来，突出了选人用人的又一层战略意义。2022年9月，最新修订出台的《推进领导干部能上能下规定》再次强调要在新时代"着力解决不担当、不作为、乱作为等问题，促使领导干部自觉践行'三严三实'要求，推动形成能者上、优者奖、庸者下、劣者汰的用人导向和从政环境"④，党的二十大则再次对这一要求予以明确。

---

① 2014年9月1日，时任中共中央政治局常委、中央书记处书记、中央党校校长刘云山在中央党校2014年秋季学期开学典礼上指出："选拔任用干部，要把'三严三实'作为重要标准，让那些修身严、用权严、律己严、谋事实、创业实、做人实的干部干事有舞台、工作有位子，切实防止一些干部'逆淘汰'的问题。"参见：刘云山. 党员干部要自觉践行"三严三实"[N]. 学习时报，2014-09-08（1）.
2014年12月19日，刘云山在全国组织部长会议上的讲话中指出："现在，一些地方党内政治生活不正常，形形色色的潜规则、大大小小的关系网、'劣币驱逐良币'的逆淘汰、各种各样的特权现象，等等，严重混淆了是与非、公与私、正与邪的界限，严重损害了党员、干部队伍的正能量和精气神。"参见：刘云山. 在全国组织部长会议上的讲话[J]. 党建研究，2015（2）.
2015年3月9日，刘云山参加十二届全国人大三次会议湖南代表团的审议时指出："要彰显选人用人的好风气，遏制形形色色的潜规则、大大小小的关系网、'劣币驱逐良币'的逆淘汰，推动形成风清气正的从政环境。"参见：习近平 李克强 张德江 刘云山分别参加全国人大会议一些代表团审议[N]. 人民日报，2015-03-10（1）.
② 习近平. 在党的十八届六中全会第二次全体会议上的讲话（节选）[J]. 求是，2017（1）.
③ 习近平. 在深圳经济特区建立40周年庆祝大会上的讲话[N]. 人民日报，2020-10-15（2）.
④ 中办印发《推进领导干部能上能下规定》[N]. 人民日报，2022-09-20（1）.

然而，即使是在"反腐败斗争取得压倒性胜利、全面从严治党取得重大成果"①的背景下，选人用人腐败问题仍未得到完全解决，逆淘汰现象亦不同程度存在。2022年1月，由中央纪委国家监委宣传部与中央广播电视总台联合摄制的电视专题片《零容忍》第一集《不负十四亿》开播，突出讲述了十九大以来不收敛、不收手的若干案件，首先提的就是"孙力军案"；随着公安部原党委委员、副部长孙力军的落马，龚道安、邓恢林、王立科、刘新云等一批省级政法系统领导干部被立案审查调查，这个以孙力军为首的利益团伙再一次向外界揭露了党内存在的"团团伙伙""拉帮结派""山头主义"等现象，由孙力军所讲述的快速提拔"自己人"的过程更是赤裸裸地反映出逆淘汰、带病提拔等严重的用人腐败问题，可谓触目惊心。值得进一步深思的是，干部选任中的逆淘汰现象显然不是一日形成的，亦不可能一日而除，它并非没有得到有关部门的关注和重视，但为什么仍然没有根除？对此，我们需进一步展开以下学术追问：

为什么"潜规则"与"明规则"可以同时存在，且"潜规则"能够"寄生"于"明规则"，并借其发挥作用？是什么因素和机制导致一定时空条件下的"明规则"不如"潜规则"管用，甚或"明规则"失灵而"潜规则"盛行？

逆淘汰现象有着怎样的历史文化和制度结构根源，它在当代中国干部选任过程中的蔓延是否与淘汰机制不健全存在因果联系？

淘汰机制与逆淘汰机制并存对当代中国干部结构转换会带来怎样的影响？对此，又该如何应对？

以上皆是亟待深入研究的重大现实和理论问题。对此，笔者在当代中国干部选任与干部结构转换的整体叙事背景下，聚焦干部淘汰与逆淘汰问题，将存在于干部选任过程中的淘汰机制与逆淘汰机制视为当代中国干部结构转换的重要机制，二者分别对干部结构转换产生了规范支撑作用和非预期断裂作用。基于此，本研究旨在探索构建"淘汰和逆淘汰"与"当代中国干部结构转换"之间的机制性论述，并最终观照中国特色社会主义制度的完善及当代中国的政治发展。

---

① 中共中央政治局召开会议 中共中央总书记习近平主持会议——分析研究2019年经济工作 研究部署党风廉政建设和反腐败工作［N］．人民日报，2018-12-14（1）．

第二节 文献回顾与研究现状

本研究的文献回顾与研究现状工作将根据目标设定，重点围绕三大原则展开：一方面聚焦与"干部选任""干部结构""干部淘汰""干部逆淘汰"等直接相关的研究成果；另一方面聚焦与本研究对象存在一定关联的研究成果，例如"带病提拔""裙带关系"等研究成果；再一方面聚焦能够借以解释本研究对象的相关理论工具，例如精英转换理论，官员理性与能动性理论，绩效考核、官员注意力与干部行为理论等。基于对国内外研究文献的有限梳理，相关研究成果主要分布如下：

其一，干部选任与干部结构转换相关研究。干部选拔任用关系"如何选任干部""选任什么样的干部"以及"何以实现干部治国"的重大现实问题，因而一直是海外中国研究和国内公共行政、当代中国政治和党史党建研究中经久不衰的显问题。虽说广义上的干部选任研究理应涉及干部素质培养、知事识人、选拔任用、从严管理、正向激励、淘汰退出等制度体系的方方面面，但国内外研究成果最为聚焦的是干部（官员）的选拔晋升问题，因为它被认为最集中地反映出中国政治、经济与社会体制的变迁①。近四十年来，该领域出现过"两波"研究浪潮；第一波出现在 20 世纪 80 年代初，主要对中国的政治精英群体进行描述性研究；第二波出现在 20 世纪 90 年代初，其核心研究问题是中国的政治精英如何实现政治晋升②，这一波研究一直延续至今，产

---

① LI C, BACHMAN D. Localism, Elitism and Immobilism: Elite Formation and Social Change in Post-Mao China [J]. World Politics, 1989, 42 (1): 64-94; LI C, WHITE L. Elite Transformation and Modern Change in Mainland China and Taiwan: Empirical Data and the Theory of Technocracy [J]. The China Quarterly, 1990, 121: 1-35.
② 林蓉蓉. 人力资本如何影响官员晋升——基于 1990—2013 年省级领导晋升过程的研究 [J]. 政治学研究, 2019 (1).

生了以"政治身份、教育水平晋升论"①"经济绩效与晋升锦标论"②"关系晋升论"③ 等为代表的汗牛充栋的研究成果。而在动态演化的干部选任制度化过程中，干部队伍也随之发生着包括年龄、知识、能力和视野等结构化要素在内的适应性转换④，这一方面是由中微观的干部选任制度变迁决定的，另一方面则是由更为宏观的政治经济社会变迁所决定的。

从本研究出发，若将干部选任与干部结构转换联系在一起考察，那么贯穿其中的核心问题应是："如何通过干部选任的制度实践来实现干部结构的因应性转换"。所谓"因应性"，一方面表现为与干部结构转换动力的相适应性，即干部结构转换是对于外部压力和内生动力的调适性回应，不同历史阶段会塑造不同的干部队伍外部压力，而内生动力则主要生发于"党政体制"⑤ 的组织调适；另一方面表现为与干部结构转换效用的相适应性，即干部结构转换是对于"党政体制"有效运作的调适性支撑，亦从结构维度解释了前一方

---

① ZHOU X G, TUMA N B, MOEN P. Stratification Dynamics under State Socialism: The Case of Urban China, 1949—1993 [J]. Social Forces, 1996, 74 (3): 759-796; BIAN Y J, SHU X L, LOGAN J R. Communist Party Membership and Regime Dynamics in China [J]. Social Forces, 2001, 79 (2): 805-841; ZANG X W. Educational Credentials, Elite Dualism, and Elite Stratification in China [J]. Sociological Perspectives, 2001, 44 (3): 189-205; ZHAO W, ZHOU X G. Chinese Organizations in Transition: Changing Promotion Patterns in the Reform Era [J]. Organization Science, 2004, 15 (2): 186-199.

② 周黎安. 中国地方官员的晋升锦标赛模式研究 [J]. 经济研究, 2007 (7); 姚洋, 张牧扬. 官员绩效与晋升锦标赛——来自城市数据的证据 [J]. 经济研究, 2013 (1); 乔坤元. 我国官员晋升锦标赛机制的再考察——来自省、市两级政府的证据 [J]. 财经研究, 2013 (4); 梅赐琪, 翟晓祯. "政绩出官"可持续吗？——挑战晋升锦标赛理论的一个新视角 [J]. 公共行政评论, 2018 (3).

③ SHIH V, ADOLPH C, LIU M X. Getting ahead in the Communist Party: Explaining the Advancement of Central Committee Members in China [J]. American Political Science Review, 2012, 106 (1): 166-187; CHOI E K. Patronage and Performance: Factors in the Political Mobility of Provincial Leaders in Post-Deng China [J]. The China Quarterly, 2012, 212: 965-981; JIA R, KUDAMATSU M, SEIM D. Political Selection in China: The Complementary Roles of Connections and Performance [J]. Journal of the European Economic Association, 2015, 13 (4): 631-668; LI H, GORE L P. Merit-Based Patronage: Career Incentives of Local Leading Cadres in China [J]. Journal of Contemporary China, 2018, 27 (109): 85-102.

④ 陈家喜. 我国干部选拔制度改革的路线图——以全国组织工作会议为线索 [J]. 社会科学研究, 2017 (5); 陈家喜, 林清新. 新时代执政党干部选任制度的新变化 [J]. 理论探讨, 2019 (2).

⑤ 景跃进, 陈明明, 肖滨. 当代中国政府与政治 [M]. 北京: 中国人民大学出版社, 2016: 4-6.

面的"内生动力"。更深一层地，本研究将聚焦"淘汰与逆淘汰机制对于干部结构转换的影响"。

其二，干部淘汰与逆淘汰问题相关研究。在社会发展的过程中，"淘汰"是与"竞争"相生相伴的现象，它广泛而频繁地发生于人们的日常生活，因而也自然成了自然科学和人文社科等众多学科关注的研究对象。在社会科学领域，淘汰和逆淘汰议题较多地出现在社会学、管理学、经济学和政治学研究中，但具体到党政领导干部的淘汰和逆淘汰问题，直接相关的学术研究成果则相对有限。

就干部淘汰研究而言，直接以"干部淘汰""官员淘汰""公务员淘汰"为关键词，通过中国学术期刊全文数据库（CNKI 中国知网）检索到的相关期刊文献有 59 篇（截至 2022 年 6 月），但多数为新闻信息或政工宣传类文献，具有一定学术参考意义的论文不足三分之一。在成果的时间分布上，近四分之三发表于 2010 年以前，集中在 20 世纪 90 年代中后期和 21 世纪前十年；近 10 年来，仅有 1 篇短篇政论和 1 篇学术论文研究该议题；近 20 年来，仅有 2 本专著以此为专门研究对象；至于海外学界的对应研究，则更是寥寥无几。

国内关于干部淘汰机制的关注和研究，是在邓小平南方谈话和党的十四大明确提出要建立社会主义市场经济体制之后才开始兴起的。早期的文献认为，建立领导干部"适度"淘汰机制是优化领导干部队伍（包括干部年轻化要求）、助力社会主义市场经济发展的有力措施，强调结合任期制并以"适度""实绩""量才安置"和服务"改革导向"等为基本工作原则①。此后一段时间的文献多集中在从企业人事管理领域往党政干部、公务员管理领域引入"末位淘汰"是否合理并合适的争论，有的学者认为应该以积极的姿态支持其在我国进行推广，但须加快从适用性、功效性、合理性、科学性四个方面改革和完善党政干部末位淘汰制的规范性②；但也有研究认为，党政干部末位淘汰在法律上与公务员管理法规相违背，在逻辑上存在以"排位"乱考核的误区，在操作上存在目标与结果之间的矛盾③。专著类的系列论述从党政干部"任期制""引咎辞职""弹劾制""自愿辞职""带薪下海"等制度和现

---

① 方正达，黄震乾. 简论领导干部适度淘汰机制的建立 [J]. 理论与改革，1993（4）；武园萍. 建立干部定期适度淘汰机制的探索 [J]. 福建论坛（经济社会版），1995（2）；李发军. 试论建立领导干部积极淘汰机制 [J]. 领导科学，1999（3）.
② 高国舫. 党政干部末位淘汰制探讨 [J]. 岭南学刊，2005（1）.
③ 甘长山. 公务员末位淘汰制评析 [J]. 当代中国政治研究报告，2003（1）.

象切入，探讨了干部淘汰机制的现状、问题与制度构成，提出要通过干部选任机制、考核机制、权力运行机制、监督制约机制、教育机制、权利保障机制、安置机制等方面的配套改革来完善干部淘汰机制①。后有专论认为，党政领导干部淘汰机制实质上是一种优胜劣汰机制，能够对党政领导行为产生充分的激励作用，使党政领导干部的领导能量和领导效能得以释放和显现，并提出可从党政领导干部的素质、激励和领导效能三个方面为构建干部淘汰机制的支点②。近年来，有学者以减少官场逆淘汰为出发点，提出必须通过宗旨教育、制度建设，尤其是科学的领导干部考核指标体系，完善官员"正淘汰"机制，让潜规则不灵，让显规则盛行③。亦有历史研究关注川陕苏区时期政权军事化背景下乡村干部的选拔与淘汰机制，探析乡村干部流动机制与苏区面临严重生存危机和紧迫资源汲取任务之间的关系④。

相关可参考研究还包括干部（官员、公务员）退出机制研究。在世纪之交的早期研究中，干部淘汰多被简化为从企业管理中引入的"末位淘汰"，而干部、官员或公务员"退出"被认为是比"淘汰"内涵更广、更中性的表述，它不仅可以包含"淘汰"的情形，还包含"退休""调整不胜任现职干部""辞职"等情形（魏磊等，2002）。据中国知网收录，以"干部（公务员、官员）退出（制度）机制"为主题的期刊文献有近百篇，此外，近15年来还有45篇硕士学位论文和1篇博士学位论文聚焦于此；无论是期刊论文，还是学位论文，分别以"公务员"和"（领导）干部"为论文标题的文献比例大致是7∶3，这在学位论文中体现得更加两极化（其中41篇硕博学位论文聚焦"公务员"，5篇硕士学位论文聚焦"领导干部"）。通过文献检视可知，公务员退出问题基本被纳入公共行政学领域的公务员制度研究之中，干部、公务员退出机制被认为有利于实现干部、公务员队伍的"新陈代谢"⑤，一般研究强调从公务员录用、管理和退出三大环节有机联系的系统论视角进行考察分析，具体研究往往围绕公务员法律法规进行，着重讨论"退休""辞职""辞退""开除"等制度实践，认为未能广泛推行聘任制、违法违纪和不称职

---

① 高国舫．党政干部淘汰机制研究［M］．北京：中共中央党校出版社，2005．
② 郭智强．党政领导干部淘汰机制研究［M］．兰州：兰州大学出版社，2009．
③ 史云贵．完善官员"正淘汰"机制［J］．人民论坛，2014（27）．
④ 何志明．川陕苏区时期乡村干部的选拔·淘汰机制探析［J］．苏区研究，2019（1）．
⑤ 施康．我国公务员录用、管理与退出机制的关系及整合研究［D］．南京：南京农业大学，2006．

公务员退出比例极少、"能进难出"、退出制度条款模糊无约束、权力腐败等是导致公务员退出机制运行不畅的主要原因，并提出应从树立正确认识、畅通退出渠道、完善退休保障制度、引入科学的考核制度和激励制度等配套制度方面健全公务员退出机制①，若干论文还从比较视角引入对日本、美国、英国、法国等国外经验的分析②。

即使有学者指出，国家"建立公务员正常退出机制"的要旨在于化解干部领导职务终身制和"能上不能下""能官不能民"的历史性难题，因此领导干部退出才是公务员退出的重点与难点③，但既有研究仍然未能从理论高度上对"公务员"和"领导干部"退出问题作出区分性论述。在当代中国的政治实践及其相关研究中：一方面，领导干部往往属于公务员中的关键少数，不仅公务员不一定都是领导干部，而且二者还在政治地位高低和政治权力大小上存在差异；另一方面，从政治学理论的角度分析，需要同时引入国家视角、政党视角以及国家—政党关系视角进行理论探析。基于此，干部退出问题不仅是法律问题，更是政治问题；因此，公务员退出问题与领导干部退出问题并非性质无差的问题，也万不可将公务员退出机制研究与领导干部退出机制研究等而视之。

从整体上看，国内学者往往习惯于用干部"能上能下"、干部"退出"等政策概念来包含甚或替代干部淘汰概念，这些研究虽在宽泛意义上涉及对干部淘汰问题的讨论，但实际上却模糊了干部淘汰与干部"下"、干部退出之间的本质区别，尤其将到龄退休、自愿辞职、期满离任等实践机制视为干部淘汰的实践类型是不妥当的，这在较大程度上妨碍了理论研究的现实解释力，本研究将在后文就此作出明确的概念区隔。

就干部逆淘汰现象研究而言，多数与"逆淘汰"概念相关相似的研究出现在经济学、社会保障学和人口社会学研究中，比如经典的"柠檬"市场理

---

① 齐惠. 略论我国公务员退出机制 [J]. 中共中央党校学报, 2006 (2); 施康. 我国公务员录用、管理与退出机制的关系及整合研究 [D]. 南京：南京农业大学, 2006; 石绍斌. 论我国公务员退出机制的发展与完善 [J]. 江西社会科学, 2008 (10).

② 李和中, 东晓. 日本公务员"再就职"制度的改革与启示——兼论拓宽公务员退出渠道的新视野 [J]. 中国行政管理, 2006 (2); 刘博. 我国公务员退出制度研究 [D]. 上海：华东师范大学, 2006; 方韦. 公务员退出机制研究 [D]. 上海：复旦大学, 2011; 吉利. 我国公务员退出机制研究——以上海市闵行区为例 [D]. 上海：上海交通大学, 2014.

③ 吴丽娟. 中国公务员退出机制的路径依赖及其创新 [J]. 青海社会科学, 2015 (6).

论中指出的，由于市场上存在关于产品质量的信息不对称，消费者只能以平均质量估价和选择，所以就会发生低质量产品将高质量产品驱逐出市场的"逆向选择"①；后来亦有国内学者进一步发展这一理论并将其引入诉讼过程、政策过程和社会保障的相关研究中②；人口社会学则围绕"高素质人口在总人口中所占比例缩小，而低素质人口所占比例扩大"这样一种"人口逆淘汰"问题进行论辩③。尽管在经济学和人口学领域有着看似丰富的相关研究，但与本研究试图解释的干部逆淘汰仍然存在距离。

在政治学和公共管理学研究中，通过CNKI中国知网能搜到40篇（截至2022年6月）与本研究关键词直接相关的期刊文献，但经过检视发现，这些文献多以工作经验报告、政策性解读和报纸新闻评论为主，包括硕博学位论文、学术专著、学术论文在内的围绕因果关系和机制展开的严格意义上的学术成果还相对缺乏。就已有成果而论，国内学界显然仍未对逆淘汰现象形成概念共识，相关研究主要采用了"官场逆淘汰"④"官员逆淘汰"⑤"干部逆淘汰"⑥和"公务员逆淘汰"⑦等概念。较早的成果将其纳入"干部淘汰机

---

① AKERLOF G A. The market for lemon: Quality uncertainty and the market mechanism [J]. The Quarterly Journal of Economics, 1970, 89: 488 – 500; GREENWALD B C N. Adverse Selection in the Labor Market [M]. London: Routledge, 1979.

② 林毅夫，潘士远. 信息不对称、逆向选择与经济发展 [J]. 世界经济, 2006 (1); 张维迎，柯荣住. 诉讼过程中的逆向选择及其解释——以契约纠纷的基层法院判决书为例的经验研究 [J]. 中国社会科学, 2002 (2); 丁煌，李晓飞. 逆向选择、利益博弈与政策执行阻滞 [J]. 北京航空航天大学学报（社会科学版）, 2010 (1); 朱信凯，彭廷军. 新型农村合作医疗中的"逆向选择"问题: 理论研究与实证分析 [J]. 管理世界, 2009 (1).

③ 穆光宗. 人口"逆淘汰": 一个事实抑或一场虚惊——兼评近年有关人口"逆淘汰"的一些流行观点 [J]. 社会学研究, 1993 (6); 辜胜阻，郑凌云. 人口逆淘汰与城镇化制度安排 [J]. 中国人口科学, 2002 (5); 翟振武，侯佳伟. 人口逆淘汰: 一个没有事实根据的假说 [J]. 中国人口科学, 2007 (1); 尹银，邬沧萍. 计划生育政策导致人口逆淘汰？——基于中国省级面板数据的分析 [J]. 中国人民大学学报, 2013 (1).

④ 袭亮，龚凡鑫. 官场"逆淘汰": 表现及其治理 [J]. 山东行政学院学报, 2017 (4).

⑤ 季乃礼. 官员逆淘汰制度溯源 [J]. 人民论坛, 2014 (27); 郑崇明，孙宗峰，杨君. 官员晋升逆淘汰的新制度主义分析及对策 [J]. 廉政文化研究, 2016 (3).

⑥ 彭跃辉. 乡镇政府机构改革干部逆淘汰的成因和对策 [J]. 云南行政学院学报, 2002 (3); 周晓. 领导干部"逆淘汰"现象及其解决对策分析 [D]. 哈尔滨: 黑龙江大学, 2019.

⑦ 张文风，任政文. 公务员"逆淘汰"现象的原因及对策初探 [J]. 天水行政学院学报, 2004 (2).

制"的整体性研究中，专门分析了"淘强留弱"问题，认为淘汰理念偏失和淘汰机制乏力是"弱者易留"的重要原因，强调对淘汰机制进行"阳光化""规制化""中立性""权责对等性"改革①。2014年以来，《人民论坛》《领导科学》《中国党政干部论坛》等杂志陆续刊载了治理官场逆淘汰的专题文章，一方面基于历史分析、制度分析、问卷调查等研究方法对其表现、程度和根源进行了新概括②，另一方面从权责不等、权力异化、监管缺失等制度缺陷或关系"裹挟"等文俗角度着手分析了逆淘汰的生成机制③，再一方面从末端治理、制度完善及创新着手探讨了官场逆淘汰的宏观治理之道④。

其三，"带病提拔"问题研究。尽管"带病提拔"与"逆淘汰"是两个相互独立的概念，但在干部选任的实际过程中二者又存在密切关联，因此本研究亦应对"带病提拔"予以充分关注。自2001年12月时任中组部部长曾庆红在全国组织部长会议上指出"带病提拔"问题之后，该提法便开始在领导人讲话、党内法规和规范性文件以及媒体中经常出现，是具有中国特色的政治概念。在学术研究层面，尽管关于"带病提拔"的规范学术研究仍处在发展之中，但相比于"逆淘汰"已有相对系统的探索：既包括现象、成因分析，强调干部选任过程中存在的"庇护"问题以及责任追究制度难以落实、监督机制缺失等制度缺陷⑤；还包括类型学划分、危害性分析及制度性防范研究⑥。从概念及其反映的经验事实来看，"带病提拔"是指"在提拔前或提拔过程中，干部存在经济、生活等方面的违纪违法行为，但在组织考察时未被

---

① 高国舫. 党政干部淘汰机制研究［M］. 北京：中共中央党校出版社，2005.
② 人民论坛问卷调查中心. 官场逆淘汰六大怪象［J］. 人民论坛，2014（27）.
③ 周建红. 官场逆淘汰的形成机制及治理思路［J］. 领导科学，2015（6）；汤秀丽. 官场"逆淘汰"的成因、危害与防御机制探讨［J］. 领导学科，2015（22）；袁超. "关系"裹挟、科层失灵与官场逆淘汰［J］. 理论探讨，2017（3）.
④ 姚桓. 扫除官场"逆淘汰"［J］. 中国党政干部论坛，2014（11）；张李节. 官场"逆淘汰"现象的末端治理［J］. 领导科学，2015（1）；王文龙. 制度缺陷、逆淘汰与阶层固化［J］. 吉首大学学报（社会科学版），2011（4）.
⑤ 刘华军，杨程富，周晓华. 党政领导干部"带病提拔"问题初探［J］. 经济体制改革，2006（2）；吴海红. 选人用人中的"带病提拔"：概念、类型及治理对策［J］. 中共天津市委党校学报，2012（6）；郝玉明. 构建防止"带病提拔"的治理体系及应对机制［J］. 中国党政干部论坛，2018（2）.
⑥ 吴海红. 从政治生态恶化到执政基础侵蚀："带病提拔"现象的危害性分析［J］. 理论探讨，2015（5）；唐述英，陈文权. 关于破解"带病提拔"领导干部的困境与对策探讨［J］. 云南行政学院学报，2016（4）；李景治. 着力解决干部"带病提拔"的问题［J］. 党政研究，2016（5）.

发现或发现了未被及时追究而得以提拔任职的情况"①。显然，"带病提拔"与"逆淘汰"存在交叉重叠——都特别关注"领导干部"的选任质量问题；在实在论意义上，"逆淘汰"涵盖的现象更丰富，它不仅包含"带病提拔"，还内在地指向这种过程结果对政治生态的持续影响问题。

其四，"关系"视域下的裙带、庇护及用人腐败相关研究。在干部选拔、官员晋升的过程中，"晋升锦标赛"理论将经济绩效视为官员政治竞争的核心资本②，后来有学者从中央任用干部的自由裁量权、经济数据的自觉造假与扭曲、"关系"背景及其政治网络构建等方面对该理论提出怀疑③。实际上，"中国式关系"是揭示组织内部裙带主义、庇护主义的生成机制的重要视角，相关研究认为"跨越各式各样的制度则比较特殊的是中国人生存与发展的基础"④，而促成这种行为的中间机制就是"关系"运作；曾经费孝通意义上的"差序格局"已经逐渐演化为以通过建构关系网络获取利益为核心的"工具性差序格局"⑤；中国特殊的"关系"模式决定了个体和集体的利益根植于个体与个体、个体与集体、集体与集体的关系之中，其边界之动态性引导人们通过建构熟、亲、信的行为规则和模式去获取利益⑥。基于此，干部选任过程也常常会被种种"关系"裹挟，这在地方官员晋升的相关实证研究中得到关

---

① 吴海红. 防范"带病提拔"的保障性制度构建［J］. 中共浙江省委党校学报，2015（5）.
② 周黎安. 中国地方官员的晋升锦标赛模式研究［J］. 经济研究，2007（7）.
③ 陶然，苏福兵，陆曦，朱昱铭. 经济增长能够带来晋升吗？——对晋升锦标竞赛理论的逻辑挑战与省级实证重估［J］. 管理世界，2010（12）；郁建兴，蔡尔津，高翔. 干部选拔任用机制在纵向地方政府间关系中的作用与限度——基于浙江省市县党政负责人的问卷调查［J］. 中共浙江省委党校学报，2016（1）；CHOI E K. Patronage and Performance: Factors in the Political Mobility of Provincial Leaders in Post-Deng China［J］. The China Quarterly, 2012, 212: 965-981; SHIH V, ADOLPH C, LIU M X. Getting ahead in the Communist Party: Explaining the Advancement of Central Committee Members in China ［J］. American Political Science Review, 2012, 106（1）: 166-187.
④ 翟学伟. 关系与权力：从共同体到国家之路——如何认识传统中国人与中国社会总纲［J］. 社会科学研究，2011（1）.
⑤ 李沛良. 论中国式社会学研究的关联概念与命题［M］//北京大学社会学与人类学所. 东亚社会研究，北京：北京大学出版社，1993：71.
⑥ 边燕杰. 关系社会学及其学科地位［J］. 西安交通大学学报（社会科学版），2010（5）.

注①；"关系"成为中国人获取权力的途径②以及官员在官场中实现自我保护的"保护网"③，"关系"裹挟会直接导致裙带主义、圈子主义、庇护主义式的用人腐败④，而在此类"关系"腐败中又以"一把手"权力异化为最甚⑤。

其五，精英转换理论及其视野下的干部相关研究。无论是制度结构上的干部选拔、任用、考核、监督，还是制度过程中的干部交流、培训、考察、升降，现实政治中的干部问题实际上都离不开功能主义导向，其核心内涵是围绕着更符合具体情境的"政治精英"培养、使用与轮替而展开的⑥，西方学术界曾将该过程所形成的精英群体结构与特征的客观变化概括为精英转换（Elite Transformation）。基于对东欧社会变革的研究，精英转换主要表现为精英再生产（Elite Reproduction）和精英循环（Elite Circulation），前者认为精英地位的自保源自其自我调整而非制度变迁的结构性影响，后者认为精英结构的颠覆性变化（新旧精英的替换）源自结构性的制度变迁。⑦

然而，由于传统精英转换理论基于西方发达国家的经验，并依托20世纪80年代苏联东欧的政治经济变革实践形成一波研究高潮，所以在分析当代中国的精英转换时需要充分重视中国情境下的具体意涵。对此，国内学术界早

---

① 欧阳静."关系"如何、缘何影响基层官员晋升[J].甘肃行政学院学报，2012（1）.
② 翟学伟.再论"差序格局"的贡献、局限与理论遗产[J].中国社会科学，2009（3）.翟学伟.关系与权力：从共同体到国家之路——如何认识传统中国人与中国社会总纲[J].社会科学研究，2011（1）.
③ PYE L W. The Dynamics of Chinese Politics [M]. Cambridge: Oelgeschlager, Gunn & Hain, 1981.
④ 冯军旗.中县干部[D].北京：北京大学，2010.孙立平."关系"、社会关系与社会结构[J].社会学研究，1996（5）.
⑤ 任建明.领导干部选拔制度模式研究[J].清华大学学报（哲学社会科学版），2003（S1）.何显明.非正式关系与权力资源的获取[J].社会科学家，2003（2）.
⑥ 在海外中国研究文献中，能在政治层级中占有一定权力地位往往是界定政治精英的核心维度，比如具有代表性的魏昂德（Andrew G. Walder），他认为中国政治精英应当包括所有县处级以上干部，并同时将能够有机会被选拔为国家干部的党员也视为政治精英，参见：WALDER A G. The Party Elite and China's Trajectory of Change [J]. China: An International Journal, 2004, 2 (2): 189-209.
尽管魏昂德关注到"县处级以上干部群体"，但他将一般党员纳入政治精英，在理论分析和实践观察中都可能存在模糊不清，因为大部分普通党员实际上不掌握具体的政治权力。
⑦ 松尧·撒列尼，伊万·撒列尼.东欧社会转型中的精英循环与再生产[J].毕向阳，译.战略与管理，1997（6）.

有学者做出过相应努力，例如：西方主流学者关于精英转换的经典论述大多把政治精英的更迭视为社会经济结构性变化的结果，且认为社会经济因素是决定精英群体轮替的重要原因①；但基于对20世纪80年代中国干部制度改革过程的研究，国内有学者认为"内在的政治动力"而非结构性的社会经济因素成为当时大规模政治精英转换的根本原因，依赖于主要由政治领导人的时局判断与特定的精英准入标准所构成的内在政治动力，精英转换基本上是一个政策过程而不是一个社会变革过程②。这种政治动力分析将社会经济因素视为外在变量，而将内在政治因素视为决定性变量，这与精英循环是保持社会秩序和政权稳定的必要条件的观点有一定呼应③，但该分析更深刻地突出了中国党政体制在维系体制韧性上具有高度自觉的特点，这恰恰是认识我国的干部制度与政治精英转换之间关系的逻辑起点。

此外，港台地区的学者在我国精英政治研究上有着相对丰富的探索，尤其是关于政治继承、精英甄补、精英转换的研究成果为本研究提供了一定学术参考④。但港台学者在研究国内精英政治时易陷入派系政治的窠臼，笔者对此有着清醒的认识，因此本研究是基于学术标准并从扬弃的角度来参阅此类文献的。

其六，官员理性与能动性理论。官员理性和地方能动性理论认为，地方官员并非被动执行上级政令的"代理人"，他们还是具有自主意识和利益偏好

---

① 这些学者及其著作包括但不仅限于：加塔诺·莫斯卡. 统治阶级 [M]. 贾鹤鹏, 译. 南京：译林出版社, 2012; 尼科斯·波朗查斯. 政治权力与社会阶级 [M]. 叶林, 译. 北京：中国社会科学出版社, 1982; C. E. 布莱克. 现代化的动力：一个比较史的研究 [M]. 景跃进, 张静, 译. 杭州：浙江人民出版社, 1989; 西达·斯考切波. 国家与社会革命：对法国、俄国和中国的比较分析 [M]. 何俊志, 王学东, 译. 上海：上海人民出版社, 2007; MILLS C W. The Power Elite [M]. New York：Oxford University Press, 1956; MILIBAN R. The State in Capitalist Society [M]. New York：Basic Books, 1969.
② 徐湘林. 后毛时代的精英转换和依附性技术官僚的兴起 [J]. 战略与管理, 2001 (6).
③ V. 帕累托. 普通社会学纲要（修订版）[M]. 田时纲, 译. 北京：社会科学文献出版社, 2016; 塔尔科特·帕森斯. 社会行动的结构 [M]. 张明德, 夏翼南, 彭刚, 译. 南京：译林出版社, 2012.
④ 具体可参见寇建文、臧小伟等学者的研究成果。

的"能动者"①"核心行动者"②和"战略性群体"③。地方官员理性自主及能动性体现在正反两个方面,一是面对规章制度、执行任务时采取欺上瞒下、造假应付、替换目标的上下"共谋"行为④,以及"上有政策,下有对策"的政策扭曲现象⑤;二是表现为在落实任务过程中的政府改革与政策创新行为⑥。逆淘汰是"寄生"于正式制度的"非预期结果",为什么干部选任中往往会出现这种跨越正式规章制度的行为现象?再完备的制度也不能忽视个体理性及能动性,该理论恰好为本研究提供了一种参考路径。

上述成果为本研究提供了重要的理论资源,但从学术规范和深化本研究的角度看仍存在以下尚待拓展的空间:

第一,有待对基础概念、核心概念分别进行再界定和再概念化。严肃的学术研究需要科学规范的学术概念,但本研究中的核心概念"干部结构"与"干部逆淘汰"都尚未实现结构化以致难以展现概念的分析性功能。本研究将借鉴"三层次"概念建构方法对其进行实在论、本体论和因果论意义的构建,使之既反映经验现象,更揭示现象本质及其生成机制。

第二,有待从"淘汰"视角对干部选任与干部结构转换提出深入的机制性分析。首先,当前关于干部淘汰的制度机制研究仍然未得到学术界的足够重视,且既有文献以政宣政论为主,严肃规范地将其视为自变量的因果机制研究相对欠缺;其次,关于干部逆淘汰的概念、历史制度根源及生成机制的研究还处于一盘散沙状态;最后,关于干部淘汰机制、逆淘汰机制与干部结构转换关系的研究更是寥寥无几。本研究将以"正式制度为什么会轻易被跨越甚或被侵蚀"这一问题为基本导向,尝试对上述研究缺失予以一定的学术努力。

---

① 杨雪冬,等. 地方政治的能动者 [J]. 东南学术,2013(4).
② 沈荣华. 地方治理中的核心行动者 [J]. 学习与探索,2013(12).
③ HEBERER T, TRAPPEL R. Evaluation Processes, Local Cadres' Behavior and Local Development Process [J]. Journal of Contemporary China, 2013, 22 (84): 1048-1066.
④ 周雪光. 基层政府间的"共谋现象"——一个政府行为的制度逻辑 [J]. 社会学研究,2008(6).
⑤ 刘明兴,孙昕,徐志刚,等. 村民自治背景下的"两委"分工问题分析 [J]. 中国农村观察,2009(5);侯麟科,刘明兴,陶然. 中国农村基层政府职能的实证分析 [J]. 经济社会体制比较,2009(3).
⑥ 俞可平. 改革开放30年政府创新的若干经验教训 [J]. 国家行政学院学报,2008(3).

第三，相关研究几乎毫无例外都聚焦于如何通过制度完善及机制创新来确保公正选任干部，但"逆淘汰"现象的形成显然不仅仅是制度缺陷的结果。一方面，规范和完善当代中国的干部淘汰机制势在必行，淘汰机制不健全为逆淘汰的生发提供了制度化温床；另一方面，要想遏制"逆淘汰"，或许还要站在整个党领导下的党政体制高度进行通盘思考，需要特别考虑如何将使命型政党的重要功能，比如信仰嵌入、理念驱动、学习动员、纪律规制等融合到制度建构、机制创新和技术改进等系统性进程之中，实现基于组织功能再造的政党治理之道。

第三节　概念工具与理论逻辑

对社会科学研究来说，如何建构实体概念是具有决定性意义的，这不仅因为概念是理论学说的逻辑起点和理论命题的核心组成，更因为科学有效的概念内部是蕴含着理论结构及相应逻辑关系的。根据加里·戈茨（Gary Goertz）的"三层次"概念建构法，严谨的概念不能仅限于"下定义"，而概念本身即应是理论，这意味着：首先，概念是集中探讨现象之本质属性究竟为何的"本体论"；其次，概念是确认本体属性会在因果假设、解释和机制中发挥关键性作用的"因果论"；最后，概念是关于现象事物之经验分析的"实在论"；总体来看，蕴含理论结构逻辑的概念，其实在论、因果论是共同反映着事物的本质属性的。① 本研究将在上述概念观的基础上尝试重新处理"干部"与"干部结构"这组基础概念以及"干部淘汰"与"干部逆淘汰"这组核心概念的"再概念化"问题。但根据本研究的具体目标，笔者对于戈茨的"三层次"概念方法将在适应性调整的基础上进行借鉴，即不会对本研究涉及的任一概念进行严格意义上的"本体论—因果论—实在论"三层次建构。这也意味着笔者对戈茨"概念即理论"的观念持实用主义态度，即对于意涵相对确定且仅需承担描述性功能的概念就只需完成"下定义"，例如"干部""干部淘汰"概念的再界定工作应以明晰其实在论为要；对于意涵相对复杂难辨且需在研究中承担分析性功能的概念就要进行"再概念化"，例如"干部结

---

① 加里·戈茨. 概念界定：关于测量、个案和理论的讨论［M］. 尹继武，译. 重庆：重庆大学出版社，2014：1-16.

构"概念需同时明确其实在论和因果论意涵,而"干部逆淘汰"则须进行整体性的概念重构。

一、基础概念再界定——"干部""干部淘汰"

"干部"与"干部淘汰"是本研究中的基础概念。尽管二者在当代中国的政治实践中都是相对明确的事物体现,在大众认知中也有着相对具体的对象叙事,但为了避免在后续研究中产生歧义,笔者主张从实在论意义上对二者进行再界定:一方面是界定清楚其在中国文俗和制度语境下的基本内涵;另一方面则是明确其在本研究范围内的具体定义。

(一)"干部"

在中国现代汉语词汇中,"干部"一词最早译自日本,它首次被中国共产党使用是在1922年党的二大党章中,后在土地革命战争时期的党组织建设、部队建设和革命根据地的政权建设过程中得到普遍运用,并一直沿用至今,成为当代中国社会中的强政治概念。"干部"不仅限于承担着特定组织职责的静态身份指称,更是随着政治变迁而不断发生内涵变化的动态历史概念:作为支撑政党组织运作乃至党建国家发展的结构性存在,干部的内涵或称标准的侧重点是会根据不同历史时期政治任务的变化而进行调整的。因此,要理解当代中国语境中的"干部",须首先确立"干部在党和国家建设中居于结构性支撑地位"的基本意识,并由此理解党和国家根据时代环境变化在干部选拔和队伍建设方面做出的因应性调整,进而从中提炼"干部"的观念和政治层意涵,再明确其制度层意涵。

在新民主主义革命时期,中国共产党最初是站在政党建设和社会革命的角度对干部进行认识的,党内在干部概念的引入及运用过程中持续性地受到了马克思列宁主义革命思想、建党思想以及苏俄、苏联政治实践的深刻影响,以致"干部"被赋予了极强的革命导向和政治使命色彩。恩格斯晚年时曾就干部选拔标准提出,"要在党内担任负责的职务,仅仅有写作才能和理论知识,即使二者确实具备,都是不够的,要担任负责的职务还需要熟悉党的斗争条件,习惯这种斗争的方式,具备久经考验的耿耿忠心和坚强性格"[①];列

[①] 马克思恩格斯选集(第4卷)[M]. 北京:人民出版社,1995:399.

宁则指出干部应该"绝对忠诚"①；张闻天曾在党的六届六中全会上将"干部"界定为"在党的各方面工作中担负着一定的负责任务的党员"②；毛泽东虽未对干部进行具体界定，但却多次用"领导者""群众领袖"③"领导人才""骨干"④ 等来描述干部，他还在抗大和陕北公学的讲话或题词中把干部视为教育、组织和动员群众的"革命的先锋队"⑤。可以看出，在革命年代，政治家们强调干部队伍应该具备的首要政治品质即是忠诚于革命、能够团结领导群众、敢于开展斗争。

1978年12月党的十一届三中全会召开，党和国家工作重心从"以阶级斗争为纲"转向"以经济建设为中心"，改革开放的大幕就此拉开；与此同时，为了保证新时期党的政治路线得以贯彻，"文革"后首次大规模的干部代际更替开始发生，1980年党的十一届五中全会明确提出"废除领导干部职务终身制"，1983年全国组织工作座谈会明确提出干部队伍要革命化、年轻化、知识化、专业化的干部"四化"方针。从当时的背景来看，尽管革命化是对党的传统政治品格的继承，但更是强调干部首先应以革命的大无畏精神参与到改革开放的新事业当中，并且从整体上看，对干部队伍建设提出"四化"方针和"八门"⑥ 要求都是为了服务于党和国家在新时期的发展战略，具有明确的问题和任务导向。

进入新时代，面对十八大以前一个时期以来党内存在的突出问题，党中央作出了全面从严治党的战略部署，强调"打铁必须自身硬"，党必须"勇于进行自我革命"；与此同时，当今世界正处于百年未有之大变局，全球政治格局变动空前，为了更好地应对内外部挑战并领导中华民族走向伟大复兴，党必须把自身建设得更加坚强有力。在此背景下，十八大以来的干部队伍建设又被赋予了新时代的意涵。2013年6月，习近平在全国组织工作会议上提出

---

① 列宁全集（第43卷）[M]. 北京：人民出版社，1987：103.
② 中共中央组织部，中共中央党史研究室，中央档案馆编. 中国共产党组织史资料（第8卷）[M]. 北京：中央党史出版社，2000：790.
③ 毛泽东选集（第1卷）[M]. 北京：人民出版社，1991：277.
④ 毛泽东选集（第2卷）[M]. 北京：人民出版社，1991：526.
⑤ 毛泽东邓小平江泽民论教育[M]. 北京：中央文献出版社，2002：11.
⑥ "八门"是指，要求干部具备工、农、经、贸、理（论）、科、文、教等专门知识。参见：陈家喜. 我国干部选拔制度改革的路线图——以全国组织工作会议为线索[J]. 社会科学研究，2017（5）.

"好干部要做到信念坚定、为民服务、勤政务实、敢于担当、清正廉洁"① 的二十字标准。2018 年 7 月，习近平再次在全国组织工作会议上发表重要讲话，指出"要把新时代坚持和发展中国特色社会主义这场伟大社会革命进行好"的高度认识党的建设伟大工程与勇于自我革命的深刻联系，提出新时代党的组织路线，强调要"突出政治标准"，"着力培养忠诚干净担当的高素质干部"。②

历史变迁中的政治实践表明，无论在哪个时期，党的组织路线都始终是服务于党的政治路线的，因而任一时期的干部内涵标准和干部队伍建设方针亦首先表现出政治挂帅的特征，这从事实上形成了中共及其领导下的国家社会关于干部的观念性认知。正如美国学者莫里斯·梅斯纳（Maurice Meisner）描述道，"在观念上，干部是一个具有高尚的革命价值观，为实现革命目标而献身的无私的人；是一个能完成各种任务、能适应变化的环境和要求的多面手；是一个又红又专的人，但首要的是政治上和思想上红以及潜在的专；是一个忠实地执行党的政策，而且能独立地主动地执行党的政策的人；是一个服从党组织的纪律，同时和群众保持密切联系的人"③。观念和政治层的干部，形成于历史、塑造于政治，带有一定的应然性，可谓一种"理想型"；正如《中国共产党章程》（以下简称《党章》）中规定的"党的干部是党的事业的骨干，是人民的公仆"，它承载了中国共产党作为一个组织在现代化新道路探索中的初心和使命，被认为具备了超越于一般事务性文官的政治属性和政治约束。因此，即便是在特定的历史时期，中国的干部意涵也不仅限于当时制度文本的规定，而是充分体现了党领导下的具体政治实践的迫切需求。对此，本研究认为，干部的观念和政治层意涵可以提炼为：对于当代中国政治系统而言，干部是一种同时存在于党和国家之中的权力承载结构，支撑着党和国家机构的权力运行，而作为人格化的能动性主体，他们始终应该秉持着党的政治使命、突出体现着党的政治标准、时刻反映出党的时代要求，并主动接受着党内法规制度的政治约束。

观念和政治层的解释突出了作为整体的干部的历史传统和政治结构意涵，

---

① 习近平在全国组织工作会议上强调 建设一支宏大高素质干部队伍确保党始终成为坚强领导核心 [N]. 人民日报，2013-06-30（1）.
② 习近平. 在全国组织工作会议上的讲话 [J]. 当代党员，2018（19）.
③ 莫里斯·梅斯纳. 毛泽东的中国及其发展 [M]. 张瑛，译. 北京：社会科学文献出版社，1992：147.

是我们展开中国干部研究的认识前提；制度层的解释则呈现作为个体的干部的制度性规定意涵，是我们展开中国干部研究的基本线索。当下中国社会对于干部的理解范围很广，笔者在城市基层调研中发现①：首先，老百姓往往会自觉地区分出群众与干部，认为干部是从群众中脱颖而出的"想干事且能干事的骨干"、是区别于群众的"领导"，或者说是"当官的"；其次，大凡提及干部，会自然而然地与"体制内"人员相联系，并且通常脱口而出的是政府机关公务员（往往包括党委领导成员）和事业单位职员；最后，大多数普通受访者提到的干部包含在党组织和政府组织当中，但对于党和政府，他们往往没有明确的区分概念，而是混为一谈并习惯性地统称为"政府"。实际上，受访者们的朴素干部观在一定程度上反映出由执政者构建的观念和政治层干部意涵所带来的广泛影响，同时亦反映出不完整的制度层干部意涵。受访者提及"政府机关公务员"和"事业单位职员"，反映出干部与公务员、参公人员在实际工作场景中的身份重合，他们当然是"有法（规）可依"的干部，但完整来说，党领导管理的干部更加广泛，可以涵盖到机关、事业单位以及国有企业的领导干部和一般干部，具体主要涉及农村乡、镇和城市街道以上各级党委、人大、政府、政协等机关和军队中的公职人员（士兵、勤杂人员除外）②，国有企业、科教文卫等企事业单位和工会、共青团、妇联等人民团体中的正式在编工作人员，以及上述范围内的离退休人员。从干部管理层面看，通常情况下，干部也确实被看作不同于工人、农民以及其他体力劳动者的纳入干部编制、从国家领取工资并享受干部待遇的党和国家公职人员。③

　　出于既定的主题关切，本研究观照广泛意义上的干部。但从推进实际研究之可行性和聚焦度的角度出发，以"当代中国"为时空背景的研究重点围绕领导干部展开，并特别侧重党政领导干部，其所涉法律法规涵盖以《公务员法》等为主要代表的国家法律和以《党章》《中国共产党廉洁自律准则》《党政领导干部选拔任用工作条例》《党政领导干部考核工作条例》《中国共

---

① 2017年12月至2021年9月，笔者曾在广东（深圳）、上海、浙江（杭州、苏州、无锡、湖州）、重庆、四川（成都）、陕西（西安、汉中）、北京等省市开展过实证调研，包括田野走访、问卷调查和深度访谈等形式。
② 参见《现代汉语词典》中的"干部"释义①，即"国家机关、军队、人民团体中的公职人员（士兵、勤杂人员除外）"。
③ 王海峰. 干部国家：一种支撑和维系中国党建国家权力结构及其运行的制度 [M]. 上海：复旦大学出版社，2012：11.

产党纪律处分条例》《中国共产党问责条例》等为主要代表的党内法规制度。对此，依据相关党内法规制度的规定，本研究重点观照之党政领导干部的制度层意涵具体指：中共中央、全国人大常委会、国务院、全国政协、中央纪律检查委员会工作部门领导成员或者机关内设机构担任领导职务的人员，国家监察委员会、最高人民法院、最高人民检察院领导成员（不含正职）和内设机构担任领导职务的人员；县级以上地方各级党委、人大常委会、政府、政协、纪委监委、法院、检察院及其工作部门领导成员或者机关内设机构担任领导职务的人员；上列工作部门内设机构担任领导职务的人员。

（二）"干部淘汰"

在党管干部的工作话语中，常常出现干部"能上能下"的表述，"上"和"下"分别以通俗的方式代表了干部提拔和干部退出，形象化地勾勒出阶梯式的干部上下流动空间。在具体的理论内涵和政治实践中，干部退出更接近于干部"能下"，而相较于意涵明确的干部提拔，干部退出和干部淘汰较易发生混淆，因此须做出明确区分。

从干部管理制度实践的角度出发，干部退出与干部"能下"在结果上主要是指领导干部不再担任领导职务、领导干部降低职务层级以及直接退出干部队伍等情形；在内容上包括违规违纪违法、失职失责失范等"必须下"，到龄免职、届满离任等"自然下"，自愿辞职等"自愿出"，调整不适宜担任现职干部等"应该下"。显然，干部退出与干部"能下"包含干部淘汰情形。本研究关于干部淘汰的分析主要围绕"必须下"和"应该下"的情形展开，而不涉及"自然下""自愿出"等情形；在具体的政治实践中，干部淘汰主要是指在德、能、勤、绩、廉方面与当前所任（履职过程）或提任（考察提拔过程）的职务要求不符，进而被组织给予"否定性评价"而进行的职务调整过程和结果，包括不宜在现岗位继续任职（从领导岗位转任非领导岗位、降职任用、被免职或开除公职）以及不宜向上级岗位进行提拔的情形。需要特别说明的是，针对特定的干部考察提拔过程，本研究以特定领导职务之选任为中心，强调在相对意义而非绝对意义上认定和讨论淘汰问题。基于此，本研究将当代中国干部淘汰的制度类型划分为竞争型淘汰、考评型淘汰和过失型淘汰，并逐一进行阐释。

二、核心概念再概念化——"干部结构""干部逆淘汰"

"干部结构"与"干部逆淘汰"是本研究的核心概念。在实际研究中,建立干部结构的概念和思维,是为了能够结构化地认识干部队伍的内部建设以及干部队伍对整个党政体制运作的支撑作用;而对逆淘汰进行再概念化,则是为了能够透过现象探得其本质,并尝试发现产生逆淘汰的重要变量及相关机制。

(一)"干部结构"

在认识论意义上,干部结构应被视为一个联结外部党政体制和内部干部队伍的结构化存在:一方面,它是驱动党政体制运作的中枢结构;另一方面,它是支撑干部队伍能力形成和能动性发挥的核心结构。因此,本研究虽聚焦干部选任与干部结构转换问题,但更宏观的学术观照实际上是党政体制运行以及整个政治体制能力的问题。

在实在论意义上,党中央坚持推进干部队伍革命化、年轻化、知识化、专业化,将干部考察、评价和任用工作的重点落在德、能、勤、绩、廉五大方面,要求党政领导干部必须信念坚定、为民服务、勤政务实、敢于担当、清正廉洁,这些论述共同指向干部结构优化问题;为使该概念更具可操作性,本研究基于政策要求将干部队伍的结构化要素拟定为政治标准、年龄阶梯、知识构成、能力导向、行为作风等五大方面。

在因果论意义上,干部结构是作为干部队伍能力能动性(自变量)与党政体制运作效能(因变量)之间的结构性中介变量而存在的;在不同的历史时期,随着内外环境条件的变化,党政体制的运作目标会呈现出特定的时代性特征,实现该目标需要党政体制发挥出与之匹配的运作效能,于是干部队伍建设就成了重要的支撑性变量;要使干部队伍展现出与目标预期相符的能动性,干部结构特别是其五大维度就应实现权变性的发展。在具体的操作过程中,本研究将会在明确干部选任与干部结构转换之间关系的基础上,对干部结构五维度的内涵及其转换的时代背景、动力因素、实践导向和制度保障进行分析。

(二)"干部逆淘汰"

在中国的历史文化语境中,"逆淘汰"是一个带着浓浓厚黑学意味的词汇，用朴素的民间语言或畅销书语言讲，一言以蔽之即"劣胜优汰"①。尽管逆淘汰现象早在历史中国就已存在，并一直延续到当代中国，但在党和国家的政治话语，特别是在领导人的讲话中被集中、明确指出则要到2014年②——习近平、刘云山在多个场合指出要坚决纠正"劣币驱逐良币"的逆淘汰。在中央精神的指引下，国内若干党政类理论刊物迅速组织发表了系列关于逆淘汰现象讨论的专栏文章；同年10月，人民日报所属的思想理论期刊《人民论坛》杂志刊发了一组讨论官场逆淘汰现象与当前政治生态的文章③；次年，河南省社会科学界联合会主管主办的《领导科学》杂志在"特别关注"栏目刊发了一系列讨论官场逆淘汰的文章④；此外，同时期还有中共中央党校主办的思想理论月刊《中国党政干部论坛》以及人民日报、北京日报等中央和地方党委机关报刊发了若干相关文章⑤。从社会影响的角度看，虽然这些文章属于政论策论而非研究性论文，但其惹人注目的标题和发人深省的问题引发了一波关于逆淘汰现象的关注热潮。特别是党的十八大以来，在党中央以前所未有的力度开展反腐败斗争的背景下，在习近平作出"吏治腐败是最大的腐败，用人腐败必然导致用权腐败"⑥的强烈警示之下，逆淘汰成为观察、研究和打击用人腐败的窗口、途径和对象。

那么，无论是老百姓常说的"劣胜优汰"，还是党和国家领导人强调的"劣币驱逐良币"，逆淘汰的具体内涵究竟为何？目前，颇具社会传播力和影

---

① 程万军. 逆淘汰：中国历史上的毁人游戏［M］. 桂林：广西师范大学出版社，2010：1.
② 在改革开放以来的党内政策话语表述中，一是罕见直接使用"逆淘汰"概念的，二是逆淘汰现象常常被一些关于党内存在问题或潜规则的表述所涵盖。例如，《中共中央关于严格按照党的原则选拔任用干部的通知》（1986年1月28日）指出："有些领导干部，不遵守党的原则，违反组织人事纪律。他们有的凭个人好恶、恩怨取人，或以自己有利无利为尺度用人，或从封建的宗族观念和宗派观念出发选人；有的通过各种手段，为提拔任用子女、亲友'走后门'；有的拿职位送人情，搞交易；有的不顾政策规定，为本系统、本单位干部争级别待遇，给所属单位升格；有的做组织人事工作的同志放弃职守，不讲原则，甚至以权谋私。"不难看出，这段表述指出的若干现象既是逆淘汰发生的过程，也是逆淘汰发生的原因。《通知》原文参见：中共中央文献研究室编. 十二大以来重要文献选编（中）［G］. 北京：人民出版社，2011：339.
③ 参见《人民论坛》2014年第27期"特别策划：关注官场逆淘汰"系列文章。
④ 参见《领导科学》2015年第1、6期"特别关注"栏目的6篇文章。
⑤ 姚桓. 扫除官场"逆淘汰"［J］. 中国党政干部论坛，2014（11）. 贾立政. 用什么堵住"逆淘汰"的黑洞［N］. 人民日报，2014-10-17（4）.
⑥ 中共中央纪律检查委员会，中共中央文献研究室. 习近平关于严明党的纪律和规矩论述摘编［G］. 北京：中央文献出版社，中国方正出版社，2016：46.

响力的界定仍然来自《人民论坛》于 2014 年刊发的系列专题文章，即指出当代中国官场客观存在着"清廉的不如腐败的、亲民的不如霸道的、眼睛向下的不如眼睛向上的、不站队的不如站对队的、干事的不如会说的、实干的不如作秀的"①等六大怪象，并进一步演化出"平庸淘汰杰出、劣质淘汰优胜、小人淘汰君子"的三类畸形淘汰过程和结果，"致使具有真才实学和道德操守者，遭到冷遇、排挤、打击和压制"②。上述定义在与党中央政治方向保持一致的前提下，采用通俗、直白、接地气的民间语言演绎补充了"劣币驱逐良币"的具体情形，既反映了客观存在的历史与现实，又很好地向社会传达了中央政策对于逆淘汰现象的坚决反对态度和严肃纠正导向；此外，即使对于未曾有过这般经历的读者，亦可凭借国人共有的历史认知、日常感知和坊间传闻而生发出社会群体之间对于逆淘汰之客观存在的稳定共识。

尽管既有定义较好地实现了中央政策的政治社会化，但要进一步开展学术研究，则必须深化干部逆淘汰的概念建构工作。首先，须明确学术研究中的逆淘汰并非无从求证的主观臆断，而应是符合相关制度化评判标准的客观事实，这意味着逆淘汰不应是坊间传闻、道听途说式的捏造③，也不应是当事人怨天尤人、一厢情愿式的误判④；在规范层面，逆淘汰是"劣币驱逐良币"的客观过程和结果；但在实证层面，由于受到信息不对称等因素的严重影响，本研究几乎无法做到对于逆淘汰过程的动态监测，而只能做到在调查研究中进行社会感知测量以及在案例研究中进行基于结果事实的反向分析，也正因如此，本研究不涉及任何预测性分析。其次，无论是"劣胜优汰""劣币驱逐良币"，还是"六大怪象""三类畸形淘汰"，都是关于逆淘汰的现象、特征或过程描述，属于实在论范畴。作为本项研究的核心概念，干部逆淘汰的概念建构显然不能仅满足于实在论意义上的"下定义"或是"穷举法"⑤，还需

---

① 人民论坛问卷调查中心. 官场逆淘汰六大怪象 [J]. 人民论坛，2014（27）.
② 贾立政，等. 关注官场逆淘汰 [J]. 人民论坛，2014（27）.
③ 例如，笔者在基层群众访谈中常常听到的说法："那个被提拔的看起来没啥能力啊，肯定是走后门儿上去的，指定家里有关系呗。"摘自本研究团队访谈记录 20190927A。
④ 在常规的选人用人实践中，有平步青云，就有晋升落败，这本是无比正常的人事任免现象。但由于受到信息不对称、不实言论等因素影响，一些干部不理解组织人事工作的具体需求、综合布局和长远用意，以己之长，度人之短，误认为自身经历了不公正对待，遭遇了逆淘汰。
⑤ 即穷尽列举概念包含的经验现象，这种方法只具有理论上的意义，仅在逻辑上成立，但不具有实际操作意义。

完成其本体论和因果论的建构，并形成由基本层次、分析维度层次和操作化层次构成的结构化的、有理论逻辑的多层次概念①。

1. 基本层次——权力共谋

所谓"基本层次"，实际上即指理论命题中的基本概念本身，它往往是处在理论命题核心位置的实体概念，比如政治学理论和比较政治研究中常见的"政治衰败"②"民主""社团主义""福利国家"等。而在具体的概念建构过程中，基本层次并不仅仅是简单地以名词形式呈现出来，它更应蕴藏着本体论意涵以及由其衍生出来的概念内涵谱系问题。

（1）基本层次中的本体论意涵。结构化概念的核心特性存在于概念的基本层次中，它不仅体现着事物的本质属性，还蕴含着能够借以洞悉事物变化的因果力量，它们共同构成了所观察事物的本体论理论。正如人类用"原子结构"而非"微红色"来定义铜一样，严肃的社科研究亦不能仅用现象穷举来定义事物，而须拨开现象见本质。那么，干部逆淘汰的"原子结构"究竟为何？首先需将现象性概念转化为实体性概念，但在二者的逻辑关系上要确保"现象"产生于"实体"，这意味着要透过干部逆淘汰现象明确其结构性的本质存在。以组织学视域观察，本研究所关注的干部逆淘汰现象集中生发于党政领导干部的选拔任用过程，可将其视为特定人事制度环境与结构（包括正式制度、非正式制度及其相互间关系）下的组织现象，并以人力资源配置方面的"劣配"和"错配"为客观结果。进一步以政治社会学透视，则可以将人力资源的配置还原为组织权力的制度化行为，而"劣配"和"错配"就是其中一类非预期结果。但与此同时，这类非预期的制度结果却往往是组织权力的"预期"结果，因为它们最终均产生于组织权力位阶中具有选人用人话语权甚至决定权的"上级权力"决策，即使在大多数情况下，还会存在一定的前置条件——"下级权力"通过特定方式方法对"上级权力"决策产

---

① 三层次概念理论或称概念观借用美国学者加里·戈茨的观点，但在逆淘汰概念的建构过程中，笔者根据当代中国党政体制的实践特色作出了理论调整。原理论参见：加里·戈茨. 概念界定：关于测量、个案和理论的讨论 [M]. 尹继武，译. 重庆：重庆大学出版社，2014.

② 笔者曾根据三层次概念建构法对"政治衰败"概念进行过重构，参见：袁超. 政治衰败概念的分析与重构——基于"三层次"概念建构法的尝试 [J]. 国外理论动态，2015（2）.

生足够影响力①。因此，从本体论意义上讲，干部逆淘汰的本质结构是组织权力主导下的"权力共谋"这类特定的权力互动关系存在。

（2）基本层次中的两极内涵谱系。从理论逻辑上看，实现对概念内涵谱系的勾勒及其解释，是对事物进行立体理解的重要步骤，因为任何事物都不是孤立存在的，它们往往处于一个由共同本质而衍生出来的相似事物的连续谱系之中，并且这个围绕共同本质而形成的谱系是一个由正负极点相辖开来的区间，两极点之外即为本质不同的另一事物；据此，既然本研究将逆淘汰现象的本质结构视为组织权力主导下的"权力共谋"这类特定的权力互动关系存在，那么就可以从连续性内涵谱系的角度剖解权力互动关系，即它应是由无数具体的关系过程和结果组成，并在完全相反的两个方向的终点构成正负两极。回到实践逻辑中看，以党政领导干部的选拔任用过程及其结果为实在论场域，根据党章党规的相关规定，若将"选贤任能"视为正极，那么是否可将"逆淘汰"视为负极？显然，一旦回到复杂的现实政治，简化的理论构建就没那么容易找到着力点。必须承认，将"选贤任能"和"逆淘汰"视为一个权力互动关系谱系的两极，是一个难以说服读者且不那么科学的论断，这亦不是本研究的论证目标；事实上，将二者放入一个权力互动关系的谱系才是本研究的基本设计。本研究试图提出，党政领导干部的选拔任用问题属于更宏观层面的组织内人力资源配置问题，其本质结构是上下权力互动，而任意一种干部选任的过程和结果往往都是权力互动的特定关系存在；若以制度性的选任标准为依据，那么围绕它产生的无论是"选贤任能"，还是"逆淘汰"，它们都应该在权力互动关系谱系中占有一席之地；因此，在本研究中，概念内涵谱系的构建（或曰谱系意识）不在于明确正负两个极点的真实意义，而在于明确：一是正负两个方向是完全不同的两种选人用人逻辑，二是正负两种选人用人逻辑虽为矛盾关系但却能同时依存于既定的组织环境和制度结构之中，为什么？显然，逆淘汰概念的内涵本身也不能是二分的，而是连续

---

① 本研究主要从"影响力"的角度解释权力，并主要用以解释党政机关的选人用人活动，既包括在选人用人上具有决定权的"上级权力"——常以一级党政机关的党委书记、政府负责人、专职党委副书记、纪委书记、组织部长等为具体代表，也包括通过影响并改变上级权力结果来实现请托的"下级权力"——常以具有提名提拔资格或自然可能的候选人及其利益攸关人（圈子）为具体代表。另外，虽说"下级权力"是一个常见变量，但也不排除仅有"上级权力"运作的情形，毕竟"上级权力"才是决定性变量，没有上级组织权力失范，便不会出现逆淘汰。

的，这进一步提示我们，在当代中国政治的选人用人情境下，无论是选贤任能还是逆淘汰，它们都不仅是单纯的行政性问题，而常常内在地呈现为复杂的政治性问题；这进一步提示本研究，不可陷入纯粹的"制度决定论"思维，而要考虑更复杂的政治因素，以求能够更深刻地辨识并透视逆淘汰现象。因此，也就可以解释，为什么笔者调研访谈的领导干部常常会与民间认知略有差别，他们除了可以从官场政治文化和政治生态的角度理解逆淘汰，还会提出可能存在因信息不对称和所在立场不同而产生的选人用人误解，其核心认知维度除了德、能、勤、纪、廉等基础方面，还包括与"配好配强班子"相关的细微而重要的因素，比如干部的性格脾气、团队意识等特征。

2. 分析维度层次和操作化层次

概念结构的第二层次，亦可称为分析维度层次，是事物本质的逻辑构成，是关于概念本体论、因果论的进一步具体呈现。同时，第二层次各维度要素的构成逻辑亦是关于多维度多层次概念之结构关系的理论，在社科发展历程中，它常常根据"必要与充分条件"原则①或"家族相似性"（family resemblance）原则②进行构建，前者强调概念的基本层次与第二层次之间是充要关系，即变量间在逻辑学上表现为"与"的关系，后者强调概念的基本层次与第二层次之间是充分而非必要关系，即变量间在逻辑学上表现为"或"的关系。本研究将组织权力主导下的"权力共谋"作为干部逆淘汰概念的基本层

---

① 概念结构上的"充要条件"原则可以追溯到亚里士多德，即运用必要与充分条件去建构概念。在传统的哲学逻辑中，定义某一概念，就要给出必要和充分条件，查看某个事物是否符合这种分类。每一必要条件都是第二层次的维度，基本层次与第二层次形成充要关系。参见：加里·戈茨. 概念界定：关于测量、个案和理论的讨论［M］. 尹继武，译. 重庆：重庆大学出版社，2014：6.

② "家族相似性"是与"充要条件"完全相对的概念结构。任何事物，只要有足够的第二层次维度的相似性，就可以成为"家族"的一分子。在逻辑上，如果用"与"（and）代表"充要条件"结构，那么"或"（or）则代表"家族相似性结构"。以希克斯的"福利国家"概念为例，他将1930年前后的福利国家定义为至少提供以下四种服务中的三种的国家：失业补偿金、退休养老金、健康保险或者工人补偿金。其中并没有一种服务是某一国家成为福利国家时所必须提供的（必要条件），但是，如果国家提供了足够多的此类服务，就能将其归为福利国家，参见：Alexander Hicks, Social Democracy & Welfare Capitalism: A Century of Income Security Politicsk［M］. New York: Cornell University Press, 1999.

另，关于"家族相似性"的研究可详见：David Collier and James E. Mahon. Conceptual "Stretching" Revisited: Adapting Categories in Comparative Analysis［J］. American Political Science Review, 1993, 87（4）.

次,并依据必要充分条件结构在第二层次构建起由"科层失灵"和"'关系'裹挟"组成的"结构—过程",强调权力共谋是在既定结构条件和过程条件共同作用下形成的。在本研究的语境中,权力共谋的发生跟结构意义上的科层失灵与过程意义上的"关系"裹挟存在本体论关系,而笔者在操作化层次则根据家族相似性原则列出了本研究涉及的必要变量集合,显然,该集合不是封闭性的,存在进一步丰富拓展和调整的空间。

表0-1 干部逆淘汰概念的层次与结构

基本层次	分析维度层次	操作化层次
干部逆淘汰 (权力共谋)	科层失灵 (结构维度)	组织权力结构失衡
		制度机制缺陷
	"关系"裹挟 (过程维度)	组织权力运行失范
		下级权力影响

表0-2 干部逆淘汰的概念层次及其逻辑关系

概念研究对象 \ 概念层次	分析维度层次	操作化层次
干部逆淘汰	必要充分条件 (变量间为"与"的关系)	家族相似性 (变量间为"或"的关系)

因此,干部逆淘汰概念是以三层次概念结构存在于本研究之中的,它同时蕴含了本研究分析逆淘汰现象的理论假设,尤其是以权力互动关系来透析逆淘汰的本质,以结构—过程维度来剖解逆淘汰的发生逻辑,具体分析将在正文展开。

三、基本理论工具——"党政体制""干部国家""政党能力"

(一)"党政体制"

"党政体制"是对中国政治经验现实的归纳,是关于党的组织与政府组织复合关系的概括,其核心在于呈现:就组织属性而言,政党组织的逻辑与政府组织的逻辑本是不同的,但作为一个复合体,党政体制既超越了政党组织的逻辑，也超越了政府组织的逻辑。① 党政体制既包含组织结构意义上的党政科层的对应性构建以及党政机关之间的规定性关系，也包含政治过程意义上的党全面领导政府工作。当代中国的干部体制和制度问题是党政系统中的交叠性问题，并且其构建和运作完全由具有中国特色的党政体制所决定。

(二)"干部国家"

"干部国家"是国内学者王海峰基于中国革命和建设历史以及党政体制运作逻辑而提炼出来的学术概念。在中国现代国家独特的构建历程中，干部产生了至关重要的作用，主要表现在：第一，干部支撑起了中国共产党的组织结构；第二，干部支撑起了革命的武装——军队；第三，干部支撑起了国家政权体系；第四，干部运行国家公共权力。概括来看，就是干部是中国革命和建设实践的轴心，干部支撑起了政党、军队和政权。② 干部国家概念抓住了党建立以来领导革命和国家建设的关键特征，尤其凸显了以干部为轴心的政党治理逻辑，为本研究提供了重要的理论资源。

(三)"政党能力"

"政党能力"是指"政党实现自身职能的主观条件的集合"③，它区别于萨托利基于政党职能而提出的以选举实力和执政实力为核心的"政党实力"④，政党能力的性质在很大程度上取决于政权内权力秩序，并进一步决定政党是否具有某项职能（比如我国语境下的执政和参政）；在政权内权力秩序一定的情况下，决定政党能力强弱、作用方向和发挥程度的是由"意识形态、组织体系、政党领袖、党员规模及其认同度所组成的支撑结构"⑤。政党能力的概念化努力，是为了更好地理解并解释政党在与国家、社会互动过程中发挥作用的关键要素与机制。在本研究的语境中，探讨干部淘汰、逆淘汰及其

---

① 景跃进，陈明明，肖滨. 当代中国政府与政治[M]. 北京：中国人民大学出版社，2016：4-8.
② 王海峰. 干部国家：一种支撑和维系中国党建国家权力结构及其运行的制度[M]. 上海：复旦大学出版社，2012：13-16.
③ 袁超. 政党—国家形态下的政党能力——一个解释中国经济转型的理论简纲[J]. 内蒙古大学学报（哲学社会科学版），2015（2）.
④ G. 萨托利. 政党与政党体制[M]. 王明进，译. 北京：商务印书馆，2006：172-173.
⑤ 袁超. 政党—国家形态下的政党能力——一个解释中国经济转型的理论简纲[J]. 内蒙古大学学报（哲学社会科学版），2015（2）.

影响下形成的干部结构形态,与党的思想理论、组织体系、干部制度、规模人数等要素紧密相关,而这些要素都是政党能力支撑结构的关键构成。

第四节　研究进路与研究方法

一、组织社会学与新制度主义

在社会科学研究中,组织社会学的研究进路与新制度主义的研究方法已被广泛用于关于组织现象的分析与解释。从整体上看,本研究将干部结构以及支撑其完成转换的淘汰机制和(附带发生的)逆淘汰机制纳入组织学视野中进行研究。具体而言,本研究借助组织社会学的研究进路,重点探讨淘汰机制和逆淘汰机制形成的组织基础和制度环境,运用新制度主义的方法具体分析淘汰机制,尤其是逆淘汰机制形成的历史制度根源,深入阐释其机制生成与运作过程中的关键变量及其相互关系。

二、历史政治学与比较历史分析

历史政治学是近年来在国内学者倡导下逐渐发展起来的、正在成长完善中的专门研究中国历史政治发展的理论范式。历史政治学具有三重理论意涵,应在本体论意义上充分尊重"中华文明基本论";在认识论意义上,强调站在中国的历史政治语境中去看待并回答中国的问题,从对中国实践案例的深度把握中形成关于"中国"的历史感与在地感;在方法论意义上,历史政治学仍是一个开放的空间,可以借鉴历史制度主义关于"路径依赖""时间节点""关键事件"等理论创见,关键是要坚持在研究特定案例时充分尊重、认识并挖掘独特历史之延续性对于现实的影响甚或决定性作用[①]。考虑诸多西方理论在解释中国的历史政治发展时总会出现偏差,笔者将尝试通过历史政治学研究进路和比较历史分析的研究方法对逆淘汰的历史制度根源展开分析,进而从政治变迁史的角度与当代中国的干部结构转换相联系。

[①] 杨光斌. 什么是历史政治学?[J]. 中国政治学, 2019 (2). 杨光斌, 释启鹏. 历史政治学的功能分析[J]. 政治学研究, 2020 (1). 杨光斌. 历史政治学的知识主体性及其社会科学意涵[J]. 政治学研究, 2021 (1).

三、社会调查与深度访谈

除了理论文献整理分析之外，对调研中通过参与观察、深度访谈等获得的资料进行质性研究，以梳理其与研究对象相关的实在论证据，并进一步探寻重要变量及其相互关系。笔者参与观察的地域主要分布在我国长三角、粤港澳大湾区、京津冀和成渝地区，而访谈对象则主要包括科级、处级和副局级在内的地方领导干部。此外，与民间认知略有差别，本研究除了会从官场政治文化和政治生态的角度理解逆淘汰，还会强调因信息不对称和所在立场不同而产生的选人用人误解，其核心认知维度在德、能、勤、纪、廉的基础上，还包括与"配好配强班子"相关的细微而重要的因素，比如干部的性格脾气、团队意识等特征。

第一章

干部选任、干部结构转换与当代中国政治发展

党的十九大报告指出,"党的干部是党和国家事业的中坚力量",要办好中国的事情,关键在党、关键在党的干部。在当代中国政治的语境中,"干部"肩负着党和国家发展的重大政治使命,在党和国家的制度体系中承担着权力运转的重要职责,甚至可以被视作"一种运行的权力结构"①。从结构功能视角出发,作为整体的干部队伍至少应由政治标准、年龄梯队、知识构成、能力导向、行为作风等结构化要素构成,而由此形成的干部结构及其内涵变化会直接对公共政策过程的绩效表现产生关键影响。从政党适应性的角度出发,预期的干部结构效能通常应与特定时空条件和党的治国理政需求相适应,其具体实践表现为干部结构化要素内涵和目标的战略性转换,即"干部结构转换"。

由此来看,党的二十大报告提出"建设堪当民族复兴重任的高素质干部队伍",强调"全面建设社会主义现代化国家,必须有一支政治过硬、适应新时代要求、具备领导现代化能力的干部队伍",即是对新时代新征程干部结构转换新要求和新目标的确认。从党的治国理政战略布局角度看,在"党中央立足党的百年历史新起点、统筹中华民族伟大复兴战略全局和世界百年未有之大变局"的具体情境中,推动干部结构从基本的高素质专业化向堪当民族复兴重任的方向上升转换,将成为新时代坚持和完善党领导下的中国特色社会主义制度发展和有效推动当代中国政治发展的关键支撑。

---

① 王海峰.干部国家与中国建设:一个新的分析概念和框架[J].上海行政学院学报,2012(4).

第一节　干部结构转换：从干部选任到政治发展的支撑机制

无论是干部选任还是伴随选任过程而实现的干部结构转换，本研究的最终理论关怀都不仅仅停留在干部问题层面，而是指向更深远的当代中国政治发展。可以说，政治发展是任何一个现代国家和执政团体都倾力追求的目标。既有研究参差不齐地对政治发展的实质进行了分析，特别是比较政治学中的一系列西方中心论解释几乎是二战以来最具有国际影响力的话语体系。① 近10年来，我国从上至下对于讲好中国故事的热情逐渐高涨，尤其是近5年来，党和国家领导人相继提出"中国式现代化新道路""中国式现代化道路"以及"中国式现代化"等新概括②，而国内学术界的相关理论自觉亦空前提高。无论是面对复制西方道路而遭遇政治衰败的诸多民主化实践，还是面对旗帜鲜明反对西方道路而实现独特政治发展的中国特色社会主义，都对传统的西方中心主义政治发展理论体系造成前所未有的冲击。为此，任何一项观照当代中国政治发展的中观理论研究，都有呈现出中观研究对象（干部选任、干部结构转换）与当代中国政治发展之间因果机制的理论责任，亦有为中国式现代化贡献学理支撑的可能。

笔者主张，即便是面对经验现象的研究，也要避免仅停留在经验层面、重复进行描述性研究（包括浅表性的机制分析），而应尽可能提升到元政治（meta politics）的思考进路、开展致力于挖掘事物背后深层演化逻辑的根本性

---

① 由于政治发展研究不是本研究的重点，因此正文并不涉及关于政治发展研究的述评。相关研究可谓汗牛充栋，可简单参考国内学界的若干梳理总结，如教材性质的燕继荣主编的《发展政治学》（第二版）、曾庆捷著《发展政治学》等。

② 2021年7月1日，习近平在庆祝中国共产党成立一百周年大会上首次使用"中国式现代化新道路"概念，指出：我们坚持和发展中国特色社会主义，"创造了中国式现代化新道路，创造了人类文明新形态"。7月6日，习近平在中国共产党与世界政党领导人峰会上首次使用"中国式现代化"概念。11月11日，中共十九届六中全会通过了《中共中央关于党的百年奋斗重大成就和历史经验的决议》，指出："成功走出中国式现代化道路，创造了人类文明新形态"是中国共产党对世界的重大贡献之一。2022年7月26-27日，习近平在中央党校省部级主要领导干部专题班上再次聚焦"中国式现代化"这个提法。相关梳理可参见：曾峻. 跳出"现代化等同西方化"的窠臼，中国式现代化蕴含三重意义［EB/OL］. 上观新闻, 2022-08-29. https://export.shobserver.com/baijiahao/html/520740.html.

研究，尤应关注和挖掘原理性机制的塑造、形成（institution shaping）及其解释。① 因此，本研究认为可回到政治学的元问题——"权力与权力关系"去理解政治发展的实质，将政治发展问题拉回人类社会政治文明的普遍过程——政治变迁当中予以阐释。本研究将政治变迁的本质视为同时受到结构要素和过程要素影响的"权力秩序"，即政治权力、经济权力与社会权力在权力过程中形成的关系状态。② 政治发展和政治衰败是政治变迁的两种变化倾向及基本权力秩序形态，其动态性特征决定：二者虽存在互斥关系，但亦会在某些特定条件作用下从互斥走向纠缠甚至转化。与此同时，在一定的经济基础和社会秩序条件下，由于政治权力往往具有即时的全局主导性，因而研究者往往直接以政治权力为自变量，进而探讨政治权力变迁对政治发展的影响。

基于以上理论化尝试，本研究试图从两大方面、以"暗线"③ 观照的方式对干部选任、干部结构转换与当代中国政治发展予以贯通性理论阐释：一方面，政治实践意义上的政治发展，即从实在论的角度呈现干部队伍支撑党政体制运转的事实，涉及对于促成政治发展的关键因素的归纳以及相关故事的总结；另一方面，理论构建意义上的政治发展，即从政治结构和政治过程双维度形成关于干部选任制度过程、干部结构转换机制与当代中国政治发展的因果机制解释，并最终对融合因果论、认识论和本体论的中国特色社会主义政治发展理论体系构建形成必要的知识论补充。

进一步而言，本研究将干部选任制度过程的理论后果分为连续性制度结果和接续性制度效应：前者发生在干部人事制度过程的内部，表现为"干部结构转换"——"干部队伍能力变化"；后者发生在受干部人事制度结构影响的

---

① 有学者提出"元政治（meta politics）理论取向，即关注机制塑造（institution shaping）、议程设置（agenda setting）和择地游说（venue shopping）的过程"，参见：HACKER J S, HERTEL-FERNANDEZ A, PIERSON P, THELEN K. The American Political Economy: Markets, Power, and the Meta Politics of US Economic Governance [J]. Annual Review of Political Science, 2022, 25 (1): 197-217.
② 袁超. 政治衰败概念的分析与重构——基于"三层次"概念建构法的尝试 [J]. 国外理论动态, 2015 (2).
③ 所谓"暗线"，是相对于"明线"而言的。本研究的"明线"是聚焦基于干部选任而发生的干部结构转换，系统剖析作为当代中国干部结构转换机制的干部淘汰与逆淘汰机制，阐释其政策流变、制度演化、发生机制、存在问题及优化发展。本研究的"暗线"强调"明线"的宏观理论关怀，即干部结构转化机制是如何支撑干部选任，进而对当代中国政治发展产生影响的，"暗线"始终观照中国共产党领导下的政治发展形态的定型及其理论化构建的可能。

上一层制度结构及其政治过程中,表现为"党政体制运转"——"当代中国政治变迁"。可见,本研究所涉及的明线与暗线可构成一条宏观因果链假设:假设自变量是 X、因变量是 Y、中介变量或中间过程是 M;那么,在特定时空条件下,党政体制(X)在结构上决定了干部选任的制度过程,而其连续性制度结果即基于干部结构转换事实的干部队伍能力变化(M),则进一步影响着当代中国的政治变迁(Y)。因此,本研究集中落定的范围即是作为中间过程的"干部选任—干部结构转换—干部队伍能力变化",而研究对象则是该中间过程的核心支撑——干部结构转换机制。

根据研究计划,在系统剖析干部结构转换机制之前,有必要先结合形势与政策对干部结构转换进行整体性阐释,具体涉及干部结构转换的动力因素、政策导向、实践要求和制度保障四方面分析,其内涵恰与干部结构转换的应然特征——权变性、适配性、规范性、有机性和动态性形成对应。从政党适应性出发,"权变性"强调及时作出与组织内外环境变化相适应的转换,"适配性"强调转换的幅度、程度和限度都应该与组织权变需求相适配,因而明晰干部结构转换的动力因素体现着问题意识、具有重要的定位意义;"规范性"强调转换过程须在不断更新的政策体系和不断完善的制度框架中进行,"有机性"强调干部结构各维度之间是有机相连、不可偏废的,因而明确干部结构转换的政策导向、实践要求和制度保障体现着全局意识、具有重要的实践意义;最后,动态性强调转换是一个不断通过调整来实现适配的过程,因而要以开放的视野予以持续性观察和分析。

第二节　干部结构转换的动力因素分析

通观当今国内外大势,"中华民族伟大复兴战略全局"和"世界百年未有之大变局"是党领导中国特色社会主义事业发展所面临的时代性挑战和机遇,同时也是推动干部结构转换的基础动因,具体可从境外局势变化、国内形势变化、干部人事制度变革、干部队伍建设现状四个层面进行分析。

一、境外局势变化层面

新时代以来,随着中国国家能力和国际地位的显著提升,美西方国家不仅继续着长期以来对中国的意识形态挑战，美国还极力联合所谓的"自由民主世界"、建立"民主国家联盟"① 来对我国进行极限施压，并同时主张所谓的"世界新秩序"。美西方国家的地缘政治企图以及国际格局的结构性变动构成了新时代中国共产党治国理政的外部危机。

简要来看，近年来国际与境外局势风高浪急的原因主要有三。第一，美西方国家在地缘竞争中执迷于"修昔底德陷阱"②。二战结束后，国际秩序先后经历了美苏"两极争霸"格局、短暂的"单极称霸"格局和"一超多强"格局；但随着中国经济的快速发展，中美之间的经济差距逐渐缩小，2018年中国GDP总量达到美国的2/3③，而二战后有此经济成就的苏联和日本都在美国进行"重大政策调整"之后遭遇政治或经济重创；因此，在美国笃信"修昔底德陷阱"和坚持"零和博弈"思维的前提下，中国不得不被动卷入由美国主导的全面竞争过程，且极化政治愈演愈烈。第二，国际权力和国际格局处在转移变换期。当前国际社会正处于从"一超多强"的相对稳定期向"发展中国家的群体性崛起"④ 转变，例如"金砖五国"在经济发展上展现出强劲势头，中国在国际上努力推动构建新型国际关系、积极参与全球治理体系改革和建设，表现出更显著的"影响力、感召力、塑造力"，世界的中心正在从西方向东方转移。第三，全球治理体系处于结构重塑期。国际政治经济力量的结构性变化，必然带来全球治理体系的变革。随着以中国为代表的"发展中国家的群体性崛起"及其对世界发展贡献程度的不断增强，美国对世

---

① 2020年7月23日，时任美国国务卿蓬佩奥发表了题为《共产主义中国和自由世界未来》的演讲，在妖魔化中国的同时，声称要联合整个"自由世界"对抗"共产主义中国"。自拜登就任美国总统以来，美国政府开始高调倡导打造"民主国家联盟"，试图具体通过"对内重振美国民主体制、对外修复美国联盟体系、召开'全球民主峰会'、组建'民主国家'议题联盟等"来进行推动，实际上同样是美国加强对华价值观与意识形态斗争的产物。
② 即指一个新兴大国必然挑战既有大国，既有大国也会主动应对新兴大国的挑战，从而导致大国战争不可避免，这是古希腊历史学家修昔底德得出的一个历史性结论。参见：金灿荣. 中美关系与"修昔底德陷阱"[J]. 湖北大学学报（哲学社会科学版），2015（3）；格雷厄姆·艾利森. 注定一战：中美能避免修昔底德陷阱吗？[M]. 陈定定，傅强，译. 上海：上海人民出版社，2019.
③ 根据国际货币基金组织数据，2018年中国的GDP为美国的65.4%；预计2022年中国的GDP为日本的2.97倍。参见：International Monetary Fund, World Economic Outlook Database, April 2019。
④ 赵磊. 从世界格局与国际秩序看"百年未有之大变局"[J]. 中共中央党校（国家行政学院）学报，2019（3）.

发展贡献程度以及为国际社会提供公共产品能力开始相对下降,全球公共博弈进入"传统大国和新兴大国共同设定全球治理议程"的关键转型期①。在此国际大势下,为了更加稳定有效地增强党的建设质量,进而实现人民幸福、民族复兴的政党治理愿景,党和国家急迫需要更具国际视野、大局意识和应变能力的干部队伍。

二、国内形势变化层面

一是社会主要矛盾转化要求干部队伍更具资源分配能力。党的十九大明确提出了"我国社会主要矛盾已经转化为人民日益增长的美好生活需要和不平衡不充分的发展之间的矛盾"这一重大论断,社会主要矛盾的变化要求"在生产关系领域应更加有效地推行分配正义"②,党的二十大进一步强调"规范收入分配秩序,规范财富积累机制",这就对党的干部能否在参与国家社会治理中有意识地兼顾效率与公正提出更高的分配能力要求。二是推动高质量发展要求干部队伍作风优良、敏锐专业。党的十八届三中全会明确了经济体制改革的核心问题是使市场在资源配置中起"决定性作用和更好发挥政府作用";虽表明党和国家"对市场规律的认识和驾驭能力不断提高,宏观调控体系更为健全"③;但也预示着由市场主导的资源配置过程将显现更多不确定因素。随着我国经济发展进入新常态阶段,"三期叠加"④的特殊形势要求干部队伍"必须加快转变作风,更加注重按'三严三实'要求做好经济工作,精准分析和深入判断经济发展趋向、基本特征和各方面影响,提高政策质量和可操作性,扎扎实实把事情办好"⑤;尤其是,党的二十大提出"构建高水平社会主义市场经济体制""建设现代产业体系""促进区域协调发展"和

---

① 黄仁伟. 金砖国家崛起与全球治理体系 [J]. 当代世界,2011 (5).
② 刘同舫. 新时代社会主要矛盾背后的必然逻辑 [J]. 华南师范大学学报(社会科学版),2017 (6).
③ 习近平. 关于《中共中央关于全面深化改革若干重大问题的决定》的说明 [N]. 人民日报,2013-11-16 (1).
④ 中共中央文献研究室. 习近平关于社会主义经济建设论述摘编 [G]. 北京:中央文献出版社,2017:73. "三期叠加"即经济增长速度换挡期、结构调整阵痛期、前期刺激政策消化期同时并存.
⑤ 中共中央政治局召开会议 中共中央总书记习近平主持会议 分析研究当前经济形势和经济工作 研究进一步推进西藏经济社会发展和长治久安工作 [N]. 人民日报,2015-07-31 (1).

"推进高水平对外开放"等高质量发展目标，更要求干部做到作风优良、敏锐专业。三是改革发展任务艰巨繁重要求干部更具制度谋划、构建和执行能力。邓小平在南方谈话中指出，"恐怕再有三十年的时间，我们才会在各方面形成一整套更加成熟、更加定型的制度"①，改革攻坚历程始终是以制度建设为支撑的。在推动中国特色社会主义制度不断完善定型的政治进程中，党的制度建设和国家制度建设是协同共进的，党的领导体制机制全面嵌入国家治理体系的各个层次和方面之中，体现出改革攻坚对支撑性制度体系建设的高标准高要求。在此背景下，一方面需要"不断提高领导班子和领导干部推动改革能力"②，特别是科学制度体系的谋划能力、构建能力和执行能力，另一方面还需优化干部人事制度，"把制度执行力和治理能力作为干部选拔任用、考核评价的重要依据"③，以充分发挥其调适干部结构的杠杆作用。四是民族复兴重任要求干部队伍更具斗争精神和斗争本领。近五年来，党领导全党全国在依法治"港"、疫情防治、坚决反"独"、维护国安等重大斗争中取得显著成绩，推动党和国家事业取得举世瞩目的重大成就。基于此，党的二十大明确强调，在迈向全面建设社会主义现代化国家新征程中，全党同志务必"敢于斗争、善于斗争"，并要求干部队伍建设要以"堪当民族复兴重任"为目标，在"关键时刻站得出来、危难关头豁得出来"。

三、干部人事制度变革层面

作为调节干部结构的杠杆，干部人事制度需适应新时代发展而不断变革和完善。改革开放以来，我国干部人事制度历经40多年的发展，虽积累了丰富经验，但也引发了一系列问题。例如，1992年中共中央组织部印发的《关于积极大胆地做好选拔年轻干部工作的通知》、2000年中共中央制定的《关于进一步做好培养选拔优秀年轻干部工作的意见》《党政领导班子后备干部工作暂行规定》等党内规范性文件，虽对各层级干部选任、领导班子配备及其后备干部培养制定了年龄标准，实现了干部队伍在年龄梯队、人才递补方面的结构性优化，但也因配套性机制不完善而带来一些非预期结果：一是因干

---

① 中共中央文献研究室. 十三大以来重要文献选编（下）[G]. 北京：人民出版社，1993：1853.
② 中共中央关于全面深化改革若干重大问题的决定[N]. 人民日报，2013-11-16（1）.
③ 中共中央关于坚持和完善中国特色社会主义制度 推进国家治理体系和治理能力现代化若干重大问题的决定[N]. 人民日报，2019-11-06（1）.

部退出和淘汰机制不健全而引发干部"能进不能出""能上不能下"现象，甚至造成"带病提拔""干部逆淘汰""裙带性权力腐败"等负面后果；二是因干部激励机制不健全导致干部干事创业的积极性不足，在一定程度上引发"为官不为""避责自保"等现象。此外，改革开放初期，在干部队伍规模相对有限的条件下，兼顾专业化、知识化、年轻化和基层工作经验的要求使得压缩"台阶"岗位在职年限成为干部选任的策略性选择，因而干部"四化"的过程也产生了不少"三门干部"①，他们"大都缺乏基层工作经验"，"整个成长过程与基层社会相分离"②；随着经济改革和发展进入快车道，干部交流、考核、监督、问责等制度机制的发展仍相对滞后，与此同时，"晋升锦标赛模式"③ 在地方政府过程中日渐凸显，于是干部极易通过"资源密集型的政绩工程"④"短期面子工程"等来博取政治资本、谋求晋升，非预期地助长着干部唯上、功利、避责作风而侵蚀着干部为民、担当、作为意识。可见，作为干部队伍成长、党政体制运转以及经济社会发展的制度基石，干部人事制度的不健全会造成干部队伍的结构性衰败，进而对政治经济社会带来连锁性的负面结果。

四、干部队伍建设现状层面

在党和国家发展的不同时期，干部队伍建设都呈现出不同的状况。可以说，不管是哪个时期，干部队伍建设存在的问题都是党和国家要首先解决的问题。党的十八大以来，党中央亦从不同角度明确指出了当前干部队伍建设

---

① 指从家门到学校门再到机关门的缺乏实践经验的干部。
② 刘西忠. 基层导向的党政干部培养选拔链研究 [J]. 中国行政管理，2011（5）.
③ 参见：周黎安. 中国地方官员的晋升锦标赛模式研究 [J]. 经济研究，2007（7）. 近年来，越来越多研究开始针对官员晋升锦标赛进行重新验证，比如上海大学庞保庆等通过我国地级市政府在 2000-2015 年的政府预算支出与融资平台借贷数据，检测中国官员的晋升竞争形势——包括"整体晋升名额"与"个人竞争优势"——对其政绩投入努力的影响。结果发现无论哪个层面均不存在晋升锦标解释所预期的显著影响。换言之，能否晋升至多只是中国官员行为的"必要条件"，并不具有决定性影响。该研究从直接验证的角度对官员晋升锦标赛进行了反驳，参见：PANG B Q, KENG SH, ZHANG S Y. Does Performance Competition Really Matter? Reexamining the Promotional Tournament Hypothesis on China's Leadership Behavior [J]. China Quarterly, Forthcoming. China Quarterly, 2023, pp. 1–18.
④ 周雪光. "逆向软预算约束"：一个政府行为的组织分析 [J]. 中国社会科学，2005（2）.

存在的突出问题。2016年11月,中共中央印发的《关于新形势下党内政治生活的若干准则》独辟一段,用185个字专门指出了新时代党员干部队伍存在的问题,概括起来主要有四个方面:一是不讲政治规矩,强调"高级干部中极少数人"搞"政治阴谋活动";二是"四风"问题突出;三是干部选任过程中不正之风盛行;四是因权力腐化引发的违法乱纪问题突出。① 针对干部队伍中的腐败问题,十八大以来由党中央主导的持续高压反腐取得重大成果,"反腐败斗争取得压倒性胜利",但"为官不为""避责自保"等问题却伴随发生。从表面上看,"在中央'八项规定'等禁令和反腐败的高压态势之下,一些干部'为官不为''廉而不勤'"②,但实际上存在更深层次的结构问题:一是干部成长的外部环境问题,当前干部队伍的主体是由"70后、80后以至90后的年轻干部"构成,他们成长于改革开放的暖春之下,但也可能在市场经济的快速发展中接触到消极腐朽的东西,这对党员干部的世界观、人生观和价值观产生着巨大冲击③,导致一些理想信念不坚定的干部在精神上"缺钙"、罹患"软骨病",甚至堕入权力腐败的深渊。二是干部素质能力问题,一些"干部担当作为的底气还不足"④ 的重要原因之一是自身素质不高、能力不足、意识不强,其结果不仅是不能作为、不愿作为、不敢作为,甚至还可能异化成"乱作为"⑤。三是制度不完善问题,既表现为一些干部岗位存在职责不清、权责失衡现象,也体现在干部选任中存在"能上不能下"现象、干部激励中存在激励"减效"甚至"失效"现象,还体现在难以及时准确识别干部"不担当不作为"情形以及有效对干部行为实施监督、矫正和引导等问题。

第三节 干部结构转换的政策导向和实践要求

根据历史情境的变化,新中国成立后我国干部队伍建设主要经过两轮重

---

① 关于新形势下党内政治生活的若干准则[N].人民日报,2016-11-03(5).
② 袁建伟.敢于担当是好干部的必备素质——学习习近平总书记关于好干部要敢于担当的重要论述[J].学习论坛,2015(5).
③ 李源潮.坚持德才兼备以德为先的用人标准[J].求是,2008(20).
④ 习近平.在全国组织工作会议上的讲话[M].北京:人民出版社,2018:27.
⑤ 赵乐际.在全国组织部长会议上的讲话[J].党建研究,2015(2).

要的结构转换：第一次是改革开放初期以干部"四化"方针为指导而推进的政治实践；第二次是新时代中国特色社会主义以"好干部"标准为中心而推进的政治实践。而在迈上全面建设社会主义现代化国家的新征程中，为完成"全面建成社会主义现代化强国、实现第二个百年奋斗目标，以中国式现代化全面推进中华民族伟大复兴"的中心任务，党的二十大所提出的"建设堪当民族复兴重任的高素质干部队伍"，成为干部结构转换的新要求和新目标。结合相关政策话语变迁，以下主要从五大维度对干部结构转换的实践要求进行宏观阐释。

一、政治标准

从总体上看，坚持过硬政治标准是马克思主义政党的核心要求，但在不同的历史条件下，党内对干部政治标准的具体要求有着不同侧重。以毛泽东同志为核心的第一代中央领导集体在党的八届三中全会上提出了"又红又专"的干部队伍建设要求，要求干部不仅要把政治视为"主要的"、摆在"第一位"，还要做到"政治与业务的对立统一"，旨在解决党在全国执政背景下干部投身经济、政治、文化、社会建设时凸显的"红而不专"问题。

改革开放初期，面对革命型干部自然衰退和经济建设全面启动的情势，干部队伍"接班人"问题和专业知识不足问题迫切需要解决。对此，党中央开始着手调整干部队伍建设方针、改革干部人事制度：1980年2月，中共十一届五中全会明确提出废除领导干部职务终身制；1980年8月，邓小平在中共中央政治局扩大会议上的讲话指出，"干部队伍要年轻化、知识化、专业化，并且要把对于这种干部的提拔使用制度化"①；1982年2月中央提出建立老干部退休制度；其后，在推进干部队伍"四化"建设过程中逐步建立起包括干部录用、晋升、退休等相应的人事制度。这些改革举措带来了积极影响：一方面，1980—1986年，全国约有137万在新中国成立前参加工作的老干部在离退休，超过46.9万的中青年干部开始走上县处级以上领导岗位，党政干部的平均年龄下降了；另一方面，党的十二大之后，干部教育水平开始不断提高，其中拥有理工科大学教育背景、从事过工业和工程建设等专业技术工

---

① 邓小平.党和国家领导制度的改革（一九八〇年八月十八日）[M]//邓小平文选：第2卷.北京：人民出版社，1994：320-343.

作的干部比例显著增加。① 这些积极变化意味着中国共产党选人用人历史上的首次干部结构转换在 20 世纪 80 年代出现，即"从革命型精英向拥有理工科教育背景和专业技术工作经历的技术型干部转变"②，当代中国干部结构转换的制度基础亦初步建立。与此同时，党对干部政治标准的要求也有了新的发展，即使"从字面上看，'四化'方针中的'革命化'仍然可以用'红'来表达，'知识化'，'专业化'也可以用'专'来替代，但是它们的内在含义远非'红''专'标准之'专'所能涵盖"③，简单来说，改革开放以来党员干部政治标准的内涵发展突出体现为摒弃"阶级斗争"而投身"改革开放"新事业。

随着改革开放政策的持续推进，中国经济社会进入发展的快车道。虽然经济增长取得了举世瞩目的成绩，但亦伴随出现了形形色色的政治经济腐败现象。党的十八大以来，以习近平同志为核心的党中央开始强有力地开展反腐败斗争，推动全面从严治党，并强调把政治建设放在首位，提出了新时代党的建设总要求和新时代党的组织路线。在此背景下，干部队伍建设的要求以及党员干部的政治标准都再次得到了时代性发展，例如提出了好干部的

---

① 林蓉蓉. 中国干部选任制度化进程：基于首次干部代际更替的历史研究 [J]. 理论与改革，2021（4）.
② ANDREAS J. Rise of Red Engineers：The Cultural Revolution and the Origins of China's New Class, Stanford [M]. California：Stanford University Press, 2009；LEE H Y. China's 12th Central Committee：Rehabilitated Cadres and Technocrats [J]. Asian Survey, 1983, 28 (4)：673-691；LI C, WHITE L. The Thirteenth Central Committee of the Chinese Communist Party：From Mobilizers to Managers [J]. Asian Survey, 1998, 28 (4)：371-399；LI C, WHITE L. The Fifteenth Central Committee of the Chinese Communist Party：Full-Fledged Technocratic Leadership with Partial Control by Jiang Zemin [J]. Asian Survey, 1998, 38 (3)：231-264；LIN R R. The Rise of Technocratic Leadership in the 1990s in the People's Republic of China [J]. Politics and Governance, 2020, 8 (4)：157-167；ZANG X W. The Fourteenth Central Committee of the CCP：Technocracy or Political Technocracy? [J]. Asian Survey, 1993, 33 (8)：787-803. 转引自：林蓉蓉. 中国干部选任制度化进程：基于首次干部代际更替的历史研究 [J]. 理论与改革，2021（4）.
③ 杨德山. 当代中国共产党干部选拔任用标准演变考察 [J]. 新视野，2004（6）.

"五个标准"①、严守党的规矩②、廉洁"四要求"③、干部要做到"心中四有"④、坚定"四个自信"、树立"四个意识"、干部"四定力"⑤、坚决做到"两个维护"等。从这些变化发展可以看出，新时代党对干部政治品质的要求不仅仅停留在政治态度、政治立场、政治行为表现上，还实现了三个层面的延伸：一是从公共领域向私人领域的延伸；二是从成文标准向不成文要求的延伸；三是从他律向自律的延伸。干部队伍建设的政治标准须在时代变迁中实现内涵式发展。

二、年龄梯队

党的十一届三中全会后，干部队伍梯队建设面临着"青黄不接"的严峻形势，在干部"四化"方针的指引下，经过几十年的不懈努力，基本实现了"老中青"梯次搭配的年龄结构，为新时代进一步优化干部队伍"年龄梯队"质量奠定了坚实的基础。

当前，党的围绕干部队伍年龄梯队问题主要做出如下三个方面调整：一是"抓好后继有人这个根本大计"扩大年轻干部的规模，高素质、专业化干部的造就是个人努力、组织培育以及时间积淀等多方面因素共同作用的结果，故而优化干部队伍"年龄梯队"首先是扩大年轻干部队伍的规模，使其满足

---

① 2013年6月，习近平在全国组织工作会议上集中提出了好干部"五个标准"：信念坚定、为民服务、勤政务实、敢于担当、清正廉洁。参见：中共中央文献研究室. 十八大以来重要文献选编（上）[G]. 北京：中央文献出版社，2014：337-338.

② 2015年1月13日，习近平在第十八届中央纪律检查委员会第五次全体会议上的讲话对党的规矩做了四个层面的界定：其一，党章是全党必须遵循的总章程，也是总规矩。其二，党的纪律是刚性约束，政治纪律更是全党在政治方向、政治立场、政治言论、政治行动方面必须遵守的刚性约束。其三，国家法律是党员、干部必须遵守的规矩，法律是党领导人民制定的，全党必须模范执行。其四，党在长期实践中形成的优良传统和工作惯例。参见：中共中央纪律检查委员会，中共中央文献研究室. 习近平关于严明党的纪律和规矩论述摘编[G]. 北京：中央文献出版社，中国方正出版社，2016：7.

③ 廉洁"四要求"：廉洁从政，自觉保持人民公仆本色；廉洁用权，自觉维护人民根本利益；廉洁修身，自觉提升思想道德境界；廉洁齐家，自觉带头树立良好家风。参见：中国共产党廉洁自律准则[N]. 人民日报，2015-10-22（3）.

④ 2016年7月1日，习近平在庆祝中国共产党成立九十五周年大会上的讲话中提出干部"心中四有标准"：心中有党、心中有民、心中有责、心中有戒。参见：中共中央文献研究室. 十八大以来重要文献选编（下）[G]. 北京：中央文献出版社，2018：372.

⑤ 2017年，习近平在中央党校省部级领导干部专题研讨班上提出干部"四定力"：政治定力、纪律定力、道德定力、抵腐定力。

"未来5年、10年，更要着眼未来15年、20年乃至更长时间"①的实践需求。二是培养锻造复合型年轻干部，习近平对复合型年轻干部提出了明确的标准，即始终贯彻习近平新时代中国特色社会主义思想、符合新时期好干部标准、忠诚干净担当、数量充足、充满活力、高素质②。三是坚持老中青搭配，重视做好对年轻干部的"传帮带"工作，"健全培养选拔优秀年轻干部常态化工作机制，把到基层和艰苦地区锻炼成长作为年轻干部培养的重要途径"③。

规避陷入"年龄悖论"。一些地方党委政府之所以存在干部队伍僵化问题，不仅是因为机械理解制度设计而导致的唯年龄主义，还因为干部选任中长期存在"只上不下"的怪象。因此，在干部队伍年龄梯队的优化过程中，一方面，不能将干部年龄问题简单化，干部年轻化"并不意味着提拔任用每个干部都要是年轻的，也不是每个班子都要硬性配备年轻干部，更不是不同层级领导班子成员任职年龄层层递减"④，需具体问题具体分析；另一方面，干部人事制度改革应重点推进干部"能上能下"，优先完善干部淘汰机制⑤，以保持党政干部队伍的生机活力。

三、知识构成

古中国有"各尽其用""人尽其才"的说法，古希腊也有"哲学王"治邦的传统。随着代议民主的兴起，在国家公共权力运作上出现了"效益"诉求与代表性保障间的张力，即由于追求代表性"无法专注于寻找技术上最有效率的解决集体问题的方案，使得代表型政治日益成为一种无法有效解决集体问题的政治模式"，于是"技术官僚"开始应运而生。⑥技术官僚得以产生的基础是一套相对成熟、稳定、精密的权力结构体系，并由此形成"横"

---

① 习近平.在全国组织工作会议上的讲话［J］.当代党员，2018（19）.
② 习近平.在全国组织工作会议上的讲话［J］.当代党员，2018（19）.
③ 习近平.高举中国特色社会主义伟大旗帜 为全面建设社会主义现代化国家而团结奋斗——在中国共产党第二十次全国代表大会上的报告［N］.人民日报，2022-10-26（1）.
④ 中共中央文献研究室.十八大以来重要文献选编（上）［G］.北京：中央文献出版社，2014：347.
⑤ 2022年9月19日，中共中央办公厅印发《推进领导干部能上能下规定》，强调"推进领导干部能上能下，重点是解决能下问题"。具体参见：中办印发〈推进领导干部能上能下规定〉［N］.人民日报，2022-09-20（1）.
⑥ 张乾友.技术官僚型治理的生成与后果——对当代西方治理演进的考察与反思［J］.甘肃行政学院学报，2019（3）.

"纵"两个维度的专业需求导向。为了实现职位需求与专业知识的完美结合，西方国家通过"政务官""事务官"的分类制定出不同的录用制度，这种分类录用制度过分侧重专业适应性，极易被有限理性所束缚。相比而言，中国一方面没有政务官与事务官的制度实践分途，另一方面存在制度化的干部跨条线、跨区域流动或挂职实践，这种为适应国家与地方多维复杂治理需求而构建起来的制度安排，对干部队伍的知识结构提出超越传统"专业"内涵的高要求。

在理论界，部分学者将20世纪80年代开始推进的干部队伍"专业化"建设过程看作典型的由"革命家""政治官僚"向更具自然科学、社会管理等专业素养的技术官僚的转换过程。① 需要注意的是，"专业化"只是"四化"建设的一个方面，因而"用'技术官僚'泛指任何一位受过专业化高等教育的党政官员的做法，无论在经验上，还是在理论上，都已经无法适应我们的需要"②，尤其在复杂变化的国内外形势面前就更加凸显干部知识结构的缺陷。对此，有学者从21世纪前十年干部选拔任用的学历背景出发，认为彼时的干部队伍正经历着从"技术官僚"向"人文官僚"的转变，以增强干部的全局性、长远性思维，提升人性化地处理的能力。③ 仅从教育背景来衡量干部队伍在知识构成维度的结构转换，难免失之偏颇。面对百年未有之大变局、四大危险、四大考验等严峻形势，党的十九大提出"建设高素质专业化干部队伍"的目标，党的二十大强调"加强专业训练"，这样一方面对干部知识结构的"专业化、专门化、精细化要求越来越高"，另一方面强调要"培养有专业背景的复合型领导干部"。新时代对干部知识构成的要求是多层次宽领域的，包括"专业化的基础要更加深厚、专业化的结构要更加立体、专业化的范围要更加宽广、专业化的层次要更加高端、专业化的能力要更加精细"④；并且，在领导班子知识结构的配比上依然要"防止一个班子中同一类型干部

---

① 详细可参见：LEE H Y. From revolutionary cadres to party technocrats in socialist China [M]. Oakland：University of California Press，2018.
② 段伟红. 技术官僚的"谱系"、"派系"与"部系"——对西方"中国高层政治研究"相关文献的批判性重建 [J]. 清华大学学报（哲学社会科学版），2012（3）.
③ 余洋. 从精英国家化到国家精英化——我国干部录用制度的历史考察 [J]. 社会，2010（6）.
④ 李庚香. 建设高素质专业化干部队伍的历史逻辑、新时代内涵和现实路径 [J]. 领导科学，2018（13）.

过于集中"①，以求实现领导班子在知识构成上的优势互补。

四、能力导向

同年龄梯队、知识构成相比，干部能力导向具有更为鲜明的问题导向和实践导向。国内外环境变化是党和国家调整干部能力导向的重要考量因素，而干部人事制度的文本修订能直观地反映干部能力导向的转换。对比2002年和2019年两版《党政领导干部选拔任用工作条例》中有关干部能力要求的表述，可以发现鲜明的"变"与"不变"：一方面，干部"能力"始终是干部选拔任用的重要依据；另一方面，干部"能力"的制度内涵不断丰富化。具体来看，2002年版主要强调5种能力，分别为"领导社会主义现代化建设能力"、"政策执行能力"②、组织能力、领导能力、工作能力；2019年版则主要强调8种干部能力，不仅在原有的基础上增加了"政治能力、专业能力、适应能力"，还将原来的"领导社会主义现代化建设能力"修改为"推进新时代中国特色社会主义事业发展的能力"，体现了党治国理政的最新战略部署。

从领导干部的实践工作出发，新时代要求干部具备"学习本领、政治领导本领、改革创新本领、科学发展本领、依法执政本领、群众工作本领、狠抓落实本领、驾驭风险本领"③。面对变化的国内外形势，党的二十大突出强调，要"加强干部斗争精神和斗争本领养成，着力增强防风险、迎挑战、抗打压能力"。如果说"八大本领"主要强调对党和国家政策的遵从和执行，那么"斗争本领"则更凸显干部面对复杂形势的主观能动性，强调干部对复杂形势变化的阅读理解、自我调适和主动回应。统而言之，随着中国国际影响力、感召力、塑造力的显著提升，干部不仅投身在全面建设社会主义现代化国家的新征程中，还置身于深度参与全球与区域治理的宏大场域中，因而党和国家在"变"与"不变"的基础上形成了关于干部能力的多维动态复合导向。

---

① 刘云山. 在全国组织部长会议上的讲话[J]. 党建研究, 2016 (2).
② "政策执行能力"为概括而来，原文表述为："能够把党的方针、政策同本地区、本部门的实际相结合，卓有成效地开展工作"。从这个层面而言，政策执行力还内含着创造力。
③ 第七条，参见：党政领导干部考核工作条例[N]. 人民日报, 2019-04-22 (5).

五、行为作风

干部行为作风问题不仅关系到党的形象，更关系到党的组织能力与执政合法性。面对新时代出现的新情况新问题新任务，仍然要坚持以严的基调强化正风肃纪。

在思想作风上，强调要不忘初心、牢记使命，坚定理想信念。党的十八大以来号召全体党员干部要做"共产主义远大理想和中国特色社会主义共同理想的坚定信仰者和忠实实践者"、坚定"四个自信"，严守共产党人的"精神支柱和政治灵魂"。① 党的二十大还特别强调，要"弘扬以伟大建党精神为源头的中国共产党人精神谱系"。在领导作风上，坚持民主集中制原则。民主集中制的精神内核在于"四个服从"，它包含了三组关系，即个人与组织、人与人、上级与下级；而处理各种关系的方法则分为两种：民主与集中。在个人与组织、班子成员间的关系处理上要发扬民主作风，既要做到个人"不得凌驾于组织之上、班子之上，不得搞独断专行"②，又要坚持个人服从组织，少数服从多数的原则；在上下级关系上既要在执行上级的方针政策上充分"发挥积极性、主动性、创造性"，也"决不允许自行其是、各自为政，决不允许有令不行、有禁不止，决不允许搞上有政策、下有对策"③ 的行为。在工作作风上，坚持以人民为中心，做到公道正派，敢于担当作为。要始终牢记"江山就是人民，人民就是江山"，重点纠治形式主义、官僚主义，将"以人民为中心"的理念落到实处。在领导干部"用权"过程中，要做到"讲原则不讲关系"④，坚决破除特权思想和特权行为，"不允许搞团团伙伙、帮帮派派，不允许搞利益集团、进行利益交换"⑤。在正风肃纪的同时，还需要领导干部保持干事创业的热情和担当作为的勇气，这直接关系到党是否能够保持并提升其组织能力和执政能力。在生活作风上，坚持严于律己。弘扬党"艰苦奋斗、勤俭节约"的优良作风，"各级党政机关要大兴艰苦奋斗之风，

---

① 关于新形势下党内政治生活的若干准则［N］. 人民日报，2016-11-03（5）.
② 第十八条，参见：中国共产党地方委员会工作条例［N］. 人民日报，2016-11-05（6）.
③ 关于新形势下党内政治生活的若干准则［N］. 人民日报，2016-11-03（5）.
④ 中共中央文献研究室. 十八大以来重要文献选编（上）［G］. 北京：中央文献出版社，2014：283.
⑤ 习近平. 在党的群众路线教育实践活动总结大会上的讲话［M］. 北京：人民出版社，2014：20.

带头厉行勤俭节约、反对铺张浪费"。① 干部要以身作则，自觉净化自己的社交圈生活圈朋友圈，注重家庭家教家风建设。

第四节　干部结构转换的制度保障

邓小平曾提出，推动干部队伍"四化"建设必须通过"逐步制定完善的干部制度来加以保证"②。时至今日，完善干部制度仍然是推动干部结构转换的重要保障。进入新时代以来，党中央主要在干部教育培训、干部考核评价、干部选拔任用、干部管理监督等制度机制方面对干部制度进行适应性调整，以支撑干部结构转换过程。

一、构建全方位的干部培养方案

党的十八大以来，党中央主要从教育管理、教育培训、实践锻炼三大路径各有侧重地构建全方位的干部培养方案，以推动干部结构转换。

第一，落实关于支部、领导班子能力提升的干部培养路径，其特点在于"寓教育于管理之中"。《中国共产党章程》第八条规定"每个党员，不论职务高低，都必须编入党的一个支部、小组或其他特定组织，参加党的组织生活"，且拥有党员身份的党的干部"还必须参加党委、党组的民主生活会"。组织生活的形式主要表现为"三会一课"，其目的在于"对党员进行经常性的教育管理"③ 监督；民主生活则侧重于"发扬党内民主、加强党内监督、依靠领导班子自身力量解决矛盾和问题"④。从功用来看，不管是组织生活还是民主生活会都有助于领导干部强化政治标准意识、提升政治实践能力、弘扬党的优良作风等。

第二，以集中性教育培训为主的干部培养路径，其特点在于从相对抽象的经验、理论层面全方位优化干部队伍的知识构成和认知结构。通过对比十

---

① 党政机关厉行节约反对浪费条例［N］．人民日报，2013-11-26（8）．
② 邓小平文选：第2卷［M］．北京：人民出版社，1994：361．
③ 第十六条，参见：中国共产党党员教育管理工作条例［N］．人民日报，2019-05-22（1）．
④ 第三条，参见：县以上党和国家机关党员领导干部民主生活会若干规定［N］．人民日报，2017-01-13（1）．

八大以来实施的两份"全国干部教育培训规划"可以发现,干部教育培训的内容主要分为三个层次:一是有关党的政治标准教育,主要包括党的基本理论、党性、党风廉政、党史国史等内容;二是形势与政策教育,主要包括世情国情党情分析,以及党和国家为适应环境变化而作出的路线方针政策调整,以培养领导干部的国际视野和战略思维能力①、提升领导干部推进改革的能力和积极性;三是具体的专业性知识,如哲学、历史、科技、国防等基础性知识,大数据、云计算、人工智能等新知识新技能②。在干部培训体系上,逐渐形成纵向分级横向分类的干部培训体系(如表1-1所示),其要点是在干部队伍纵向分级③、横向分类的基础上,针对各类别干部制定不同的培训内容、培训目标和培训重点,以不断增强干部培训的统筹性、针对性、实效性。

表1-1 纵向分级横向分类的干部培训体系

干部类型		培训目标	培训重点
党政干部	领导班子成员	造就一支政治坚定、能力过硬、作风优良、奋发有为的执政骨干队伍	以理论武装为根本、党性教育为核心、能力提升为主线
	机关内设机构公务员	造就一支政治坚定、业务精湛、作风过硬、人民满意的机关公务员队伍	以加强思想政治建设和业务能力建设为重点
企业经营管理人员		造就一支政治素质好、经营管理能力强、具有高度社会责任感的企业经营管理人员队伍	以提高思想政治素质和领导企业科学发展能力为重点
专业技术人员		造就一支敬业精神强、专业水平高、创新能力突出的专业技术人员队伍	以提高思想政治素质和培养创新精神、创新创业能力为重点

---

① 习近平. 在全国组织工作会议上的讲话[J]. 当代党员,2018(19).
② 中共中央印发《2018—2022年全国干部教育培训规划》[N]. 人民日报,2018-11-02(5).
③ 在《2013—2017年全国干部教育培训规划》原文中将"领导班子成员"一类层级结构进一步细化为"省部级领导干部""市(地、州、盟)党政领导班子成员和省(自治区、直辖市)直属部门单位领导班子成员""县(市、区、旗)党政领导班子成员和市(地、州、盟)直属部门单位领导班子成员"三类。

续表

干部类型	培训目标	培训重点
中青年干部	造就忠诚党和人民事业、堪当历史重任的优秀中青年干部队伍	以理想信念、优良传统教育和实践锻炼为重点
基层干部	培养守信念、讲奉献、有本领、重品行的高素质基层干部队伍	以提高政策执行、推动发展、服务群众、促进和谐能力为重点

（注：根据2013年印发的《2013—2017年全国干部教育培训规划》制成）①

第三，构建下沉基层、条线开放的干部实践锻炼培养路径。2018年7月3日，习近平针对当前党内部分年轻干部中存在的基层工作、关键岗位历练经验不足，脱离群众、群众工作能力不足，担当作为的勇气底气不足等问题，提出让年轻干部到吃劲岗位、重要岗位中磨砺，到基层中历练，同时还提出要防止去基层"镀金"以作为晋升的"台阶"现象，还需辅之"完整周期"。此外，"对优秀年轻干部，组织上要注意跟踪，'善则赏之，过则匡之，患则救之，失则革之'"②。从干部培养的角度看，干部交流制度作为提升干部实践领导能力的重要途径，有计划地推进党政领导干部进行跨部门、跨条线、跨行业交流，有利于强化领导干部"总揽全局、协调各方"的能力。与此同时，在干部选拔任用上也明确提出要"树立注重基层和实践的导向，大力选拔敢于负责、勇于担当、善于作为、实绩突出的干部"③。

二、构建精细化的考核评价体系

在干部培养管理环节中，考核评价制度发挥着"指挥棒"的作用，影响甚至在一定程度上决定着干部的行为偏好。十八大以来的干部考核制度建设更讲究精细化，中央重点围绕考核主体、考核内容、考核方式、考核程序等

---

① 为了重点表明纵向分级横向分类的干部培训体系的"逐渐形成"过程，此处保留引用2013年印发的干部教育培训规划。但需明确，2018年印发的《2018—2022年全国干部教育培训规划》对原有干部教育培训体系的内容进行了调整，以适应新时代要求，具体变动参见中共中央印发《2018—2022年全国干部教育培训规划》[N].人民日报，2018-11-02（5）.
② 习近平．在全国组织工作会议上的讲话[J].当代党员，2018（19）.
③ 第三条，参见：党政领导干部选拔任用工作条例[N].人民日报，2019-03-18（2）.

要素中的某一要素或不同要素的排列组合来构建精细化的干部考核评价体系。

2013年12月，中组部出台的《关于改进地方党政领导班子和领导干部政绩考核工作的通知》明确提出，要改变此前"把地区生产总值及增长率作为考核评价政绩"主要指标，强调根据领导干部的地区差异、层级差异、职责差异，构建各有侧重、各有特色的考核指标体系，从而拉开了新时代构建精细化党政领导干部考核评价体系的序幕。① 例如，2016年12月印发的《生态文明建设目标评价考核办法》主要为负责"生态文明建设"领域的干部建立专门的考核办法；2016年2月印发的《省级党委和政府扶贫开发工作成效考核办法》主要按"考核主体+考核内容"的模式为"省级干部"中负责"扶贫开发"工作的领导干部建立专门的考核办法，并建立了与之相应的工作成效考核指标体系。

2019年4月，中共中央印发的《党政领导干部考核工作条例》更是新时代党政领导干部考核评价体系精细化的集中表现，至少包括以下三个具体方面：一是根据主体差异设置不同的考核内容，如为领导班子和领导干部设置了各自不同的5个方面考核内容②；二是在主体差异的基础上，进一步通过"考核主体+考核方式"的组合方式强化考核的针对性，如分别针对领导班子和党政干部设置了平时考核、年度考核、专项考核和任期考核；三是针对不同的考核方式制定了不同的考核程序和考核途径（如表1-2所示）。

表1-2 党政领导班子和领导干部"考核方式+考核程序"模式

考核方式	考核程序或途径
平常考核	列席领导班子和领导干部的活动；谈心谈话制度落实；调查调研核实；党内其他活动情况
年度考核	总结述职；民主测评；个别谈话；了解核实；形成考核结果
专项考核	制定方案；听取考核对象的总结汇报；了解核实；形成考核结果
任期考核	总结述职、民主测评、个别谈话、了解核实、实绩分析、形成考核结果

（注：根据2019年印发的《党政领导干部考核工作条例》制作而成）

---

① 关于改进地方党政领导班子和领导干部政绩考核工作的通知［N］.人民日报，2013-12-10（2）.

② 党政领导班子考核内容主要包括政治思想建设、领导能力、工作实绩、党风廉政建设、作风建设五大方面；党政领导干部考核内容主要包括德、能、勤、绩、廉五个方面。

构建精细化党政领导干部考核评价体系，其目的在于为干部的选拔任用、职务升降、责任追究、奖惩、培训安排、工资调整等提供科学的、直观的、可靠的依据，这不仅是全面从严治党的内在要求，更是"促进大量优秀干部的脱颖而出，优胜劣汰，使党的干部队伍永葆生机活力"①的重要保障。

三、激活"五大"选任环节的功用

进入新时代以来，党中央对干部选拔任用制度的改革主要体现在两大方面：一是形成了"研判动议—民主推荐—组织考察—讨论决定—组织任职"的干部选拔任用程序；二是明确了不同选拔任用环节在推进干部结构转换中的功能定位，以此强化干部选拔任用制度对干部结构的调节能力。

在研判动议、民主推荐环节，"紧缺专业人才""结构需要"②"岗位要求、班子结构"等因素成为研判动议、民主推荐的重要依据。在任前考察环节，着重强调"三个"坚持：一是坚持任前考察与一贯表现互衔接，包括把"民主推荐与日常了解、综合分析研判"③以及平时考核、年度考核情况纳入组织考察范畴，与此同时为了进一步激发干部担当作为的积极性，将影响干部提拔的"年度考核"由"三年"压缩为"一年"④；二是坚持统一标准与差异考察相统一，2019年《党政领导干部选拔任用工作条例》第二十七条从政治标准、道德品行、专业素养、工作实绩、行为作风、廉政情况等六个方面对组织考察进行了统一规范，差异化考察主要表现为对"地方党政领导班子成员"与"党政工作部门领导干部"设置不同的考察内容⑤；三是坚持信

---

① 韩强. 对建立和完善党政领导干部考核评价指标体系的若干思考［N］. 政治学研究，2003（4）.

② 第十五条，参见：党政领导干部选拔任用工作条例［N］. 人民日报，2019-03-18（2）.

③ 第二十三条，参见：党政领导干部选拔任用工作条例［N］. 人民日报，2019-03-18（2）.

④ 2014年《党政领导干部选拔任用工作条例》第二十四条规定的不得列为考察对象的情形包括"近三年年度考核结果中有被确定为基本称职以下等次的"；2019年修订后的《党政领导干部选拔任用工作条例》将该规定修改为"上一年年度考核结果为基本称职以下等次的"。

⑤ "地方党政领导班子成员"的考察内容主要包括：将"经济建设、政治建设、文化建设、社会建设、生态文明建设和党的建设等情况"作为考察评价的重要内容，防止单纯以经济增长速度评定工作实绩；"党政工作部门领导干部"的考察内容为："应当把履行党的建设职责，制定和执行政策，推动改革创新，营造良好发展环境，提供优质公共服务，维护社会公平正义等作为考察评价的重要内容。"

息多元与互为印证的统一，注重把组织考察内容与组织（人事）部门意见、纪检监察机关意见、机关党组织意见、干部人事档案、个人事项汇报等相关内容进行比较、印证，而在讨论决定、组织任职两大环节中则主要通过严格、规范的程序性要求来保障干部的"能上能下"，以进一步激发党政领导干部"担当作为""干事创业"的积极性。

四、完善能上能下的用人机制

长期以来，干部选任中普遍存在"能上不能下，能进不能出"的非预期现象，它不仅阻碍了须随时代条件变化而适时推进的干部结构转换，还助长了选人用人不正之风，甚至可能进一步导致"德才兼备者遭到冷遇、排挤、打击和压制，更迫使'新官''清官'为保生存或晋升而屈从潜规则"，从而催生"官场逆淘汰"①。对此，党的十八大以来把推进"干部能上能下、能进能出"作为全面深化干部人事制度改革的重要内容②，并逐步完善能上能下用人机制。作为"机制"层面的优化路径，其重点在于将干部选任与纪律处分、干部考核、责任追究等相关干部管理培养机制相衔接，在具体实践中尤为聚焦干部"不能下"的问题，并有针对性地进行制度完善和机制构建。

在 2018 年 8 月修订出台的《中国共产党纪律处分条例》中，第十条至第十五条规定了关于党员干部的五种纪律处分形式以及关于党组织的两种纪律处分形式，并建立了与纪律处分相对应的干部职位调整规则，譬如受"严重警告处分"的党员干部"一年半内，不得在党内提升职务和向党外组织推荐担任高于其原任职务的党外职务"③。又如，对受到"改组处理"党组织的党员干部，"除应当受到撤销党内职务以上（含撤销党内职务）处分的外，均自然免职"④。在与干部考核制度的衔接上，如"上一年年度考核结果为基本称职以下等次""受到诫勉、组织处理或者党纪政务处分等影响期未满或者期满影响使用"的干部不得纳入干部提拔考察范畴⑤。在问责制度的衔接上，2019 年 9 月印发《中国共产党问责条例》第八条规定了领导干部的问责形式

---

① 袁超．"关系"裹挟、科层失灵与官场逆淘汰［J］．理论探讨，2017（3）．
② 中共中央关于全面深化改革若干重大问题的决定［N］．人民日报，2013-11-16（1）．
③ 第十条，参见：中国共产党纪律处分条例［N］．人民日报，2018-08-27（3）．
④ 第十五条，参见：中国共产党纪律处分条例［N］．人民日报，2018-08-27（3）．
⑤ 第二十三条，参见：党政领导干部选拔任用工作条例［N］．人民日报，2019-03-18（2）．

及与之对应的职位调整方式,如对受"组织调整或者组织处理"的干部"应根据情况采取停职检查、调整职务、责令辞职、免职、降职等措施",并对受"纪律处分"问责形式的干部明确规定"依照《中国共产党纪律处分条例》追究纪律责任"。① 这一定程度上实现了能上能下用人机制与问责制度、纪律处分制度的多重衔接。除此之外,根据《推进领导干部能上能下规定》的相关内容,完善能上能下用人机制的具体措施还包括"组织处理、辞职、职务任期、退休等有关制度规定"②。

畅通党政领导干部能上能下渠道,是用好各年龄段干部、优化干部队伍知识结构、"匡正选人用人风气"③、让"敢于负责、勇于担当、善于作为、实绩突出的干部"④ 能够脱颖而出的重要基础,对调动干部队伍活力、实现干部结构转换,进而推动国家治理体系和治理能力现代化建设具有关键性作用。

第五节 小结:作为干部结构转换机制的"淘汰"与"逆淘汰"

本章对干部结构转换进行了整体性解释,目的在于提出一个简要的理论认知框架,为进一步剖析支撑干部结构转换的机制研究提供基本指引。在实际政治过程中,干部结构转换是通过稳态机制实现的;所谓"稳态",主要强调该机制不是短暂或瞬间发生的,它是持续并长期存在的;稳态机制既包括由明确制度文本规定的制度化机制,也包括由一系列潜规则演化而成的非制度化机制;但这种非制度化机制,却往往因为潜规则能够依附并活跃于制度过程的"缝隙"当中而体现出"准制度化"特征,因此两类机制都在实际政治过程中发挥着相对稳定的作用。

从本章的认知框架出发,干部结构转换机制是在党组织内外环境变化的

---

① 第八条,参见:中国共产党问责条例[N].人民日报,2019-09-05(3).
② 第四条,参见:中办印发《推进领导干部能上能下规定》[N].人民日报,2022-09-20(1).
③ 习近平在全国组织工作会议上强调 建设一支宏大高素质干部队伍确保党始终成为坚强领导核心[N].人民日报,2013-06-30(1).
④ 党政领导干部选拔任用工作条例[N].人民日报,2019-03-18(2).

动力作用下形成的（本章第二节），其构建依据和形式既包括来自党内法规制度和国家法律法规制度等正式制度的限定，也包括来自历史传统和社会风俗等非正式制度的限定，例如本研究聚焦的干部淘汰机制与逆淘汰机制。干部结构转换机制是通过影响五大维度的实际"参数"来实现干部结构转换的（本章第三节），并在干部人事制度的整体变革和完善过程中得到保持和优化（本章第四节）。但本项研究的先期计划不在于完成对干部结构转换全过程的详细阐释，而是在有此初步认知框架的前提下，明确聚焦于干部结构转换机制的系统研究。

作为一种政治现象，干部淘汰与逆淘汰都是客观存在的，甚至举目可见、随处可闻。但作为研究对象，国内学术界却暂未形成足够深厚的学术积累，导致关于干部淘汰与逆淘汰的认识论和知识论都非常缺乏。或许是囿于一定的政治敏感因素所形成的出版限制让许多类似成果未能面世，但这并不能掩盖此项研究的必要性。甚至，从实践意义上谈，干部淘汰与逆淘汰研究比干部晋升、干部担当作为等议题研究更具有问题针对性，干部淘汰机制的不健全、逆淘汰机制的存在很可能就是导致带病提拔、权力腐败、廉而不"能"、为官不为等问题的重要原因。对此，笔者坚持要将本研究的理论工作部分推进下去。

本章首节已经呈现了干部结构转换机制在"党政体制运转—（干部选任—干部结构转换—干部队伍能力变化）—当代中国政治变迁"因果链条中的关键位置。因而，在此宏观理论观照下，系统阐释干部淘汰与逆淘汰机制的生成和运作，并内在地指向其对于干部结构转换产生的影响，具有深远的理论价值和务实的实践价值。

第二章

淘汰机制：干部结构转换的规范支撑

从对干部结构转换过程施加的影响来看，干部淘汰机制发挥着非常重要的规范支撑作用。所谓"规范"，一方面，强调当代中国的干部淘汰机制是在改革开放以来的干部人事制度变革历程中形成的，其与干部教育培训、选拔任用、考评培养、管理监督等方面的制度化过程协同发展，是构建干部人事制度规范的重要组成部分；另一方面，强调干部淘汰在党和国家的大政方针、法律法规制度框架中进行，具有无可置疑的政治权威，能够合法、稳定、标准化且常态化地对干部结构施加影响。

改革开放以来，在坚持党管干部的基本原则上，干部人事制度建设的规范化、制度化水平不断提升，干部淘汰制度作为其重要部分在这一进程中得到了长足发展，并在推进干部能上能下、能进能出，优化干部队伍结构，提升干部队伍素质等方面发挥了不可替代的作用。从推动干部结构转换的角度看，干部淘汰机制的构建与运行发挥着关键的支撑作用，并表现出制度化、规范化、常态化、系统化的特征。可以说，干部淘汰机制是促进干部队伍"新陈代谢"的重要保障，它要是发生梗阻，那随之而来就会发生系统紊乱，进而导致干部队伍建设出现问题。

就干部淘汰机制的分类而言，根据《党政领导干部选拔任用工作条例》《党政领导干部考核工作条例》《中国共产党纪律处分条例》《中国共产党问责条例》《中国共产党组织处理规定（试行）》等党内法规制度的规定，当代中国的干部淘汰主要可分为三大制度化类型，即竞争型淘汰、考评型淘汰和过失型淘汰。此外，还存在一种"备选型淘汰"的过程化类型值得关注。总的来看，尽管自改革开放以来，干部淘汰机制构建得到长足发展，但至今仍至少存在三方面问题，即干部队伍建设基础性制度存在不足，以及与竞争性淘汰、否定性淘汰机制规范运行相关的制度亦存在不足。

<<< 第二章 淘汰机制：干部结构转换的规范支撑

第一节 当代中国干部制度改革历程中的淘汰机制构建

当代中国的干部淘汰机制是在干部制度改革的整体历程中逐渐构建起来的，可谓将"干部淘汰"寓于"干部选拔培养管理"的制度过程之中。1949年11月，中共中央组织部印发《关于干部鉴定工作的规定》，当代中国干部淘汰的制度建设由此开启。然而，在新中国成立后的一段时期内，一定的历史遗留问题和复杂的国内外发展形势，导致干部淘汰的制度建设并未取得大发展。直到1978年12月，党的十一届三中全会提出了改革开放和社会主义现代化建设的历史任务，为此干部人事制度进行了适应性变革，干部淘汰机制构建也随之进入以规范化、常态化为基本要求和特征的制度化发展阶段。

一、干部淘汰机制的初步创建

党的十一届三中全会后，随着党和国家中心任务的历史性转变，干部队伍和各级领导班子明显地表现出不适应。党政干部队伍不仅面临越发严重的老龄化和青黄不接问题，而且还面临越发凸显的专业知识匮乏问题。对此，1979年7月，邓小平在接见海军党委常委扩大会议全体同志的讲话中强调，"解决组织路线问题"已经提到我们的议事日程上来了，并明确提出"解决组织路线问题，最大的问题，也是最难、最迫切的问题，是选好接班人"[①]；同年11月，邓小平在中央党、政、军机关副部长以上干部会上的报告中强调，"认真选好接班人，这是一个战略问题，关系到党和国家长远利益的大问题"[②]。1980年8月，邓小平在中共中央政治局扩大会议上发表了著名的讲话——《党和国家领导制度的改革》，提出"干部缺少正常的录用、奖惩、退休、退职、淘汰办法，反正工作好坏都是铁饭碗，能进不能出，能上不能下"[③]。在此前"高度集中的计划经济体制和高度集权的政治体制"背景下，

---

① 邓小平. 思想路线政治路线的实现要靠组织路线来保证（一九七九年七月二十九日）[M]//邓小平文选：第2卷. 北京：人民出版社，1994：190-193.
② 邓小平. 高级干部要带头发扬党的优良传统（一九七九年十一月二日）[M]//邓小平文选：第2卷. 北京：人民出版社，1994：215-230.
③ 邓小平. 党和国家领导制度的改革（一九八〇年八月十八日）[M]//邓小平文选：第2卷. 北京：人民出版社，1994：320-343.

干部人事上存在的这些问题亦同时造成了党政机构臃肿以及由此而生的官僚主义等问题。因此，激活干部队伍更新机制、推动干部队伍结构转换、实现干部队伍结构的整体性优化，就成为改革开放之初党和国家组织工作的首要任务，具体则涉及构建符合新时期发展的干部退出和干部选拔培养机制。用邓小平的话来说，解决"接班人"问题的关键在于畅通干部"下"的渠道，规范干部"上"的途径。

　　从畅通干部"下"的渠道来看，其具体方式主要有三：第一，建立干部退休制度，这既包括"废除干部领导职务实际上存在的终身制"①，还包括对"精力不足"的干部②实行"到龄离退休制"③，1982年2月出台的《中共中央关于建立老干部退休制度的决定》对不同职务职级干部的退休年龄进行了明确规定；第二，建立自愿辞职制度；第三，建立干部淘汰机制，如在考核、问责、弹劾等干部考评制度基础上，就干部的"否定性评价"制定出诸如免去正职、改任副职、免去现职、到较低层次工作、免职培训、转任专业技术部门领导职务④等干部岗位职务职级"变动或解除"⑤规则。此外，为根除

---

① 中国共产党中央委员会关于建国以来党的若干历史问题的决议（1981年6月27日中国共产党第十一届中央委员会第六次全体会议一致通过）[G]//中共中央文献研究室. 三中全会以来重要文献选编（下）. 北京：中央文献出版社，2011：155.

② 邓小平曾指出领导干部"大体上都是六十岁左右的人了，六十岁出头的恐怕还占多数，精力毕竟不够了，不然为什么有些同志在家里办公呢？为什么不能在办公室顶八小时呢？我们在座的同志中能在办公室蹲八小时的的确实有，是不是占一半，我怀疑"。可见在办公室持续办公八小时成为衡量领导干部精力的重要标准。当然，作为党的中高级领导干部，部分工作由于比较急迫，一天的工作时间很难限定在八小时内，故而选拔"年富力强"的年轻领导干部进入领导岗位。参见：邓小平. 高级干部要带头发扬党的优良传统（一九七九年十一月二日）[M]//邓小平文选：第2卷. 北京：人民出版社，1994：215-230.

③ 1982年2月20日出台的《中共中央关于建立老干部退休制度的决定》规定：担任中央、国家机关部长、副部长、省、自治区、直辖市党委第一书记、书记、省政府省长、副省长，以及省、自治区、直辖市纪律检查委员会和法院、检察院主要负责干部的，正职一般不超过六十五岁，副职一般不超过六十岁。担任司局长一级的干部，一般不超过六十岁。当然，个别未到离休退休年龄，但因身体不好，难以坚持正常工作的，经过组织批准，可以提前离休退休。

④ 关于调整不胜任现职领导干部职务的几个问题的通知（1986年11月4日）[M]//朱庆芳，张成福，等. 领导干部选拔任用工作实务. 北京：中国人事出版社，2000：2293.

⑤ 中国共产党章程（中国共产党第十二次全国代表大会一九八二年九月六日通过）[G]//中共中央文献研究室. 十二大以来重要文献选编（上）. 北京：人民出版社，2011：72.

"文革"在党和国家体制中的遗毒,"三种人"被列为重点淘汰对象,即"造反起家的人""帮派思想严重的人"和"打砸抢分子"①。

从规范干部"上"的途径来看,重在明确"什么人上""怎么上"问题。邓小平于1980年12月提出干部"四化"标准,同时按"四条标准"② 选任干部,从而明确了"什么人上"的标准。就"怎么上"而言,一是建立选举、招考、任免制度,以落实干部队伍"四化"方针;二是本着"管少、管活、管好"的精神,减少干部管理层次,提高干部管理效率③;三是中央层面设立了过渡性质的"顾问委员会"和"中央书记处",使"老同志在退出一线之后继续发挥一定的作用"④,以帮助新提拔年轻干部"熟悉中央的工作方法和工作作风,锻炼独立处理国家大事、应付事变的能力"⑤,与此同时,

---

① 具体情形包括:造反起家的人——指那些在"文化大革命"期间,紧跟林彪、江青一伙拉帮结派,造反夺权,升了官,干了坏事,情节严重的人。帮派思想严重的人——指那些在"文化大革命"期间,极力宣扬林彪、江青反革命集团的反动思想,拉帮结派干坏事,粉碎"四人帮"以后,明里暗里继续进行帮派活动的人。打砸抢分子——指那些在"文化大革命"期间,诬陷迫害干部、群众,刑讯逼供,摧残人身,情节严重的人;砸机关、抢档案、破坏公私财物的主要分子和幕后策划者;策划、组织、指挥武斗造成严重后果的分子。参见:中共中央关于整党的决定(1983年10月11日)[G]//中共中央文献研究室.十二大以来重要文献选编(上).北京:人民出版社,2011:339-340.

② 1979年9月29日,叶剑英《在庆祝中华人民共和国成立三十周年大会上的讲话》中提出选拔领导干部要特别强调三条标准:一是坚决拥护党的政治路线和思想路线;二是大公无私,严守法纪,坚持党性,根绝派性;三是有强烈的革命事业心和政治责任心,有胜任工作的业务能力。此外,1979年11月2日,邓小平在中央党、政、军机关部长以上干部会上的报告中强调,选拔任用领导干部除叶剑英提出的"三条标准"外,还要有干劲有精力,"能够顶着干八小时工作"。参见:叶剑英.在庆祝中华人民共和国成立三十周年大会上的讲话(1979年9月29日)[G]//中共中央文献研究室.三中全会以来重要文献选编(上).北京:中央文献出版社,2011:210.邓小平.高级干部要带头发扬党的优良传统(一九七九年十一月二日)[M]//邓小平文选:第2卷.北京:人民出版社,1994:215-230.

③ 中共中央组织部关于改革干部管理体制若干问题的规定(1982年7月)[G]//中华全国总工会组织部编.工会组织工作手册.北京:中国工人出版社,2000:867.

④ 邓小平.在中央顾问委员会第一次全体会议上的讲话(一九八二年九月十三日)[M]//邓小平文选:第3卷.北京:人民出版社,1993:5-8.

⑤ 中共中央文献研究室.三中全会以来重要文献选编(上)[G].北京:中央文献出版社,2011:336-337.

在地方层面设置了类似的过渡性机构和辅助性职位①。

由于"接班人"问题的历史迫切性，使得干部队伍"四化"建设重心在于确保党和国家权力的代际平稳交接。因此，这一时期虽然开始尝试性地创建以干部考评制度为基础的干部淘汰机制，但干部上下流动的主要动力仍来自干部队伍老龄化的现实压力，而非干部淘汰机制规范化、常态化运作的结果。

二、干部淘汰机制的实践发展

随着改革开放的稳步推进，中国对外开放程度不断提升，社会主义市场经济建设取得重大发展，干部队伍干事创业的积极性也与日俱增。但与此同时，无论是干部"能进不能出、能上不能下"问题，还是干部"以权谋私"②"思想混乱、组织涣散、纪律松弛"③等问题都日渐凸显，因而构建及完善以干部考评制度为基础的常态化干部淘汰机制势在必行。对此，党的十四届四中全会提出"扩大民主、完善考核、推进交流、加强监督"④的干部人事制度改革方针，并在干部选任、考核评价、纪律处分、责任追究等具体制度改革过程中，同步构建相应的干部淘汰机制。

首先，强化竞争型干部淘汰机制。作为现代民主政治发展的结果，公平竞争已然成为衡量政治制度民主与否的重要标尺。因此，当"扩大民主"作为干部选任制度改革主要内容时，强化干部选任的竞争性成为某种逻辑必然，这不仅表现为竞争上岗⑤、公开选拔、差额选举⑥等竞争机制的引入，还表现

---

① 地方层面的辅助性机构主要包括办公室、秘书处、研究室等，辅助性职位主要包括书记助理、副秘书长、部长助理、帮办等。参见：陈云. 提拔培养中青年干部是当务之急（1981年5月8日）[G]//中共中央文献研究室. 三中全会以来重要文献选编（下）. 北京：中央文献出版社，2011：121-122.
② 中共中央关于严格按照党的原则选拔任用干部的通知（1986年1月28日）[G]//中共中央文献研究室. 十二大以来重要文献选编（中）. 北京：人民出版社，2011：339.
③ 中共中央关于加强党的建设的通知（1989年8月28日）[G]//刘木春，胡占君，等. 首都大学生党建资料汇编（1979—2010）. 北京：知识产权出版社，2013：119-123.
④ 中共中央关于加强党的建设几个重大问题的决定（1994年9月28日）[M]. 北京：人民出版社，1994：25.
⑤ 翟继光. 纪检监察依法依纪办案常用法律法规全书（第1卷）[G]. 北京：中国民主法制出版社，2020：183-186.
⑥ 中共中央文献研究室. 十七大以来重要文献选编（上）[G]. 北京：中央文献出版社，2009：4.

为民主推荐、民主测验、民主评议①等成为干部选任工作的重要环节。此时，如若充分观照干部选任制度改革的"一体两面"意涵，那么竞争机制及相关民主工作环节的引入亦支撑着干部选任的侧面和反面——干部淘汰，竞争型干部淘汰机制由此逐渐成形。

其次，逐步建立考评型干部淘汰机制。试用淘汰、末位淘汰以及弹劾制等都是建立在干部考评制度基础之上的，其核心在于将考评结果与"领导班子的调整、干部的升降、奖惩"相衔接。1998年5月印发的《党政领导干部考核工作暂行规定》第三十六条明确了对"不称职"干部个体的组织处理方式，也意味着考评型干部淘汰机制正式开始建立。但是，该规定未能对班子集体的考核结果进行等次划分，更不用说制定出与否定性评价形式对应统一的干部淘汰规则。对此，2006年实施的《体现科学发展观要求的地方党政领导班子和领导干部综合考核评价试行办法》以及2009年的"一意见三办法"②，都对两种形态考核对象作了区隔，但仅《党政领导班子和领导干部年度考核办法（试行）》明确了"不称职"干部的组织处理规则。可见，该阶段的干部考评制度虽然精细化程度不断提升，但在考核结果运用上仍需强化，尤其未能以否定性考评结果为依据制定系统的干部岗位职务职级调整规则。

最后，构建过失型干部淘汰机制。领导干部过失行为主要有三类，即违法行为、违纪行为及失职失责行为，而过失型淘汰则主要指后两种行为，其原因在于干部因违法而触发的淘汰在有关行政法中已有明确规范，且法学学者对此已深入研究，故不在此赘述。在当代中国政治结构之中，中国共产党领导党的地位赋予了党纪要求极强的外溢性③，这也决定了干部违纪处分具有双重淘汰特性，即党内职务和党外公职的双重调整。1997年2月实施的《中国共产党纪律处分条例（试行）》标志着违纪型干部淘汰机制的形成，且沿用至今。条例规定的违纪型干部淘汰机制的核心要素有二：一是按否定性递增原则，对班子集体和干部个体各自纪律处分方式进行次第排列；二是为各

---

① 王怀安.中华人民共和国法律全书（第12卷）[G].长春：吉林人民出版社，2001：1062.

② "一意见三办法"指2009年7月，中共中央办公厅印发《关于建立促进科学发展的党政领导班子和领导干部考核评价机制的意见》，以及中组部配套印发的《地方党政领导班子和领导干部综合考核评价办法（试行）》《党政工作部门领导班子和领导干部综合考核评价办法（试行）》《党政领导班子和领导干部年度考核办法（试行）》。

③ 江国华.正当性、权限与边界——特别权力关系理论与党内法规之证成[J].法律科学（西北政法大学学报），2019（1）.

纪律处分方式制定出对应统一的双重干部淘汰规则，如党员干部受"撤销党内职务"处分时，即意味着党内职务的调整或丧失，若该党员干部"在党外组织担任领导职务的，可以建议党外组织撤销其党外职务"。① 此外，在围绕干部失职失责构建起的淘汰机制上，1998年实施的《关于实行党风廉政建设责任制的规定》，虽粗略规定相关班子集体和干部个体的"党风廉政建设"责任，但却直接以党纪处分来代替责任追究。对此，2009年6月出台的《关于实行党政领导干部问责的暂行规定》第七条按"寓干部淘汰规则于问责方式之中"的行文模式，对干部个体的问责方式进行了明确和细化，但遗憾的是这一优化改进并未涉及对班子集体的问责。为修补此中缺陷，2010年修订的《关于实行党风廉政建设责任制的规定》作了三方面优化：一是对两种形态问责对象的问责方式作区分，二是沿着"寓干部淘汰规则于问责方式之中"的思路进一步丰富具体问责方式，三是在直接问责与党纪处分之间建立必要的衔接机制。

三、干部淘汰机制的系统调适

党的十八大以来，针对干部队伍中存在的"领导科学发展能力不强""理想信念动摇、宗旨意识淡薄""形式主义、官僚主义问题突出""奢侈浪费现象严重""消极腐败现象易发多发"等突出问题，为培养党和人民需要的"高素质执政骨干队伍"②，以习近平同志为核心的党中央作出了"全面从严治党"的重大战略部署，提出"党要管党，首先是管好干部；从严治党，关键是从严治吏"。于是，党和国家从"选拔任用、考核评价、管理监督和激励保障"③ 四大领域展开对干部人事制度的深化改革，并重点对干部淘汰机制进行了系统调适以实现彼此间的协同运作、优势互补。

推进干部选任过程中竞争机制的合理运用，提升常态化考评结果在干部选任中的权重。在干部选任制度改革上，习近平强调"民主"并非改革的

---

① 职务违纪违法犯罪政策法律法规及司法解释全书［G］．北京：中国方正出版社，2003：3-5．
② 胡锦涛．坚定不移沿着中国特色社会主义道路前进 为全面建成小康社会而奋斗——在中国共产党第十八次全国代表大会上的报告［N］．人民日报，2012-11-18（1）．
③ 2010—2020年深化干部人事制度改革规划纲要（2009年12月3日）［G］//国家税务总局人事司．人事工作文件汇编（十二）（下）．北京：中国税务出版社，2011：128．

"目的"，而是提升干部质量的"手段"①。例如，为了追求所谓民主而在干部选任过程中设置过多硬性竞争指标，其结果必然是催生四唯问题②、凡提必竞、官场逆淘汰等竞争乱象。对此，现行《党政领导干部选拔任用工作条例》对相关竞争机制作了适度调整，如将公开选拔、竞争上岗"调整到动议环节"，使其"由原来'党政领导干部选拔任用的方式之一'调整为'产生人选的一种方式'"③。干部选任过程中竞争机制的调整，并不意味着对竞争择优原则的舍弃，如在现行干部选任相关环节中不仅有明确的"差额"要求，还通过"凡提四必"④ 机制强化党组织的领导把关作用。这意味着干部考核、监督、问责、处分等常态化干部考评制度被整体纳入干部选任的前置性基础制度，借此改变以往过分依赖某单一竞争性指标选用干部的局面。

强化各类型干部淘汰机制之间的协同运作能力。党的十八大以来，干部考核制度改革以"经常化、制度化、全覆盖"⑤ 为创新考核方法的总要求，强调干部考核"既看发展又看基础，既看显绩又看潜绩"⑥，以此帮助领导干部树立正确的政绩观。此外，考核结果的关联性运用得到不断加强，包括把考核结果与干部选任、激励、监督、问责等制度相衔接，以推进"能者上、优者奖、庸者下、劣者汰"⑦ 选人用人导向的形成。在纪律处分制度改革上，虽然两次修订了《中国共产党纪律处分条例》，但纪律处分方式及其对应的干部淘汰规则大体沿用《中国共产党纪律处分条例（试行）》中的相关规定，反而在违纪情形上按"纪法分开、纪严于法、纪在法前"原则进行全面调整。这意味着根据干部违纪行为而确立的淘汰启动红线在前移，由此也在"党的好干部"

---

① 中共中央文献研究室. 十八大以来重要文献选编（上）[G]. 北京：中央文献出版社，2014：345.
② "四唯问题"指在干部选拔任用过程中出现的"唯票"取人、"唯分"取人、"唯 GDP"取人、"唯年龄"取人的乱象。
③ 为建设高素质专业化干部队伍提供有力制度保证——中组部负责人就修订颁布《党政领导干部选拔任用工作条例》答记者问 [EB/OL]. 中国政府网，2019-03-18.
④ "凡提四必"指在党委（组）讨论决定干部任免时，讨论决定前，对拟提拔或进一步使用人选的干部档案必审、个人有关事项报告必核、纪检监察机关意见必听、线索具体的信访举报必查. 参见：党委（组）讨论决定干部任免事项守则（2016 年 11 月 24 日）[G]//新时代党的纪律建设实用法规指引. 北京：中国方正出版社，2018：307-308.
⑤ 习近平. 在全国组织工作会议上的讲话 [M]. 北京：人民出版社，2018：17-18.
⑥ 盛若蔚. 习近平在全国组织工作会议上强调 建设一支宏大高素质干部队伍确保党始终成为坚强领导核心 [N]. 人民日报，2013-06-30（1）.
⑦ 中国共产党组织工作条例 [N]. 人民日报，2021-06-03（5）.

与"阶下囚"之间增设了相应的容错纠错机制,党纪处分与干部问责间进一步衔接、互补的制度空间得到拓展。在干部问责制度改革上,一方面按"责任主体+责任内容"的制度构建逻辑,不断推进干部问责制度精细化发展,并相继出台了《党委(党组)意识形态工作责任制实施办法》《地方党政领导干部安全生产责任制规定》《党委(党组)落实全面从严治党主体责任规定》等问责性党内法规制度;另一方面是对干部问责方式做分类优化,如为"组织处理"类问责专门制定了《中国共产党组织处理规定(试行)》,又如明确"纪律处分"类问责依照《中国共产党纪律处分条例》执行等。

综上而言,十八大以来的干部淘汰机制建设是以相对成熟的干部人事制度体系为依托的,因此,除对各具体干部淘汰机制的基础性制度做必要修补外,更加注重不同淘汰机制间的协同运作。正是基于此,对各干部淘汰机制作类的划分,借以发现各自内在的结构性要素,这对不断提升干部淘汰机制构建的自觉性、规范性、科学性、系统性具有重要的现实指导意义。

第二节 当代中国干部淘汰机制的实践类型分析

改革开放以来,中国干部人事制度的规范化、制度化水平在不断提升,干部淘汰机制构建作为其重要内容也得到长足发展。在此,本研究按干部淘汰程序启动依据的性质差异,将当代中国主要干部淘汰机制分为竞争型、考评型、过失型三大类,其中过失型淘汰包括违纪型和失责型两种亚类。

一、竞争型淘汰

1978年12月,党的十一届三中全会决定,要将全党的工作重点和全国人民的注意力转移到社会主义现代化建设上,作出了改革开放的重大战略决策。此前高度集中的计划经济体制开始发生转变,市场经济体制逐渐走上历史舞台,国内经济社会面貌随之焕然一新。经济体制转变的影响,不仅体现在经济活动本身,还更深层次地反映在政治与经济关系、政府与市场关系的变化,以至整个中国的宏观政治经济函数从此发生质变。在干部国家的客观结构下,宏观政经函数的变化对干部队伍结构转换提出新的要求,并进一步引发了干部选任、培养、考核和淘汰标准的变化以及干部自身行为模式的变化。学界

<<< 第二章　淘汰机制：干部结构转换的规范支撑

曾就这样一种适应性转变之后，自80年代开始的地方干部之间围绕GDP增长的晋升淘汰模式提出了在国内外都颇具影响力的概念与理论——"官员晋升锦标赛模式"，描绘出改革开放以来中国解决地方干部激励问题独特的治理方式，以及围绕地方经济绩效而产生的干部晋升过程。

随着体制改革逐步推进、经济增长持续发生，不仅地方政府间的竞争越来越激烈，干部队伍内部竞争也越演越烈。从干部制度建设的角度看，要想发挥出干部竞争的预期政治效应，科学、规范的干部选任与干部淘汰制度体系建设是必备条件。在此背景下，干部淘汰的制度机制得以开始建构并逐渐被组织化地运用到干部选任、培养、考核、监督等各个环节。所谓"竞争型淘汰"，即干部选任过程中出现的因晋升特定职位而失败或不宜进一步使用的情形，本书对其作出以下三方面限定：第一，竞争型淘汰仅适用于干部选任环节的相关分析；第二，竞争型淘汰主要是针对干部选任过程中，对于特定领导职务晋升失败或不宜进一步使用意义上的淘汰，而非因失职渎职、违反纪律或法律等而受到革职降级或退出公职意义上的淘汰；第三，触发竞争型淘汰机制的情形或条件，既可以是笔试、面试、民主推进等择优筛选机制，也可以是硬性的选举、差额要求，还包括在"组织考察"环节中发现备选干部存在能力缺陷，或此前任职过程中存在失职失责、违纪违法等影响晋升的过失行为。

随着干部人事制度改革的不断深化，竞争型淘汰机制的构建目标也在不断进行调适：在德才兼备基本原则不变的前提下，其竞争标准逐渐从强调干部业务能力转向强调政治素质和才能兼备；竞争机制的运用模式逐渐从"公开选拔、竞争上岗"的独立方式转为干部选任各环节的工作机制，以适应具体时期干部队伍建设及至党的建设整体需求。党的十二大党章（第三十七条）提出，党的领导干部产生方式主要包括民主选举和领导机关任命。在后续的组织工作实践中，干部选任方式还逐步探索出考任制、选任制、公开选拔和竞争上岗制[1]以及聘任制，以落实"扩大民主、完善考核、推进交流、加强监督"[2]的干部人事制度改革目标。党的十八大以来，为破除干部选任过程中的"四唯"问题，对干部选任程序进行了两方面调整：一是在"民主推

---

[1] 刘再春. 党政领导干部选拔任用制度改革研究——基于制度变迁理论的分析[D]. 上海：华东师范大学，2012.

[2] 2001—2010年深化干部人事制度改革纲要（2000年6月）[G]//王怀安. 中华人民共和国法律全书（12）. 长春：吉林人民出版社，2001：1062.

荐"环节明确差额要求,如现行《党政领导干部选拔任用工作条例》第十八、二十条规定,在领导班子换届过程中"上级党委或者组织部门"应按"差额"原则"推荐参考人选",且"个别提拔任职"和"进一步使用"的领导干部"参考人选应当差额提出"①;二是评价干部的指标从"单一"走向"多元",如好干部除了具备"五个标准"的基本要求外,还应做到"心中四有"②、增强"四大定力"③、恪守廉洁"四要求"④、树立"四个意识"、坚定"四个自信",以及坚决做到"两个维护"和严守党的规矩等方面。

二、考评型淘汰

考评型淘汰机制以干部考核制度体系为基础性制度,是对干部考核结果的重要延伸性运用,即强调以干部"考评结果"中的"否定性评价"为依据,对不宜担任现职的干部进行岗位职务职级调整以至开除等组织处理,以期实现"能者上、优者奖、庸者下、劣者汰"的正确用人导向。

按照《党政领导干部考核工作条例》第二条的规定,干部考核主要指"党委(党组)及其组织(人事)部门按照干部管理权限,对党政领导班子和领导干部的政治素质、履职能力、工作成效、作风表现等所进行的了解、核实和评价,以此作为加强领导班子和领导干部队伍建设的重要依据"。干部考核制度作为干部队伍建设的重要抓手,其考核内容在干部行为导向上发挥着"指挥棒"作用,而考核结果则是党组织对领导干部进行"奖勤罚懒、奖优罚劣"的重要依据。在当代中国的政治实践中,党政领导干部考核制度体系主要由平时考核、年度考核、专项考核、任期考核四大类型构成⑤,各自对应的考核结果呈现形式如表2-1所示,其中年度考核结果及其对应的延伸性运用如表2-2、表2-3所示。

---

① 党政领导干部选拔任用工作条例[N].人民日报,2019-03-18(2).
② 2016年7月1日,习近平在庆祝中国共产党成立九十五周年大会上的讲话中提出干部"心中四有标准",即心中有党、心中有民、心中有责、心中有戒。参见:中共中央文献研究室.十八大以来重要文献选编(下)[G].北京:中央文献出版社,2018:372.
③ 2017年,习近平在中央党校省部级领导干部专题研讨班上提出干部"四定力",即政治定力、纪律定力、道德定力、抵腐定力。
④ 廉洁"四要求"即廉洁从政,自觉保持人民公仆本色;廉洁用权,自觉维护人民根本利益;廉洁修身,自觉提升思想道德境界;廉洁齐家,自觉带头树立良好家风。参见:中国共产党廉洁自律准则[N].人民日报,2015-10-22(3).
⑤ 党政领导干部考核工作条例[N].人民日报,2019-04-22(5).

考评型干部淘汰的核心在于以明确、统一、层次分明的考核结果呈现形式为依据，制定与之对应的干部职务职级调整规则。在当前四种干部考核类型中，只有年度考核的结果呈现形式满足其基本要求，同时也建立了与之对应的干部职务职级调整规则（如表2-2、表2-3所示）。从表2-2可以看出，在年度考核中，当领导班子被评为"一般"时需做"整改"处理，"整改"是考核主体要求与考核对象落实、反馈相结合的互动过程，因此在应然层面领导班子"整改"并不必然触发干部淘汰，但在实然层面被要求整改的领导班子通常都会通过责任到人的方式启动干部淘汰；当领导班子被评为"较差"时，则必然要淘汰班子相关成员。从表2-3可以看出，在年度考核中，若干部考核等次为"不称职"则需"降低一个职务或者职级层次任职"，或除"按规定免职、降职外，可实行待岗制，或采取改任非领导职务、下岗学习、离职分流等多种办法予以调整"①。此外，2020年发布的《公务员辞退规定》第二、六条规定，干部个体"在年度考核中，连续2年被确定为不称职的"应依法辞退，辞退则意味着"解除与公务员的任用关系"②。

表2-1 党政领导干部考核类型与考核结果对应表

考核类型	考核结果
平时考核	报告、评语、等次或者鉴定等形式
年度考核	领导班子：优秀、良好、一般、较差 领导干部：优秀、称职、基本称职、不称职
专项考核	报告、评语、等次或者鉴定等形式
任期考核	报告、评语、等次或者鉴定等形式

（注：根据2019年《党政领导干部考核工作条例》相关规定制作而成）

表2-2 班子集体年度考核各等次对应的奖惩方式

考核类型	考核结果
优秀	按照有关规定给予嘉奖
良好	无明确的对应条文

---

① 2001—2010年深化干部人事制度改革纲要（2000年6月）[G]//王怀安.中华人民共和国法律全书（12）.长春：吉林人民出版社，2001：1063.

② 2020年12月28日中共中央组织部发布的《公务员辞退规定》第二条规定："公务员辞退，是指机关依照法律法规规定，解除与公务员的任用关系。"第六条规定的"辞退"情形中包括"在年度考核中，连续2年被确定为不称职的"公务员。

续表

考核类型	考核结果
一般	应当责成其向上级党组织写出书面报告,剖析原因、进行整改
较差	考核结果为较差或者连续两年为一般等次的,应当对主要负责人和相关责任人进行调整

(注:根据 2019 年《党政领导干部考核工作条例》相关规定制作而成)

表 2-3　领导干部个体年度考核各等次对应的奖惩方式

考核等次	结果运用
优秀	规定给予嘉奖;连续三年为优秀等次的,记三等功,同等条件下优先使用
称职及以上	享受年度考核奖金、晋升工资级别和级别工资档次
基本称职	进行诫勉,限期改进
不称职	降低一个职务或者职级层次任职

(注:根据 2019 年《党政领导干部考核工作条例》相关规定制作而成)

从现行《党政领导干部考核工作条例》及相关党内法规制度看,仅围绕年度考核中的"否定性评价"形式建立起与之对应的干部淘汰规则,而专项考核、平时考核、任期考核则并未构建起相应的规范。在此,结合表 2-1 可知,其原因大体有三:一是仅年度考核拥有统一、规范的考核结果呈现形式;二是仅年度考核的结果呈现形式按否定性递增原则次第排序;三是仅年度考核在结果呈现形式上对班子集体和干部个体两种形态考核对象进行严格区分,并通过"比例制"① 实现两种考核对象不同评价等次间的相互转换。

三、过失型淘汰

构建过失型干部淘汰机制的关键在于实现"过失行为—处分/问责形式—干部淘汰规则"的统一对应,单就机制层面而言,本书更关注的是后一环节的逻辑规范。基于前文关于过失型淘汰的界定,规范各违纪处分形式、问责

---

① 2019 年印发的《党政领导干部考核工作条例》第三十三条规定:领导班子为优秀等次的,其领导成员评为优秀等次的比例可以适当上调,最高不超过 30%;领导班子为一般等次的,其领导成员评为优秀等次的比例不得超过 20%,主要负责人一般不得确定为优秀等次;领导班子为较差等次的,其领导成员评为优秀等次的比例不得超过 15%,主要负责人一般不得确定为称职及以上等次。

方式与相应干部岗位职务职级调整至开除的对应统一,是构建过失型干部淘汰机制的基本内容。按照其基础性制度依据的不同,可将过失型淘汰机制分为两种亚类。

第一种亚类为"违纪(过失)型淘汰",其以与党的纪律相关的党内法规制度为构建依据。党章明确规定,党纪作为"党的各级组织和全体党员必须遵守的行为规则,是维护党的团结统一、完成党的任务的保证",是党员领导干部行为规范的红线要求。《党政领导干部选拔任用工作条例》第五十四条明确规定,党政领导干部"因违纪违法应当免职的","一般应当免去现职"。因此,以《中国共产党纪律处分条例》为制度依据,具体违纪类型及其对应处分种类则是事实上构成和学术上分析以党的纪律处分制度为基础而构建起的过失型淘汰的核心要件和维度。违纪类型是纪律处分的重要依据,而部分纪律处分种类则明确了与之匹配的淘汰机制,因此,纪律处分种类的认定成为判断干部淘汰是否发生的重要标识。党内根据违纪对象的形态和情节差异,制定了梯度明显、形式区分的纪律处分种类,其中以组织形态存在的各级各类党组织的纪律处分种类包括改组、解散两种,对党组织而言,只要受到纪律处分则必然意味着干部淘汰程序的启动,如现行《中国共产党纪律处分条例》第十五条规定"受到改组处理的党组织领导机构成员,除应当受到撤销党内职务以上(含撤销党内职务)处分的外,均自然免职",对受"解散"处理党组织也作了类似规定。以个体形态存在的党员领导干部的纪律处分种类包括警告、严重警告、撤销党内职务、留党察看、开除党籍,对党员干部而言,除了受到"撤销党内职务"以上(含撤销党内职务)处分的直接与淘汰相关联外,受到"严重警告"以下(含严重警告)处分的则需视具体情况而定(如表2-4所示),可能会与竞争型淘汰相关联。

表2-4 党员干部处分种类及其对应的职务职级调整规则

纪律处分种类	职务职级调整规则
警告	受到警告处分一年内,不得在党内提升职务和向党外组织推荐担任高于其原任职务的党外职务
严重警告	受到严重警告处分一年半内,不得在党内提升职务和向党外组织推荐担任高于其原任职务的党外职务

续表

纪律处分种类	职务职级调整规则
撤销党内职务	对于在党内担任两个以上职务的，党组织在作处分决定时，应当明确是撤销其一切职务还是一个或者几个职务。如果决定撤销其一个职务，必须撤销其担任的最高职务。如果决定撤销其两个以上职务，则必须从其担任的最高职务开始依次撤销。对于在党外组织担任职务的，应当建议党外组织依照规定作出相应处理。同时，在党外组织担任职务的，应当建议党外组织撤销其党外职务
留党察看	党内职务自然撤销。对于担任党外职务的，应当建议党外组织撤销其党外职务。党的各级代表大会的代表受到留党察看以上（含留党察看）处分的，党组织应当终止其代表资格
开除党籍	五年内不得重新入党，也不得推荐担任与其原任职务相当或者高于其原任职务的党外职务

（注：根据2018年《中国共产党纪律处分条例》相关规定制作而成）

违纪（过失）型淘汰的核心在于实现违纪类型、处分种类、淘汰规则的统一对应。党的十八大以来，党内法规制度建设在违纪类型与处分种类的统一性建构上取得了积极的制度化成果。2018年最新修订的《中国共产党纪律处分条例》在"分则"部分将违纪类型分为政治纪律、组织纪律、廉洁纪律、群众纪律、工作纪律、生活纪律等六大类，同时按"违纪类型+处分种类"或"处分种类+违纪类型"的条文模式实现了二者的统一性制度化建构。此外，通过《中国共产党纪律处分条例》对六大违纪类型及其各自对应处分种类的词频统计可以发现（如表2-5所示），虽然该条例没有对违纪种类进行穷尽式罗列，但依然可以呈现出两个重要特征：一是任何一种违纪类型只要情节足够严重，都可能会直接启动干部淘汰机制；二是违反党的政治纪律、廉洁纪律、组织纪律受到撤销党内职务以上（含撤销党内职务）处分的数量最多，因而其可能导致的干部淘汰概率也最高。

表 2-5 2018 年《中国共产党纪律处分条例》中六种违纪类型及其处分种类词频统计表

处分种类 \ 违纪类型	政治纪律	组织纪律	廉洁纪律	群众纪律	工作纪律	生活纪律
警告	21	14	28	8	14	5
严重警告	25	16	27	7	14	4
撤销党内职务	25	18	21	8	14	4
留党察看	32	18	21	8	9	2
开除党籍	39	7	16	6	8	2

（转引自：周敬青，等. 一代新规要渐磨 [M]. 上海：上海人民出版社，2021：329.）

由此延伸开去，关于领导干部违反国家法律而被淘汰的情形，亦可借助违纪（过失）型淘汰予以分析。习近平曾强调"法律是对全体公民的要求，党内法规制度是对全体党员的要求，而且很多地方比法律的要求更严格"①。故而，"纪法分开""纪严于法""纪在法前"也成为十八大以来党纪处分条例制定的基本逻辑，例如将旧版党纪处分条例中近半数与刑法等国家法律规定重复的条款尽数删除②，还在法律底线基础上对党员提出更高的红线要求，以突出"纪严于法"的基本要求。据此可知，在当代中国的党纪与国法关系背景下，党员领导干部违纪不一定违法，但违法则必然违纪。依此逻辑，则可根据违纪（过失）型淘汰来分析具体案例中干部违法情形是否导致干部淘汰的关系问题。

第二种亚类为"失责（过失）型淘汰"，其以党内问责相关的党内法规制度为构建依据。党的问责制度本质上是关于权力监督和纠偏的规范，是推进全面从严治党向纵深发展的制度利器，是落实"有权必有责、有责要担当、失责必追究"原则的重要保障。以《中国共产党问责条例》为制度根据，失责（过失）型淘汰机制主要指特定的问责主体对"违反党章和其他党内法规，

---

① 习近平. 关于《中共中央关于全面推进依法治国若干重大问题的决定》的说明 [N]. 人民日报，2014-10-29（2）.
② 中央纪委有关负责同志就颁布新修订的《中国共产党廉洁自律准则》《中国共产党纪律处分条例》答记者问 [N]. 人民日报，2015-10-26（6）.

不履行或者不正确履行职责"的党组织、领导干部分别作出改组和组织调整措施的政治过程。当代中国的干部问责制度是一种"分层式"的问责模式，且问责主体与问责对象在责任性质上具有"同一性"①。根据2019年修订施行的《中国共产党问责条例》第四条规定，问责主体与问责对象的关系结构主要是党委（党组）对本地区本部门本单位失职失责的党组织和领导干部的问责，以及党的工作机关对本机关本系统本领域的党组织和领导干部的问责，其中纪委作为党的专门监督机构，在实施问责过程中发挥着重要的协助作用。

如何对问责情形予以清晰界定关系到失责（过失）型淘汰机制能否有效运行。党的十八大以来，党中央依次于2016、2019年对《中国共产党问责条例》进行了修订，在应该进行问责的具体情形上，新版问责条例从旧版问责条例规定的6类增加为11类，这是基于三年全面从严治党具体实践经验的制度性调适。另外，凭借关于问责形式的分析可以发现，实际构成领导干部淘汰的远非问责条例明确规定的11类情形所能囊括，它还包括现行党纪处分条例中的部分情形，这也是本研究将两种亚类型淘汰统合为过失型淘汰的现实原因。

问责形式是厘定失责（过失）型淘汰的重要标识。现行问责条例相关条款规定，对党组织的问责形式包括检查、通报和改组三种；对领导干部的问责形式包括检查、诫勉、组织调整或者组织处理、纪律处分四种，其中涉及干部淘汰的主要包括两类情况三种问责形式，即党组织的改组、对领导干部的组织调整（组织处理）以及部分纪律处分。为直观反映失责（过失）型淘汰的基本面貌，本研究对十八大以来印发的七部问责性党内法规制度的问责方式作出梳理（如表2-6所示），并从中发现两个重要特征：第一，虽然2010年修订的《关于实行党风廉政建设责任制的规定》在问责方式上已对干部个体和班子集体进行了区分，但这种区分真正成为一种制度自觉则是在2016年《中国共产党问责条例》实施之后；第二，一改此前将党纪处分直接用作干部问责的现象，在对班子集体问责方式上形成基本共识，次第为"检查—通报—改组"三种，而在对干部个体的问责方式上虽未取得统一规范，也没有按严重性递增原则次第排序，但在适当兼顾严重性基础上，仍然可将表2-6中对干部个体的问责方式大体分为督促告诫、组织处理、党纪处分三

---

① 钱小平. 中国特色"分层式"行政问责模式：创新、不足与完善［J］. 东南大学学报（哲学社会科学版），2021（5）.

大类（如表2-7所示）。

表2-6　党的十八大以来制定修订的有关党内法规及其追责问责方式统计表

实施时间	党内法规制度名称	追责问责对象及其对应的追责问责方式
2015.08.09	《党政领导干部生态环境损害责任追究办法（试行）》	领导干部：诫勉、责令公开道歉；组织处理，包括调离岗位、引咎辞职、责令辞职、免职、降职等；党纪政纪处分；追责对象涉嫌犯罪的，应当及时移送司法机关依法处理
2016.02.27	《关于健全落实社会治安综合治理领导责任制的规定》	党政领导班子和领导干部：通报、约谈、挂牌督办、实施一票否决权制、引咎辞职、责令辞职、免职等；党纪政纪处分；构成犯罪的，依法追究刑事责任
2016.07.08（2019.09.01重新修订施行）	《中国共产党问责条例》	党组织：检查；通报；改组。 领导干部：通报；诫勉；组织调整或者组织处理；纪律处分
2018.04.08	《地方党政领导干部安全生产责任制规定》	班子成员：通报、诫勉、停职检查、调整职务、责令辞职、降职、免职或处分等方式；涉嫌职务违法犯罪的，由监察机关依法调查处置
2019.05.13	《干部选拔任用工作监督检查和责任追究办法》	党委（党组）：责令作出书面检查；责令整改并在一定范围内通报；改组。 领导干部和有关责任人员：批评教育、责令作出书面检查、通报、诫勉；停职检查、调离岗位、限制提拔使用；引咎辞职、责令辞职、免职、降职；纪律处分；涉嫌违法犯罪的，移送有关国家机关依法处理
2020.03.09	《党委（党组）落实全面从严治党主体责任规定》	党委（党组）：通报；组织调整或者组织处理、纪律处分

表 2-7 七个问责性党内法规制度中对干部个体问责形式统计表

问责种类	问责具体方式
督促告诫类	提醒、批评教育、书面检查、责令作出书面检查、通报、责令公开道歉、诫勉、约谈
组织处理类①	停职检查、调整职务、调离岗位、引咎辞职、责令辞职、免职、降职、一票否决权制②、限制提拔使用
党纪处分类	警告、严重警告、撤销党内职务、留党察看、开除党籍
（注：挂牌督办③）	

干部个体岗位职务职级的调整以至开除等情形是干部淘汰的基本面向。因此，在班子集体问责和干部个体问责之间仍需建立相应的衔接转化机制，以帮助集体问责后进一步实现责任到人。对此，2019 年实施的《中国共产党问责条例》第十二条规定，受"改组方式问责"的党组织应"按照党章和有关党内法规制度规定的权限、程序执行"，而现行《中国共产党纪律处分条例》第十五条又规定：受到改组处理的党组织领导机构成员，除应当受到撤

---

① 组织处理指党组织对违规违纪违法、失职失责失范的领导干部采取的岗位、职务、职级调整措施，包括停职检查、调整职务、责令辞职、免职、降职。参见：中国共产党组织处理规定（试行）[N]．人民日报，2021-03-29（1）．

② 2016 年 2 月 27 日起施行的《健全落实社会治安综合治理领导责任制规定》第二十六条规定：对受到一票否决权制处理的地区、单位，在一年内，取消该地区、单位评选综合性荣誉称号的资格，由组织人事部门按照有关权限和程序办理；取消该地区、单位主要领导干部、主管领导干部、分管领导干部评先受奖、晋职晋级的资格，由组织人事部门按照干部管理权限和程序办理，并会同社会治安综合治理委员会办公室，按照中央有关规定向上级有关部门进行报告、备案。需要追究该地区、单位党政领导干部责任的，移送纪检监察机关依纪依法处理。

③ "挂牌督办"主要指面对重大事故查处时，中央主管部门通过在中央主流媒体和中央政府网站、中国安全生产报、安全监管总局政府网站上予以公告，接受社会监督，督促地方政府限期完成对重大事故的查处和整改任务的一种硬性措施。挂牌督办不仅将单一结果导向的否决制改为过程督办与结果奖惩相结合的全方位的激励机制；还将上下级间单向度的权力命令关系，转变成上下级互动、上级督办与下级反馈相结合的政策过程。因此，严格意义上"挂牌督办"并非一种具体的干部问责方式。参见：重大事故查处挂牌督办办法（2010 年 9 月 2 日）[G]//国家安全生产监督管理总局政策法规司．安全生产法律法规汇编（下）．北京：煤炭工业出版社，2012：185-186．另见：王凡凡．安全生产问责制度的发展脉络与演进逻辑——基于169份政策文本的内容分析（2001—2015）[J]．公共行政评论，2021（1）．

销党内职务以上（含撤销党内职务）处分的外，均自然免职。所以，当党组织受"改组"问责时，即意味着组织启动了干部淘汰程序。

在当代中国的党政体制中，干部兼具公民、党员（甚至领导）等多重身份，且每一重身份都有其特定的规范体系，以及对违规行为的追究处分规范，这也是问责或处理方式既有党纪政纪类，又有违法犯罪类的内在逻辑。在实践中，干部的特定违规行为往往违反多重规范，这就决定了对领导干部的问责方式既"可以单独使用，也可以同时使用"①。以上两个因素决定了对领导干部的问责方式必然是多样的，且难以按严重性递增原则对问责方式进行次第排序，如表 2-7 中的"免职"和"降职"在不同问责性党内法规制度中的前后排序就不尽相同。此外，干部问责方式"四分法"（如表 2-7 所示）虽有明显的结构层次，但也并非按严重性递增原则次第排序，如组织处理类既有"停职检查""限制提拔"等非淘汰性问责，也有"引咎辞职""责令辞职""免职"等淘汰性问责。故而，也就难以从问责方式排序中找到用以区分干部淘汰与否的标志性分界点。尽管如此，从表 2-7 中仍可发现失责（过失）型淘汰的实践逻辑：一是对违法犯罪领导干部的直接淘汰；二是直接运用违纪（过失）型淘汰机制；三是按寓干部淘汰规则于问责方式之中的模式制定单独的干部淘汰规则。

第三节　"备选型淘汰"？干部培养中的"备而不用、用而不备"现象分析②

历史地看，依循"党管干部"原则逐步构建起来的干部制度体系支撑了中国共产党治国理政体制的整体演进，而伴随其制度运转所生发出来的干部选任过程、干部交流过程、干部异地任职过程以及后备干部选配过程等，实际上均已成为当代中国精英转换的核心政治过程。党的十九大报告强调要"大力发现储备年轻干部"，党的二十大报告强调要"抓好后继有人这个根本大计，健全培养选拔优秀年轻干部常态化工作机制"，凸显了新时代中国特色

---

① 中国共产党问责条例［N］．人民日报，2019-09-05（3）．
② 本节在笔者已发表论文《后备干部与当代中国的精英转换》（载《治理研究》2018 年第 4 期）基础上修改拓展而成。

社会主义、全面建设社会主义现代化国家新征程对干部队伍建设的新要求。尽管2019年新修订的《党政领导干部选拔任用工作条例》在文本上删去了"后备干部"的明确表述,但并未删去为推动干部结构转换而储存后备人才的理念和程序,且在干部队伍建设的实践中也仍然存在储备干部的具体实践和关联制度,因而本研究仍然具有重要的实践意义。那么,该如何理解通过后备干部制度来实现精英转换的政治过程?本节将从后备干部切入,以精英转换为观察视野,对后备干部的制度过程进行剖析,阐释以"二元互嵌"为特点的"培养"机制,并对现实政治过程中客观存在的"支流选配"逻辑进行理论解释。

一、精英转换视野下的后备干部制度

于20世纪80年代初期创立、经历了30多年变迁的后备干部制度,是当代中国政治精英循环的支撑性制度之一,其创设与坚持充分体现了中国共产党更新执政骨干、充实执政力量、巩固执政地位进而强化治国理政能力的主体自觉。后备干部制度的重要性不言而喻,尽管这个概念在党内并不陌生,但是有关后备干部的选拔和培养过程却少有公开,党外则知之甚少。[①] 截至2022年9月,在中国知网上以"后备干部""储备干部"为篇名关键词可搜得近800篇期刊文献,但多半是大而化之的政论策论性文章以及叙述性的硕士学位论文,而严格意义上的学术研究特别是关于后备干部制度过程的中层理论建构及阐释则相对缺乏。

基于历史观察不难发现,在这样一个30多年的制度变迁过程中,后备干部选拔培养的内涵演化内嵌于整个中国政治精英转换的大逻辑之中。自80年代初那场以邓小平为核心的领导集体推动的、基于干部"四化"改革、废除领导干部终身制、建立任期制,以实现革命型精英转向知识技术型精英的结构转换以外,当代中国还经历了两次较大规模的精英循环:(1)90年代初,以党的十四大为起点进一步强调干部"四化"原则,尤其要求干部要向在市场、外贸和金融等经济领域具备经济管理能力的知识经济型精英转换;(2)21世纪初,以党的十六大为起点,在继续坚持干部"四化"原则的前提下,强调政治精英更需具备社会综合治理能力与公共服务意识,实现向年龄结构合

---

① TSAI W H, KOU C W. The Party's Disciples:CCP Reserve Cadres and the Perpetuation of a Resilient Authoritarian Regime [J]. China Quarterly, 2015, 221:1-20.

理、知识结构完整和基层治理经验丰富的公共治理型精英转换。① 党的十九大宣告中国进入新时代，而党的二十大则对干部队伍建设提出"堪当民族复兴重任"的新要求，实际上同时宣告了中国业已进入第四次政治精英的更新过程，新时代新征程不仅要继续坚持干部"四化"原则，要把"好干部"标准落到实处，还要勇于且能够承担民族复兴的重任。

基于政治动力分析可以看出，上述历史过程充分证明了当代中国的政治精英转换过程实则是党政体制根据时代变化而进行的干部政策的制定与调整过程，而后备干部制度的创建与演化即是该政策逻辑推进的产物。从制度特性上看，后备干部制度要解决的核心问题是如何实现新老干部的和平稳定交替，这是 80 年代初党政体制面临的最突出问题。1981 年 5 月，陈云在分送邓小平和胡耀邦的建议中提出要提拔培养"后备力量"；两年后，中央为召开六届人大一次会议和政协六届一次会议邀请各方面人士举行座谈会，胡耀邦正式提出组建"第三梯队"并要求中组部建立 1000 名省部级干部的后备人选；1983 年 6 月，中央工作会议正式作出了建立第三梯队的战略决策。② 后来，后备干部体系逐渐从省部级扩展到市（地）级和县（市）级层面，每个层级的领导干部均选自下一级优秀的后备干部队伍。后备干部名单会在适当的政治时机得到"调整补充"以确保实现稳定的精英循环，这种机制自 90 年代开始逐渐以党内法规制度的形式予以制度化：（1）1992、1995、2000、2009、2014 年中共中央均下发关于做好干部培养选拔工作的通知或意见，其中均有关于坚持和完善后备干部制度、加强和改进后备干部工作的要求；（2）1995 年中共中央印发的《党政领导干部选拔任用工作暂行条例》（本节后称《暂行条例》）首次在"条例"的高度规定党政领导干部的基本条件，2000 年中组部根据该条例印发《党政领导班子后备干部工作暂行规定》，首次明确对后备干部的数量和队伍结构合理化做出规定；（3）2002 年出台的《党政领导干部选拔任用工作条例》（本节后称"2002 版《条例》"）第九条明确规定"党政领导班子成员一般应从后备干部中选拔"，以前所未有的高度确立了后备干部的"法理地位"，而后中组部于 2003 年印发《党政领导班子后备干部工作规定》（本节后称《规定》）、2006 年印发《关于加强党政领导班子后备

---

① 刘伟，刘丁如. 当代中国政治精英更替中的"变"与"常"[J]. 江汉论坛，2017(1).
② 熊亮华. 十一届三中全会后中央高层决策选拔年轻干部内幕[J]. 党建，2009（12）.

干部培养和管理工作的意见》为各地各部门提供具体指引;(4) 2009年2月,中共中央首次制定《2009—2020年全国党政领导班子后备干部队伍建设规划》(本节后称《规划》);(5) 2014年修订出台的《党政领导干部选拔任用工作条例》(本节后称"2014版《条例》")第三条规定"应当注重培养选拔优秀年轻干部,注重使用后备干部,用各年龄段干部",再次明确了"后备干部"在干部队伍建设中的关键位置。据中国人事科学研究院前副院长吴德贵统计,到2016年前后,中国已建立起总数约为50000人的后备干部队伍,形成了从省部级后备、市(地)级后备到县(市)级后备依次为1000、6000和40000人次的锥状分布图。① 正是通过这样一种对后备干部的制度化培养,中国共产党可以有效完成涵盖政治、年龄、技能和结构等维度在内的"定制化"的精英循环,以巩固、强化甚至优化其领导下的治国理政体制。需要说明的是,2019年,中共中央再次对干部选任条例进行修订(本节后称"2019版《条例》"),虽然删除了2014版《条例》第三条"注重使用后备干部"的表述,但笔者并不认为我国已取消了后备干部制度;相比之下,2019版《条例》第三条增加了"政治标准放首位","对不适宜担任现职的领导干部应当进行调整,推进领导干部能上能下"以及"大力选拔敢于负责、勇于担当、善于作为、实绩突出的干部"等规定,实际上是在强调应选拔政治过硬、敢于担当作为干部的基础上增强了选人用人的灵活性,从制度设计上否定了坊间戏传的"被选为后备干部就等同于半只脚踏入提拔门槛"的错误认识,从而也是同时宣告后文即将论及的"备而不用"问题将不再是"问题"。

二、"二元互嵌":后备干部"培养"的制度过程分析

根据政治动力分析,可以得出以下结构性的逻辑预判:通过后备干部制度的建构与完善,可以推动稳定持续的政治精英循环,进而对中国共产党治国理政体制产生支撑和优化作用。② 要保障该结构逻辑能够实现,后备干部制度的运转过程是关键,即后备干部的选拔、培养、管理和任用过程要高效优

---

① 张弛. 解码中共"后备干部"[J]. 凤凰周刊, 2016 (21).
② 类似的观点还可参见: TSAI W H, KOU C W. The Party's Disciples: CCP Reserve Cadres and the Perpetuation of a Resilient Authoritarian Regime [J]. China Quarterly, 2015, 221: 1-20.

质地服务于精英循环。对此,本书将从两个维度来讨论后备干部的制度过程,首先是理性制度设计的预期过程——以"培养"为核心的"二元互嵌"过程,其次是受到内在政治动力影响的"支流选配"过程,"培养"与"选配"共同构成了当代中国干部选任最具特色的属性。

一直以来,党政领导干部的晋升机制是国内外学者共同关注的热点问题,大量相关研究都致力于找出最能影响干部选任或官员晋升的关键变量,其中要数"官员晋升锦标赛"模式①最具影响力。一时之间,经济治理绩效一度成为众多学者认知中对干部提拔产生决定性影响的变量。然而,干部选任过程是一个时间跨度长、层级要求不一的复杂过程,不仅干部自身的治理能力与治理绩效是一个累进的过程,而且动态变化的时空环境会不断丰富"政绩"的内涵,甚至使命型政党的政治要求会在一定条件下超越能力要求成为干部提拔的首要标准,比如十九大报告明确提出党的干部要"突出政治标准"、做到"忠诚干净担当",二十大报告再次强调"政治过硬""把政治标准放在首位""突出把好政治关"。与此相对应,使命政治的生成从根本上要靠党管干部原则的现代效应,即党的使命要求、路线设计与干部精英的选拔、调控、更新相结合而形成了使命政治的价值动力与制度动力。② 更深层次地,结合中国情境对干部提任标准进行开放动态多元的把握则是理解党管干部原则背后的认识论基础与方法论自觉的关键:从认识论的角度看,"党的干部是党的事业的骨干",就现阶段党的具体事业来说即是全面领导中国特色社会主义事业的发展,这意味着党的干部在素养能力上必须全方位匹配中国特色社会主义事业发展的要求,特别是必须及时自觉地满足不同发展阶段的要求,此即开展系统性干部选拔培养、确保实现精英循环的根本动力;从方法论的角度看,与其说干部选任是一个"竞争"的过程,不如说其是一个寓"竞争"于"培养"之中的过程,即培养是目的,竞争只是手段。并且,一直有相关制度规定予以支撑,例如《规定》第二十四、二十五条依次要求"党政领导班子成员一般应当从后备干部中选拔"以及"鼓励和支持后备干部参加公开选拔和竞争上岗""同等条件下,优先使用后备干部",2014版《条例》第三条规定"应当注重培养选拔优秀年轻干部,注重使用后备干部,用各年龄段干

---

① 周黎安. 中国地方官员的晋升锦标赛模式研究[J]. 经济研究, 2007 (7).
② 刘建军. 新型精英与使命政治:共产党执政体系的干部制度基础[J]. 探索与争鸣, 2010 (11).

部",2019版《条例》第三条规定则特别强调"统筹做好培养选拔女干部、少数民族干部和党外干部工作",可见干部选任的"培养"性质是一以贯之的。①

在现实政治过程中,"入口—楼梯口—新入口"是摆在后备干部面前的实践路径,也是一道领导层级之间的"夹层"。如何成为后备干部（入口）、如何被提任（楼梯口）、如何成为下一个领导层级的后备干部（新入口）都被制度化地设置了多种考验机制②。比如：现行《条例》第八条规定提任县处级领导职务的须具备"五年以上工龄和两年以上基层工作经历"、提任县处级以上领导职务的"一般应当具有在下一级两个以上职务任职的经历"以及应经过党校、行政学院、干部学院或者组织（人事）部门认可的其他培训机构的培训,第九条规定"党政领导干部应当逐级提拔",第五十一条规定"实行党政领导干部交流制度"等,这在制度层面构建了考察培养干部的逐级提拔机制、基层锻炼机制、交流任职机制、培训学习机制等；《规定》则针对后备干部就相关机制的具体实施进行了细化,比如挂职任职等实践锻炼的时间、学习培训的形式与时限等,还有包括年龄、性别、民族、政治面貌、专业知识等在内的关于后备干部队伍结构合理化的规定。从政治实践来看,培训学习机制与实践锻炼机制（包括基层挂职、交流任职等）是干部选拔培养过程中相辅相成的两条主脉络：(1)从培训学习机制来看,中国共产党自2000年以来,以前所未有的人力财力扩展干部教育培训,以极为频繁的节奏展开对党内干部的话语浸染,自觉形成了包括以组织化学习、机构化学习、部门化学习、项目化学习为展现形式,以常规化学习与运动化学习为运作特征的庞大学习体系,并借此实现以党员领导干部为对象的技术知识更新、政策观念扩散及理想信念教化等组织功能性再造。③ 因而,党校作为党员领导干部培训

---

① 需要特别说明的是,《规定》应是根据现已废止的 2002 版《条例》来制定的,因此《规定》实际上已经失去效力依据。然而,一方面中组部并未发文废止这部《规定》,另一方面《规定》并未与现行《条例》存在冲突,所以本研究认为它仍然具有研究参考意义。

② 在我国干部选任的实际政治过程中,"入口—楼梯口—出口"是一种习惯性表述,其中"出口"常被视为"离退休"。然而,本书对其做出一定调整：一是在表述上将"出口"改为"新入口",二是在内涵上将"入口—楼梯口—出口"这一完整的干部职业过程限缩为可供观察的两个领导层级间的干部选任环节。

③ 李春峰．治理压力中的组织调适：中国共产党党内学习机制的转换与再造［D］．北京：中国人民大学,2013.

轮训的主阵地开始成为海内外学者观察中共内部学习机制，进而窥视以"培养"为内核的组织再造的重要切入口。① （2）从实践锻炼机制来看，在逐级提拔这一基本规则的指引下，以挂职、交流任职为核心机制的纵向横向干部流动、附加硬性的空间要求②和工作年限，是一个理论知识融于实践工作的"成果转化式"培养过程。当代中国的干部交流中大致存在党—政互调模式、异地调任模式以及央地调任模式，从国内权威官媒发布的任一领导干部从政履历便可窥见一斑。上述机制与具体规定客观上形成了一个严格的干部培养流程与相应的培养评估标准，其目的是能够源源不断地为党内培养塑造出一个既符合政治标准，又具有年龄优势，还掌握高超治理技术的政治精英梯队。③ 因此，本书认为，嵌套在"入口—楼梯口—出口/新入口"这一实践路径之中的是以"培养"为核心而对应展开的"选拔—培养—选拔"过程。而由于处在两头的"选拔"实际上都承接着上下两个领导层级后备干部的培养过程，故又称"二元互嵌"过程。

如何更明确地认识"培养"与"竞争"在后备干部制度过程中的嵌套关系？台湾学者黄信豪在其研究中所引述的社会流动理论能够带来一定帮助。特纳（Ralph H. Turner）将社会流动分为"赞助式流动"（sponsored mobility）与"竞争式流动"（contest mobility）：前者是指个人职业生涯的发展取决于早期挑选，即组织或领导者会挑选属意接班人并对其进行规划性培养；后者则主张个人在不同阶段、层级的晋升机会是全面开放、独立的，且唯有前一回合的赢家才能参加下一回合的竞争。④ 从社会流动的理论视角看，后备干部制

---

① 可参见：艾米莉·唐. 中国的党校与领导精英的培养［M］//吕增奎. 执政的转型：海外学者论中国共产党的建设. 北京：中央编译出版社，2011. 赵勇. 当代中国政治过程中的党校研究［M］. 北京：人民出版社，2014. SHAMBAUGH D. Training China's Political Elite: The Party School System［J］. The China Quarterly, 2008, 196: 827-844.
② 现行《条例》第五十一条明确规定实行党政领导干部交流制度，其中，第（四）款要求"经历单一或者缺少基层工作经历的年轻干部，应当有计划地派到基层、艰苦边远地区和复杂环境工作，坚决防止'镀金'思想和短期行为"；第（五）款要求"加强工作统筹，加大干部交流力度。推进地方与部门之间、地区之间、部门之间、党政机关与国有企事业单位以及其他社会组织之间的干部交流，推动形成国有企事业单位、社会组织干部人才及时进入党政机关的良性工作机制"。
③ TSAI W H, KOU C W. The Party's Disciples: CCP Reserve Cadres and the Perpetuation of a Resilient Authoritarian Regime［J］. China Quarterly, 2015, 221: 2.
④ TURNER R H. Sponsored and Contest Mobility and the School System［J］. American Sociological Review, 1960, 25 (6): 855-867. 转引自：黄信豪. 中国政治精英"栽培"制度的利与弊［J］. 文化纵横，2015 (6).

度过程在头尾两个选拔管道上带有竞争式流动的特征，但由于是发生于多领导层级连贯动态的制度过程，因此用于支撑竞争式流动的干部逐级提拔机制、基层锻炼机制、交流任职机制、培训学习机制等均是内含着以培养为终极目标的政党赞助式流动。特别是年龄要求贯穿于各大机制之中，从《规定》第九条可以推出，市（地）级后备、省部级后备的"天花板"一般分别是年满45岁、50岁。由于每个层级后备干部的选任都有严格的年龄限制，而且后备干部一般都比其可能接任的领导层级现任干部平均年龄要小，因而也会有更多的时间得到组织更充分的培养与培训。①

三、"支流选配"："用而不备、备而不用"背后的政治逻辑

尽管后备干部培养的"二元互嵌"过程看似为党政体制中各层级领导班子备足了梯队，但2019版《条例》第三条删去2014版《条例》"注重使用后备干部"的表述以及《规定》第二十四条"需从后备干部名单以外提拔的，呈报单位应当说明情况"，为现实政治过程中发生的"用而不备、备而不用"现象提供了制度空间，本研究将其背后的主导政治逻辑概括为"支流选配"。

从整体上看，后备干部依然是上一级领导干部选任的主流人群，而"支流"则是对"从后备干部名单以外提拔"这一客观事实进行的描述。2010年，人民论坛杂志联合地方组织部门、党校、网络媒体等，展开了以"后备干部，'备什么'，怎么'备'"为题的大型社会调查。受访人数总计达7187人，其中在人民网、新浪网、人民论坛网共有6535名网友参与投票；在中央党校、天津市委党校调查领导干部学员110人；另外，人民论坛与湖南省邵阳县组织部、河南省商丘市委组织部、广东省白电县组织部等合作调查党政干部542位。② 这份调查显示，"用而不备、备而不用"成为当前后备干部制度的一个突出现象，针对该现象出现的原因，75.5%的受调查者认为是"'跑官卖官''任人唯亲'等侵蚀干部选拔"，另有71.2%的受调查者选择了"'一把手'说了算，使得制度形同虚设"，而选择"正常现象，选用干部就

---

① TSAI W H, KOU C W. The Party's Disciples：CCP Reserve Cadres and the Perpetuation of a Resilient Authoritarian Regime [J]. China Quarterly, 2015, 221: 1-20.

② 人民论坛"特别策划"组. "后备干部"之谜———个特殊群体的生存状态和未来制度走向 [J]. 人民论坛, 2010 (10).

应该打破制度框框"和"公推公选、公推直选等对后备干部的冲击"这两项的分别占总数的43.6%和38.5%。① 出于对同样现象的疑惑，笔者于今年9月下旬、10月上旬和12月上旬分三次前往Z省H市对来自市场监督管理局、环保局、商务局的5位县（市）级、2位市（地）级后备干部进行了深度访谈，他们均表示："用而不备、备而不用"的现象在一定程度上存在；就其自身处境来看，领导班子选配与作为后备干部的自己之间暂时未发现必然联系；而原因主要可归结为"一把手偏好""出于班子搭配考虑""后备干部素质参差不齐"以及"后备之后产生懈怠、保守、焦虑等情绪导致本领退化、能力下降"，此外，还顺带提及"与领导关系好不好"的问题。② 当然，这其中还有地方组织部门所提出的"备而不专、专而不备"以致"后备不少、缺乏关键"的具体工作原因。③

一般而言，大凡提及"用而不备、备而不用"现象，多半都将之视为后备干部制度不完善的结果。对此，笔者无意于全盘否定这种认知分析与政治现实之间的契合关系，但本书更着眼于从现行体系基于韧性需求而预设制度空间这一层面出发，探求其背后超越于行政意涵的政治机制。实际上，可以将"用而不备、备而不用"现象尝试理解为理性制度设计的预期过程与服从内在政治动力要求的"支流选配"过程相叠加的共同结果。

首先，理性制度设计的预期过程。一方面，"二元互嵌"依然被设定为选拔培养后备干部的功能过程。另一方面，作为《规定》中的"保留款项"，这样的制度设计为后备干部制度万一不能高效优质地提供精英储备做好准备。与此同时，2019版《条例》第十条明确规定"拓宽选人视野和渠道，党政领导干部可以从党政机关选拔任用，也可以从党政机关以外选拔任用，注意从企业、高等学校、科研院所等单位以及社会组织中发现选拔"，这实际上是在无形地扩展后备干部名单，力图在领导班子接任上做到未雨绸缪。

其次，服从内在政治动力要求的"支流选配"过程。对接"二元互嵌"过程的现实绩效，"支流选配"的客观发生往往呈现出正反两种面向：反向是指上文在引述人民论坛杂志开展的社会调查与笔者调研访谈中所提及的"跑

---

① 人民论坛问卷调查中心. 后备干部怎么"备"，"备"什么——关于后备干部群体的问卷调查［J］. 人民论坛，2010（10）.
② 本研究团队访谈记录 20170922A、20170923B、20171010C、20171010D、20171011E、20171201F、20171201G.
③ 刘志华. 党政后备干部选拔培养管理若干问题探析［J］. 领导科学，2012（9）.

官卖官""任人唯亲""与领导关系好不好"等带有"官场逆淘汰"性质的干部选配过程,这一面向不在本节的讨论范围之中,下一章节将另有论述;正向则是指党组织在考虑领导班子接任时,对是否任用后备干部名单中的人选,做出根据后备人选个人素质能力、领导岗位面对的时局特点以及领导班子成员合理配置等全方位要素进行综合判断的干部选配过程,现行《条例》第十一条新增规定即体现了这一面向的考量①。从根本上看,无论正反哪个面向,该过程的核心特征都是服从内在政治动力要求而实行的"选配",即以"选"促"配",目的是在符合客观条件的情况下实现领导班子构成的最合理化,这就要考虑党政一把手、正副职领导的能力是否互补、性格是否相合、理想信念是否坚定等因素,因而党政领导干部及其后备干部的选任标准——专业能力、理想信念、道德素养、工作作风等就有可能在具体政治环境中改变先后次序。如果说反向意义上的"选配"带有相当程度的反制度特征,那么正向意义上的"选配"则带有灵活积极的"变通"特征。作为一种客观存在的政治逻辑,"支流选配"的两种面向都不同程度地贯穿于整个政治精英的循环过程中:在反向上,一项研究指出,在142个"落马"的市一把手中,61%的人任前任后"带病提拔",任前腐败有56人、占40%,市长腐败后又重用为市委书记的有41人、占28.87%,市一把手提拔为省级干部的有43人、占30.28%。总体来看,有66人被提拔一级,18人被提拔两级,3人被提拔三级。②"带病提拔"无疑以一种反制度的方式挤占了后备干部任用的正当空间;而在正向上,除了十八大以来对跑官卖官、任人唯亲、官场逆淘汰等用人腐败进行强势打击以外,党内还在不断重新构建新时代新征程的选人用人策略,如党的十九大、二十大报告都强调的"选优配强各级领导班子"。无疑,基于内在政治动力而进行的"选配",实际上也反映了"政党赞助式流动"的特征。

综上所述,正是这种复杂然而却客观存在的"支流选配"过程与"二元互嵌"过程共同左右着后备干部制度乃至整个干部制度之于当代中国政治精英转换的现实绩效。需要明确的是,本节旨在对这样两大核心过程做出结构性的学术概括,试图发现其背后的运行机理,而更为具体的微观呈现还有待

---

① 现行《条例》第十一条规定:组织(人事)部门应当深化对干部的日常了解,坚持知事识人,把功夫下在平时,全方位、多角度、近距离了解干部。根据日常了解情况,对领导班子和领导干部进行综合分析研判,为党委(党组)选人用人提供依据和参考。
② 乔福德. 改革开放以来市一把手腐败案例研究报告 [J]. 理论与改革, 2013 (5).

进一步探究。

第四节　当代中国干部淘汰制度的问题分析

党的十八大以来,中央在完善竞争型、考评型及过失型淘汰机制上取得了重大成效,这对确保正确选人用人导向、保证干部队伍素质、优化干部队伍结构具有重要意义。但从规范化发展的视角出发,以上三类干部淘汰机制仍有可优化的空间。在此,为更好突出干部淘汰机制的类型结构共性,本书将聚焦于干部淘汰机制的结构差异,进一步将前文论及的三大类干部淘汰机制转换为两大类:一是竞争性淘汰,它主要指干部选任过程中因票选、差额、民主评议等要求而形成的淘汰;二是否定性淘汰,它包括考评型淘汰和过失型淘汰,因为这两种类型的干部淘汰依据虽然在性质上有所区别,但在形式规范上都是以领导干部的否定性评价为淘汰依据,且机制构建的关键都在于实现否定性评价形式与干部淘汰规则的对应统一。当然,这里的分类并非严格意义上的类型学建构,更多是从规范意义及分析便利考虑,因为在部分具体制度规范中两者存在着相互适用、互为补充的关系,如2019年最新修订的《党政领导干部选拔任用工作条例》第二十四条就规定了6种基于"否定性评价"而不能列为考察对象的具体情形①,它们就同时涉及竞争性淘汰和否定性淘汰。

从具体的干部人事制度建设来看,为进一步推进领导干部能上能下、激励领导干部担当作为,全面及时地实现干部队伍的结构转换,党内虽进一步夯实以干部选任、党纪处分、党内问责和干部考核为内容的制度基础,并同步构建起与之配套的干部淘汰机制,但从其科学性和规范性要求的角度出发,这些干部队伍建设的基础性制度及其对干部淘汰机制规范运行的制度性支撑则仍有不足。

---

① 这6种情形指:(一)违反政治纪律和政治规矩的;(二)群众公认度不高的;(三)上一年年度考核结果为基本称职以下等次的;(四)有跑官、拉票等非组织行为的;(五)除特殊岗位需要外,配偶已移居国(境)外,或者没有配偶但子女均已移居国(境)外的;(六)受到诫勉、组织处理或者党纪政务处分等影响期未满或者期满影响使用的。参见:党政领导干部选拔任用工作条例［N］.人民日报,2019-03-18(2).

一、干部队伍建设基础性制度存在不足

前文已基于历史检视提出：干部淘汰机制是在干部制度改革的历程中逐渐构建起来的，可谓是"干部淘汰"寓于"干部选拔培养管理"的制度过程之中。因此，干部淘汰机制的有效运作就要以干部选拔任用、纪律处分、问责、考核等基础性制度的不断构建和完善为前提。

（一）干部选拔任用方式的适用性问题

党的十八大以来，党中央对干部选拔任用工作条例进行了两次重要修订，虽在制度改革方面取得了重要成绩，但在具体的制度实践中还凸显出两方面不足。第一，干部选拔任用工作条例虽明确规定了"党政领导职务实行选任制、委任制，部分专业性较强的领导职务可以实行聘任制"①，但三种选拔任用方式仍未形成成熟统一的工作适用细则。因为"选任制和委任制的适用范围缺乏明确界定"，所以两种选拔任用方式在具体实践中常常会出现"交叉、重叠甚至互换"，即本须"选任"的干部被"委任"了，而本该"委任"的干部又被"选任"了；这种因制度规则不清晰而引发的实践随意性，"不仅使各类党政干部的授权主体不明、责任不清、权力无边，导致跑官要官、买官卖官等腐败现象，而且影响干部选拔质量和选人用人公信度，也在干部的考核评价、优化配置等方面带来诸多连环性问题"。② 第二，干部选拔任用方式的适用不明问题，客观上削弱了旨在与之匹配的选拔任用程序的实际针对性。尽管干部选任工作条例建立起了基本的程序性规范，明确了选任工作的五大制度性环节，但在适用于特定类型领导干部的选拔任用时仍有一定的改进空间。例如，既有法规制度并未根据三种选拔任用方式的特点而对五大工作环节作出区分性规定；又如，既有法规制度对于"领导班子换届""个别提拔任

---

① 2019 年版《党政领导干部选拔任用工作条例》第四十一条规定："党政领导职务实行选任制、委任制，部分专业性较强的领导职务可以实行聘任制。"参见：党政领导干部选拔任用工作条例［N］. 人民日报，2019-03-18（2）.
② 罗中枢. 党政领导干部的分类选用、考核和管理探析［J］. 四川大学学报（哲学社会科学版），2012（1）.

职""进一步使用"① 这三种选任情形的区别仅体现在"民主推荐"和"考察"两个环节,而没有贯穿于选任全过程。显然,上述基础性制度存在的不足不仅仅会反映到干部选任工作的成效上,也势必会影响到与之一体两面的干部淘汰的科学性和有效性。

（二）纪律处分与问责的执行依据适用性问题

依据《中国共产党纪律处分条例》和《中国共产党问责条例》及其配套规范性文件来执行的纪律处分和问责工作,实际上也同时进行着相应党政领导干部的淘汰工作。然而,在具体的制度执行层面,若将两个条例各自规定的"纪律处分情形"和"应当问责情形"进行对比可知：11类应当予以问责的具体情形（除第九、十类以外）大都与六大类违纪处分情形存在交叉重叠,而纪律处分种类与问责方式亦可能发生嵌套适用。这对干部淘汰工作的实际影响是显而易见的,即导致以两个条例为依据所构建的两亚类干部淘汰机制——违纪（过失）型淘汰和失责（过失）型淘汰,容易在机制运作中发生执行依据上的混淆和条规适用上的不明确等问题。虽然从实务工作成效的角度看,不见得一定要将两亚类淘汰机制区分得那么清晰,但若从推动干部淘汰规范化和干部管理精细化的角度出发,则仍需明确对其作出基本的执行区分,因为失责（过失）型淘汰是以"失责"为前提的,而"失责"存在着大小及其影响程度的区分,"失责"不等同于"违纪",从"失责"到"应当给予纪律处分"应有明确的法规制度依据。因此,应对失责（过失）型淘汰和违纪（过失）型淘汰进行更精细化的机制设计,使之面对不同淘汰类型的干部能够施行有针对性的"治病救人"举措。毕竟,干部淘汰工作的最终目的并不是纯粹为了淘汰干部,而是为了保障干部结构转换、增强干部队伍建设。

（三）干部考核的客观性及其结果运用的精准化问题

作为对领导干部阶段性（或事件性）行为表现的组织认定方式,干部考核在干部管理培养过程中发挥着至关重要的作用,而其考核结果中的否定性评价则是启动干部淘汰机制的重要依据。因此,客观并精准地反映领导干

---

① "进一步使用"指在原有级别不变的前提下,转任更重要的岗位或职务,理论上包括以下几种情形：第一是党政职务转任,如由市长转任市委书记;第二是位次前移,包括两种情形,一是党内位次前移,如由普通常委转任副书记,二是由政府职务转党委职务,如由副市长转任党委常委;第三是由部门领导转任地方领导,如省直机关副职到地市任市委副书记;第四是由二线岗位转为一线岗位,如人大常委会副主任、政协副主席转任副市长或者市委常委;第五是转任匹配职级的实职,如由四级调研员转市局副局长。

在德、能、勤、绩、廉方面的表现是干部考核制度的价值依归,是实现"能者上、平者让、庸者下"并确保"事业为上、人岗相适、人事相宜"的重要支撑。当代中国的干部考核制度规定了五种考核方式,依次为平时考核、年度考核、专项考核、任期考核以及试用期考核。2019年修订的《党政领导干部考核工作条例》对前四种考核方式的工作原则、适用范围、考核内容、考核结果及其运用等方面做了相应规定;而中组部于2001年2月印发的《党政领导干部任职试用期暂行规定》则对试用期间的干部考核和淘汰工作进行了规范。尽管当代中国已形成了干部考核的基本制度框架,但有研究仍明确指出其存在七个方面主要问题,依次是:(1)对"信念"和"担当"的强调不足;(2)为人民服务的宗旨意识体现不清晰;(3)唯"绩、分、票"的惯性思维依然存在;(4)对日常考核缺乏有效"抓手";(5)考核评价指标差异化不明显;(6)考核评价主体作用发挥不当、监督机制不健全;(7)考核结果运用不合理。① 若结合到干部考核之于干部淘汰的支撑作用层面分析,则主要指向干部考核的客观性及其结果运用的精准化问题:一方面,就干部考核的客观性而言,其关键点在于是否能够根据既定制度标准客观地呈现出干部的真实绩效,而不为各种人为因素所左右,并能够基于真实绩效实现对应激励;另一方面,就干部考核的精准性而言,其关键点在于是否能够制定科学的考核方式方法,并以此实现对干部的综合考核以精准呈现干部的特点,为干部适时调配和拔黜提供具体支撑。

二、涉及竞争性淘汰机制规范运行的制度性不足

竞争性淘汰具体发生于干部选任五大环节——"分析研判和动议—民主推荐—考察—讨论决定—任职"之中,它主要由以下三种条件触发:一是干部选拔任用过程中针对特定职务的规定性差额竞争;二是干部选拔任用过程中无法达到具体职位的遴选标准,即指党龄、年龄、工作履历等方面的非评价性要求;三是在干部选拔任用环节发现干部存在不符合组织考察要求的前置情形,如党政领导干部选拔任用条例第二十四条规定了6种不能列为考察对象的带有"否定性评价"的情形。需再次明确的是,前文在关于干部淘汰概念界定时指出,在针对特定的干部考察提拔过程时,"本研究以特定领导职务之选任为中心,强调在相对意义而非绝对意义上认定和讨论淘汰问题",因

---

① 李明. 新时代好干部考评机制新探[M]. 上海:上海人民出版社,2020:45-56.

此竞争性淘汰的前两种情形实际上只是相对意义上的淘汰，它们与类似第三种基于"否定性评价"的淘汰具有完全不同的实践意义——特别是在干部的进一步使用或提拔空间上，须作出严格区分。

就竞争性淘汰的实践而言，虽然组织可根据需要在干部选任过程的任一环节触发淘汰，且每个具体环节都有明确的制度化操作程序，但若要构建与不同干部选任方式配套的淘汰机制，则又面临不同的任务重点和具体问题。例如，委任制以"权力集中，指挥统一，效率较高，任用程序简单明了"①等优势成为最主要的干部选任方式，党的十八大以来通过改进民主推荐方式、优化调整民主推荐程序以及将公开选拔、竞争上岗调整为动议环节作为产生人选的方式等，以保证好干部能脱颖而出，但委任制因其"过程相对封闭化和神秘化"而极易掺和"主观色彩"②，较难完全保证与之伴随的淘汰过程的规范性，或许还可能在一些条件作用下导致逆淘汰。又如，在聘任制实行过程中，竞争和择优是触发干部淘汰的主要机制，但由于聘任制在基本原则、适用范围、聘任程序等方面缺乏统一适用的制度规范，故而也难以在其过程中规范适用竞争性淘汰。

三、涉及否定性淘汰机制规范运行的制度性不足

否定性淘汰以组织对干部的否定性评价为核心要件，其制度支撑主要包含两大部分：一是清晰、明确且梯度明显的考核结果和形式；二是根据评价结果中的否定性评价制定相应的干部职务职级调整规则。在本章第二节论及的三大干部淘汰类型中，除竞争型淘汰外，其余两大类干部淘汰机制在过程意义上都可视为以否定性评价为核心要件的否定性淘汰。需明确的是，党纪处分和党内问责均以组织对干部违纪失责行为的否定性评价为前提，其本身就是过程意义上否定性淘汰，部分评价结果是启动干部淘汰程序的明确标识，比如纪律处分种类中的"改组""开除党内职务"以及干部问责方式中的"改组""组织调整或者组织处理"等皆包含干部淘汰的制度规则；而干部考核则包括对党政领导班子和领导干部的政治素质、履职能力、工作成效、作

---

① 兰喜阳.党政领导干部选拔任用制度改革与完善研究［D］.北京：中共中央党校，2004.
② 黄小钫.干部选拔任用方式的历史变迁——从委任制到选举制［J］.北京行政学院学报，2012（4）.

风表现等所进行的多方位了解、核实和评价，其评价结果既有肯定性评价，也有否定性评价，并不与淘汰机制直接相关。

启动违纪（过失）型淘汰和失责（过失）型淘汰的制度性依据还存在完善空间。例如，从纪律处分种类和问责方式的关系来看，纪律处分种类可根据严重性递增原则依次列为"警告""严重警告""撤销党内职务"①"留党察看""开除党籍"，干部问责方式包括"检查""诫勉""组织调整或者组织处理"②"纪律处分"四种，虽二者存在显见的相互衔接、对应适用关系，但由于干部问责方式并没有严格按严重性递增原则次第排列，因而在制度实践中可能会发生以较轻的纪律处分种类代替较重的问责方式的问题，如以"严重警告"替代"组织调整或者组织处理"，由此便形成了干部淘汰程序被人为规避的制度漏洞。

启动考评型淘汰的制度性依据应更全面地与考核方式相结合。当前，针对领导班子和领导干部的考核已经形成了以平时考核、年度考核、专项考核、任期考核为主的四种基本制度。并且，对每一种考核类型的考核结果和形式进行了规范（如表2-1所示，参见本章第二节考评型淘汰）。然而，如前文所论，考评型淘汰机制的启动仅限于与年度考核中的否定性评价情形相关联，而未与平常考核、专项考核以及任期考核中的否定性评价相关联。究其原因，主要由以下两方面因素造成：一是相较于年度考核，平时考核、专项考核以及任期考核的结果呈现形式太过于多样而并未形成统一的规范，更没有将否定性或严重性程度通过评价形式予以次第呈列，故而无法依据这三类考核方式中的否定性评价来构建各自对应的干部职务职级调整规则；二是受到前一个因素影响，导致在时间跨度上逐渐递增的平时考核、年度考核、任期考核之间难以形成有效的互补和转换，其最终结果就是，三种考核方式无法共用一套干部职务职级调整规则。

---

① 受到该种纪律处分的干部必然意味着被组织淘汰。
② 受到该种问责的干部必然意味着被组织淘汰。并且，"组织处理"亦包括"停职检查、调整职务、责令辞职、免职、降职"，参见：中国共产党组织处理规定（试行）［N］．人民日报，2021-03-29（1）．

第五节 小结

本章从干部结构转换之规范支撑的作用视角对当代中国的干部淘汰机制进行了研究,形成了从机制构建历程,到机制实践类型,再到机制存在问题的系统性分析,而关于"如何规范完善干部淘汰机制"的论述则会在第四章第四节展开。将干部淘汰机制置于干部人事制度变迁的历程中予以认识,体现了整体主义的思维与进路,更能凸显干部淘汰机制之于干部队伍建设乃至党政体制运转的整体性意义。

就干部淘汰机制对干部结构转换施加的影响而言,其与本章节叙述之间的具体关联在于:

第一,当代中国的干部淘汰机制是在干部制度改革的整体历程中逐渐构建起来的,干部淘汰机制的构建过程直观反映了其对干部结构转换产生的重大影响。基于本章第一节的论述,干部制度改革是为了解决时代难题、顺应党政体制发展而由党中央主动推进的,具有鲜明的问题导向和全局谋划。无论是改革开放初期迫切需要解决的"接班人"以及干部知识结构更新问题,还是面对经济社会快速发展中出现的干部腐败问题,抑或是在高压反腐态势下凸显出来的干部缺乏担当作为问题,都成了干部淘汰机制构建及其规范化过程的直接推动力,而干部淘汰机制亦成为淘汰不合格干部、重构干部队伍结构的制度利剑。

第二,干部淘汰机制在规范化构建过程中形成了三大实践类型,完成了不同场景、不同条件下的干部筛选和干部结构转换工作。基于本章第二节的论述,三类淘汰虽然应用场景有所差异,但其触发标准都是围绕干部的政治品质、年龄梯队、知识构成、能力素质和行为作风等五大维度建立的,即组织会根据权变性、适配性要求制定一定时期的干部选任、培养和管理标准,这些标准同时会制度化地成为干部淘汰机制的启动标识。当然,制度过程往往存在一定的变通空间,因而会在后备干部的培养与任用过程中出现"备而不用、用而不备"现象。因此,规范运行的干部淘汰机制支撑着干部结构的适时转换。

第三,尽管改革开放以来干部淘汰机制构建得到了长足的发展,但仍然可对照现实发现一些可进步的制度优化空间。本章第四节对当代中国干部淘汰存在的制度性不足进行了分析，目的在于通过提出一些制度优化路径来推动干部淘汰机制的规范化发展，以更好地满足干部结构转换的权变性、适配性、规范性、有机性和动态性要求。

第三章

逆淘汰机制：干部结构转换的非预期断裂

在干部选任实践中，不仅存在规范的、制度化的干部淘汰过程，还伴随发生着潜在的逆淘汰现象。从制度建设的角度来看，逆淘汰现象显然是一种非制度预期的结果，是规范制度所要防止并杜绝的选人用人负面结果。但从政治过程的角度观察，逆淘汰现象不可能无缘无故存在，其背后实际上存在着一套或许是"有意而为之"的机制，它支撑着某种"默许"的权力与权利交换关系。在中国传统政治和民间话语中，历史材料和老百姓常常习惯性地将逆淘汰现象的发生归入潜规则运行的范畴，这自是一种相对朴素的认识方式。本研究认为，以营造风清气正的党内政治生态、推动当代中国政治实践发展为目标，逆淘汰现象是必须得以正视并极力遏制的，因为它会毁掉干部干事创业的愿景和热情，会导致适应时代发展需要的干部结构转换发生断裂，进而破坏掉党政体制运转的根基。

但从学术研究的角度看，又不应全然被价值判断所左右，而应尽可能客观地剖析逆淘汰现象的本体论、实在论和因果论内涵，形成相对于政治宣传更加专业的学术认识。基于此，本研究在绪论部分就已对"干部逆淘汰"概念进行了学术性重构（详见绪论第三节第二目），强调：党政领导干部的选拔任用问题属于更宏观层面的组织内人力资源配置问题，其本质结构是上下权力互动，而任意一种干部选任的过程和结果往往都是权力互动的特定关系存在；若以制度性的选任标准为依据，那么围绕它产生的无论是"选贤任能"，还是"逆淘汰"，它们都应该在权力互动关系谱系中有一席之地；因此，"干部逆淘汰"的本质结构即为组织权力主导下的"权力共谋"这类特定的权力互动关系存在。明确了干部逆淘汰的学术意涵，本章将依次就其问题演化、历史根源、实践类型、运行机制展开分析，试图形成关于干部逆淘汰现象—机制的系统性阐释。

第一节 从现象到机制：干部逆淘汰问题的当代浮现

一段时期以来，中国官场客观上存在"清廉的不如腐败的、亲民的不如霸道的、眼睛向下的不如眼睛向上的、不站队的不如站对队的、干事的不如会说的、实干的不如作秀的"① 等六大怪象。这段描述形象地呈现出官场中存在的看似明确"简单"，实际却异常复杂的上下级关系，其影响可渗透到干部体制内部的具体制度执行中，尤其会"无缝嵌入"干部选任制度，导致在选人用人过程中出现"平庸淘汰杰出、劣质淘汰优胜、小人淘汰君子等"②干部逆淘汰。正如前文界定，干部逆淘汰是一种组织权力主导下的上下级"权力共谋"的过程和结果，因而它直接依附于干部选任的纵向权力过程并对干部结构转换造成非预期断裂，导致政治有机体发生新陈代谢紊乱。

朱元璋曾总结"新官堕落定律"，不能深谙潜规则、不愿同流合污的"新官"只能被淘汰；迫使官员"晏氏转型"，俗称"逼良为娼"，以适应官场流弊；突显"反优法则"，导致德才兼备者反遭冷遇、排挤、打击和压制③。逆淘汰不仅迫使越来越多的干部铤而走险、通过违法乱纪来牟取私利，还会与"劣官驱逐良官"的恶性政治生态互赖互存，严重破坏干部结构转换的权变性、适配性和规范性属性，危害极为深重。

2014 年以来，习近平、刘云山等党和国家领导人多次明确指出要"坚决纠正'劣币驱逐良币'的逆淘汰现象""切实防止一些干部的'逆淘汰'问题"，展开了整肃选人用人不正之风和纠正选人用人根本导向的治党实践，引起全社会的高度关注。2014 年 9 月，一份来自人民论坛问卷调查中心关于"官场逆淘汰"的社会调查（随机抽样 7856 人，其中干部 2552 人，网友 5304 人）同样引发了社会热议，该调查报告从群众认知的角度反映了该现象的普遍程度：53.5%的受访者认为官场逆淘汰现象"普遍存在"，30.1%认为"存

---

① 人民论坛问卷调查中心. 官场逆淘汰六大怪象［J］. 人民论坛，2014（27）.
② 人民论坛"特别策划"组. 关注官场逆淘汰［J］. 人民论坛，2014（27）.
③ 吴海红. 从政治生态恶化到执政基础侵蚀："带病提拔"现象的危害性分析［J］. 理论探讨，2015（5）.

在但不严重"，仅4.7%认为"不存在"①。在这8年多的时间里，党中央通过制度化途径全面从严治党，反腐败斗争取得压倒性胜利，选人用人上的不正之风得到大力整治，逆淘汰现象必然也得到了很大程度上的遏制。

然而，在持续4年左右的跨省市深度访谈、调研以及有限理论观察中，笔者发现逆淘汰现象仍然在一定条件下活跃于地方党政系统中，这促使笔者更加深刻地意识到：冰冻三尺，非一日之寒。那么，值得进一步从学术角度加以剖析的是：其一，即便是在持续的组织遏制和社会关注之下，干部逆淘汰现象仍然能够存续，原因为何，又应如何解释？其二，干部逆淘汰不仅仍然存在，并且在一些地方已然演化为大家"习以为常"的现象，甚至在某些组织环境中被"自觉"地运作起来，原因何在？显然，其背后隐藏着更深层次的结构性因素。这意味着，面对作为组织性问题的干部逆淘汰，不能仅关注其形式迭出的现象，更要分析现象背后一以贯之的机制——既包括生成机制，也包括运作机制。从现象关注过渡到机制分析，才有助于深化干部逆淘汰研究。

对此，以关于干部逆淘汰概念结构的前期构建为基础，本章尝试进一步追溯逆淘汰现象的历史文化根源、梳理逆淘汰现象的实践类型、剖析逆淘汰机制的生成与运作，提出关于逆淘汰现象—机制的历史源生论、实践类型论与组织社会论。

第二节 干部逆淘汰的历史源生论：关于结构性根源的探析

本研究坚持认为，在干部逆淘汰的背后具有稳定的结构性支持因素，否则它难以实现长时期的组织存续。对此，笔者首先将视野投向历史结构，着重透过历史叙事探寻逆淘汰存续的历史文化根源。

尽管当代中国的官场/干部逆淘汰与古代中国的逆淘汰在形成原因、生成机制和实践形态上存在重大差异，但在中华文明未曾间断的土壤上，当代中国深受古代中国的影响，尤其在个体与社群生存生长的社会性生态中，都自觉共享着同样的历史记忆、文俗传承、思维惯性以及流传下来的政治思想与

---

① 人民论坛问卷调查中心. "逆淘汰"程度与根源——对官场逆淘汰的调查分析[J]. 人民论坛，2014 (27).

观念。正式制度和非正式制度都以孕育文化的方式影响着后来的政治社会变迁，有些特定的制度或许早已消失，但制度文化却在很长的一段时间内发挥作用。可以说，当代中国在一定程度上摆脱不掉对古代中国的路径依赖，具体到吏治发展亦是如此，正如习近平在第十九届中央政治局第十次集体学习上强调，"我国历朝历代都重视官吏选拔和管理，强调'为政之要，惟在得人''育材造士，为国之本'。我国古代吏治思想和做法既积累了丰富的治吏经验，也带有明显的历史局限，其中有不少封建糟粕，这是我们必须注意的。中央政治局集体学习安排中国历史上的吏治这个题目，目的是了解我国历史上吏治的得失，为建设高素质干部队伍提供一些借鉴"[1]。显然，逆淘汰亦是古代吏治之历史局限以及封建糟粕的具体体现，其现象延续和机制演化深受制度文化结构的影响[2]，梳理总结其历史得失能够发现更多结构性的要素关系。例如，本节将要提出，与卢梭将人类不平等的起源归根于私有制的认知思路相类似，古代中国逆淘汰的历史起源是世卿世禄制的没落——"尚贤"文化、"举贤"制度乃至科举制度的兴起；从权力视角释之，逆淘汰起源于由上级权力层级开放而引发的观念变迁及一系列上下权力互动关系，这与当代中国发生的干部逆淘汰并无本质区别。出于这层考虑，本研究坚持回到古代中国的历史长河中，探寻其对当代中国的结构性影响要素。

此外，需要明确说明的是，由于本节回到古代中国的历史语境，一些概念名词出现不完全对称现象。例如，在古代中国语境中，用"官场逆淘汰""官员"的表述更符合实际，但从本节的研究目标来看，做这样的变通并不影响后文回到"干部逆淘汰""干部"的概念衔接。

一、逆淘汰的早期历史形态

西周实行世卿世禄制。比如，由青铜器铭文可知，虢季氏自公上父至师奥六代均为"师"，历周恭王、懿王、孝王三代；微氏家族自高祖、烈祖以下七代人均为"史"，历周武王至夷王八代。[3] 在这种贵族政治的形态之下，西周"官员"的选拔基本只依赖于血缘与宗法。一般而言，西周贵族的世官世

---

[1] 习近平. 严把标准公正用人拓宽视野激励干部 造就忠诚干净担当的高素质干部队伍 [N]. 人民日报，2018-11-27（1）.

[2] 亦有学者从这个角度探讨逆淘汰的制度根源，参见：季乃礼. 官员逆淘汰制度溯源 [J]. 人民论坛，2014（27）.

[3] 杨宽. 西周史 [M]. 上海：上海人民出版社，2016：390-396.

禄不会遭到迁夺,他们形成了壁垒森严的家族或氏族组织,统治其他野人与平民。

宗法制度是西周政治的基础。据研究,"(大宗)宗子在任官方面具有优先权","宗族庶子或小宗如果出任王朝职官,其职事往往与家族世官的职掌相同或相近,但职位比宗子低"①。此种制度下,一位贤才若"不幸"仅为庶出,或虽为嫡子却非长兄,那么他也只得充任较宗子为低的职务。②

"普天之下,莫非王土;率土之滨,莫非王臣",③ 周天子有权处置治下所有"王臣"。一方面,诸侯、卿大夫及近臣等继承祖考爵位、官职时均须由周天子重加册命,这显示了贵族权力的来源。另一方面,周天子甚至可以直接剥夺王臣的生命,如:"哀公时,纪侯谮之周,周烹哀公而立其弟静,是为胡公。"④ 诸周天子以其个人的好恶和绝对的权力可以突破世卿世禄制,影响公卿乃至诸侯的任免,这种对既有规则的破坏和对既有选任标准的突破,亦可视为逆淘汰的一种早期形态。

春秋时期,封建制与宗法制由盛转衰,与此二者紧密联系的世卿世禄制也逐渐没落。世族之间兼并剧烈,大量旧贵族失去了原有的爵位与官职,沦为平民。同时,随着诸侯间竞争的日趋激烈,"尚贤"文化兴起,士以下阶层获得了任官发迹的机会。

到了战国时代,"君主朝廷中的大臣有许多已经不是名门显贵,而是平步青云摄取公卿者"⑤,正如《荀子·王制》所说"朝无幸位"⑥,取官的方式已经发生了翻天覆地的变化。同样地,爵制亦处剧变之中。原先只有贵族可以享有的爵位,战国时也可为平民获得。商鞅变法后,秦国推行二十等爵制,

---

① 杨坤. 两周宗法制度研究 [M]. 上海:上海古籍出版社,2021:165-166.
② 近年来,随着出土文献的不断发现,我们对世卿世禄制的内涵又有了进一步的认识。如李峰认为:"世袭权利仅仅作为一个人进入政府服务的资格,而不是担任其父、祖之前相同职位的绝对权利。"参见:李峰. 西周的政体 [M]. 北京:生活·读书·新知三联书店,2010:193.
又如西周出土铜器有免所造的卣、簋、簠等,据其铭文,"免应当是依赖自身的才干而被任用的……而不是祖先的荫庇。"参见:王进锋. 西周世官制度新论 [J]. 人文杂志,2021 (9).
③ 毛诗正义:卷十三 [M] //十三经注疏. 台北:艺文印书馆,2007:444.
④ 齐太公世家 [M] //史记:卷三十二. 北京:中华书局,2013:1786.
⑤ 晁福林. 春秋战国的社会变迁 [M]. 北京:商务印书馆,2011:725.
⑥ 王先谦. 荀子集解:卷五 [M]. 沈啸寰,王星贤,点校. 北京:中华书局,1988:159.

"从军当以劳论及赐"①，普通人完全可以通过军功改变政治与社会地位。经历了春秋战国间百余年的变法运动，贵族的特权已被部分废止，新的官僚制度应运而生。官员选拔的途径增多了，臣下可向君主举荐贤人，贤人亦可毛遂自荐。前者如"淳于髡一日见七人于宣王"，"（王斗）于是举士五人任官"②；后者如"卫鞅复见孝公。公与语，不自知跶之前於席也。语数日不厌……孝公既用卫鞅"，"李斯因以得说（于秦王）……秦王拜斯为客卿"③。对于这些官吏，国家既设置"御史"监察，又以"上计"的形式考核其任职的成效。《荀子·王霸》说："度其功劳，论其庆赏，岁终奉其成功以效于君。当则可，不当则废……"④ 这就为官僚设置了淘汰机制。所谓"上计"，即"十二月而计书以定事，以一岁别记而主以一听见所疑焉……"⑤ 国家要求官员对诸如存粮、垦田、赋税、户口、治安等情况登记在计书之册，年终交由君主考核，国君依照考核结果决定官员的降陟。

概言之，随着官僚政治的逐步成熟，官僚的淘汰机制也随之产生和发展了。一种现象也同步产生：在正常的选官和考核途径之外，以不正常的方式得官，或获得与考核结果相左的政治地位。对这些现象，我们均可目之为"官场逆淘汰"。早在秦灭六国时，便出现了早期逆淘汰的代表人物郭开与后胜：

> 赵王迁七年，秦使王翦攻赵，赵使李牧、司马尚御之。秦多与赵王宠臣郭开金，为反间，言李牧、司马尚欲反。赵王乃使赵葱及齐将颜聚代李牧。李牧不受命，赵使人微捕得李牧，斩之。废司马尚。后三月，王翦因急击赵，大破杀赵葱，虏赵王迁及其将颜聚，遂灭赵。⑥

> 四十四年，秦兵击齐。齐王听相后胜计，不战，以兵降秦……后胜相齐，多受秦间金，多使宾客入秦，秦又多予金，客皆为反间，劝王去从朝秦，不修攻战之备，不助五国攻秦，秦以故得灭五国。⑦

---

① 睡虎地秦墓竹简整理小组. 睡虎地秦墓竹简 [M]. 北京：文物出版社，1978：92.
② 诸祖耿. 战国策集注汇考（增补本）：卷十，卷十一 [M]. 南京：凤凰出版社，2008：582，617.
③ 史记：卷六十八，卷八十七 [M]. 北京：中华书局，2013：2694-2695，3068-3069.
④ 王先谦. 荀子集解：卷七 [M]. 北京：中华书局，1988：224.
⑤ 蒋礼鸿. 商君书锥指：卷五 [M]. 北京：中华书局，1986：135.
⑥ 史记：卷八十一 [M]. 北京：中华书局，2013：2956.
⑦ 史记：卷四十六 [M]. 北京：中华书局，2013：2292-2293.

李牧、司马尚等本为国家股肱,却反被收取秦国贿赂的郭开诬陷,以至丢官甚至身死;而后胜则直接成了秦国的间谍,使得齐国到灭亡也未真正做过迎敌的准备。

西周时施行世卿世禄制,贵族子孙优先获得任官的资格,其中嫡子、长子的政治地位又远高于庶子、次子。以现代观念来看,世卿世禄制本身就是不公平的,带有逆淘汰的色彩。春秋以降,官员的考核与淘汰机制随着官僚制度的建立与完备而日趋成熟,官场逆淘汰现象也随之出现,并日益普遍。就官场逆淘汰现象产生的导因而言,下文大致从专制皇权、选官制度、小农经济以及民众观念四个方面来阐释。

二、专制皇权

马克斯·韦伯将秦以后的中国称为"家产官僚制(patrimonial-bureaukratic)"国家,而在这样的国家里,"官吏必须得是君主的'家人'(familiaris)"。① 此一制度下,国家和官僚都成了皇帝的私产。沟口雄三则说:

> ……作为皇帝,和出自私家的官吏一起主张"公"权,视家·民为"私",同时又在君臣之间也建立公私关系,总括起来形成"朝廷·国家之公"。但是这种"朝廷·国家之公"对"天下之公"来说,只是"一姓一家"之私。②

皇帝及为其服务的官僚系统,与小家小民相比,俨然成为"公权";然而与"天下之公"相比,终究仍是皇帝一人之私属。

秦汉以来,专制与集权成为古代中国政治演进的主要线索。皇权发展初期,曾遭遇过一些挫折,如东汉世家大族的兴起与东晋门阀的当权等,但总体而言,皇权专制越来越强,至明清而至巅峰。官僚制度为专制皇权服务,

---

① 马克斯·韦伯. 支配社会学 [M]. 简惠美,译. 桂林:广西师范大学出版社,2004:200.
② 沟口雄三. 中国的公与私·公私 [M]. 郑静,译. 北京:生活·读书·新知三联书店,2011:68.

亦受专制皇权的控制。官僚的任免、考核、升迁等虽有制度支撑和规则限制，但皇帝却往往可以于制度和规则之外以一己好恶决定人事问题。另外，依附皇帝而起的寒人、外戚、宦官等，也常常打破常规，于正途外另辟升迁之路。本节试对此现象作一剖析。

（一）"断自圣心"①

对于专制皇权，钱穆曾总结道：

> 中国传统政治是专制的，政府由一个皇帝来独裁，这一说法，用来讲明清两代是可以的。若论汉、唐、宋诸代，中央政府的组织，皇权相权是划分的，其间比重纵有不同，但总不能说一切由皇帝专制。②

可以说，帝制时期，皇权始终与其他妄图分权的政治势力斗争：有时皇权旁落于外戚、宦官；有时皇权衰落，政治为士族门阀把持；有时以丞相为代表的外朝官员则拥有可以和皇帝相抗的政治力量。直到明清，宰相制度废止了，内阁不过是皇帝的秘书，天下之事都由皇帝本人总其成。不论皇权如何旁落、衰微，名义上皇帝总是天下之主，拥有跨越制度设计而任免、拔黜官员的权力。只是皇权旁落时，这个权力由外戚或宦官代为行使；相权较重时，皇帝对于人事问题也未必能件件"断自圣心"。如邓小南就举例说明了，"在现实生活中，对于官僚的任选并不被认为是帝王的私事。不仅有对于诠司的督核，亦有对于帝王的制约"③。皇权旁落或衰落了，皇帝便需要培植自己的势力夺回权力；相权较重时，皇帝也要忠诚于自己的官员去制约相权；至于皇权大振时，官员更是完全依附于皇帝本人。所以，官员维持或提升自己的政治地位，最有效的方法显然就是得到皇帝的认可。在理想状态下，皇帝对官吏的认可应基于国家对其进行的考核；而现实中，不但考核可以弄虚作假，皇帝本人也会出于种种其他原因表现出对官吏的好恶。因此，应付考核便显得无足轻重，讨取皇帝或上级的欢心才是"明智之举"。侯旭东提出了"信—任型"君臣关系，他认为，"围绕获'宠'形成诸多人的言行互动：求

---

① 资治通鉴：卷一百三十八［M］. 北京：中华书局，2011：4407.
② 钱穆. 中国历代政治得失［M］. 北京：生活·读书·新知三联书店，2005：92.
③ 邓小南. 宋代文官选任制度诸层面［M］. 石家庄：河北教育出版社，1993：236.

宠→争宠→得宠→宠衰→失宠→新人求宠的循环一再/并行上演,不仅在君臣之间,同样见于府主与属吏之间。"① 既然以皇帝为代表的上级可以直接决定下级的政治前途,那么下级自然就把更多的注意力转移到邀宠上去了。与此同时,深受儒家思想影响的知识分子仍是官吏的最大候选人群。一方面,国家在制度设计上(选官、监察、考核)表示应当唯才是举、反对营私舞弊,在思想道德上要求官吏成为仁人君子;另一方面,现实中却处处反其道行之,坚持正道的官吏随时处在反对者的环伺之中,这也是诱发官场逆淘汰的一个重要的关系变量。

对于"断自圣心",有三点值得注意:一是强调官员的依附性,二是强调官员的政治忠诚度,三是强调皇帝的个人喜好和需求。

1. 强调官员的依附性

由于相权过重等原因,皇帝为了提振皇权,往往提拔寒人入朝,与相权相抗衡。汉武帝时,丞相田蚡掌权:

> 当是时,丞相入奏事,语移日,所言皆听。荐人或起家至二千石,权移主上。上乃曰:"君除吏尽未? 吾亦欲除吏。"②

田蚡拥有人事决定权,举二千石之官亦不必经武帝批准,时人故谓之"权移主上"。武帝欲自行决定官员任用,先问田蚡是否举吏完毕,其中无奈昭然可见。事实上,在田蚡去世前,主弱臣强的格局一直没有改变。为了削弱相权,武帝设置中朝以使政事越过外朝,其所选拔的中朝官员多数属于寒人,如:

> 朱买臣字翁子,吴人也。家贫……会邑子严助贵幸,荐买臣……
> 主父偃……家贫,假贷无所得……乃上书阙下。朝奏,暮召入见……③

此皆寒人出身,又未通过察举入仕,因得勋贵提携,一朝改变命运。

---

① 侯旭东. 宠:信—任型君臣关系与西汉历史的展开[M]. 北京:北京师范大学出版社,2018:254.
② 汉书:卷五十二[M]. 北京:中华书局,1962:2380.
③ 汉书:卷六十四[M]. 北京:中华书局,1962:2791,2798.

又如南朝时：

> 高门大族……不屑竭智尽心，以邀恩宠。且风流相尚，罕以物务关怀，人主遂不能藉以集事。于是不得不用寒人。人寒则希荣切而宣力勤，便于驱策，不觉倚之为心膂。①

高门士族由于地位稳固，不屑用力于政务，皇帝无法倚靠他们治国，只得另辟人才。而寒人则渴望通过政绩获得进一步的升迁，正好与皇帝的愿望不谋而合。南朝宋、齐皆设中书通事舍人四员，各任一省，掌握机要；而舍人通常由寒人担任，如戴法兴出身寒微，因通晓文史、工于文章，为刘义康赏识并起用。刘义康失势后，戴转投武陵王刘骏。后刘骏继位，法兴出任中书舍人，得到重用。

实际上，寒人没有政治背景，便于皇帝掌控；其掌权的程度，也完全取决于皇帝对其的态度。当皇帝较为精明时，便大权独揽，寒人的权力并不大。当皇帝昏聩时，寒人的权力稍大，但也不过是因为皇帝"宠信、重用寒人近幸"② 而已，一旦寒人依附的皇帝驾崩，寒人的权力也就随之消散了。钱穆认为，"时寒族登要路，率目为'恩倖'"③，从皇帝的角度来看，寒人的才能于其对皇帝较强的依附性而言确实是次要的。

寒人的上升路径经常呈现跨越式的状态，从朱买臣、主父偃到戴法兴，均从布衣扶摇直上，甚至朝夕之间便可实现政治地位的飞跃。从这种角度来看，他们虽然"德堪配位"，但其升官道路相对一般人而言又显然是"不公平的"，所以也可被视为一种基于逆淘汰的升迁。

2. 强调官员的政治忠诚度

皇帝在选择官员时，政治忠诚度也是必须考虑的问题，试举两例说明。一是三国时期吴国的暨艳案。

暨艳是吴郡土著，由张温招致入仕，官至尚书。暨艳为官较为严厉，他发现郎署之中有很多不称职的人滥竽充数，就希望对所有署吏做一番系统的评判，然后根据结果决定署吏的去留。当然，暨艳此举得罪了许多尸位素餐

---

① 赵翼. 廿二史札记校正：卷八 [M]. 王树民，点校. 北京：中华书局，1984：173.
② 王铿. 论南朝宋齐时期的"寒人典掌机要" [J]. 北京大学学报（哲学社会科学版），1995（1）.
③ 钱穆. 国史大纲 [M]. 北京：商务印书馆，1996：268.

的人，一时怨声载道。黄武三年（224），暨艳被诬告徇私，他与选曹郎徐彪一起自杀，举荐他的张温也因此获罪。暨艳案的案情并不复杂，但其背后折射的现象却发人深思。孙权虽为吴国皇帝，但孙氏本为淮泗势力，对江东土著而言属于入侵者。孙权致力于结好吴四姓以求稳固其统治基础。为了实现政权的江东化，孙吴政权将江东士人由各郡选出，并送入郎署快速培养；这些士人反过来又成为江东大族特权最有力的维护者。田余庆指出：

> 暨艳澄检郎署，受影响受损害最大的不只是一群倖进的年轻人物，而是一个急于在社会政治中上升到统治地位的阶层。孙吴政权庇护这个阶层，是为了用他们来卫护自己的存在。①

由此我们得以明晰，暨艳"臧否区别，贤愚异贯"的初衷，在于澄清吏治，使贤才得以任用，庸人得被沙汰。然而他忽略了皇帝首先需要忠于他自己和统治集团的官员，其次才需要官员具备优秀的才干。显然，统治集团的子弟最能忠于统治集团，而不是暨艳心中那不足十分之一的"贤才"。

第二个例子是唐中期的宰相李训。李训是宰相李逢吉的侄子，曾考取进士，后因事遭流放。唐文宗即位，李训遇赦还免。当时"宦尹益横，帝愈愤耻"，文宗忧于宦官秉政，希望改变这种局面："（郑）注阴知帝指，屡建密计，引仲言（李训始名）叶力。帝外托讲劝，又皆以守澄进，故与之谋则其党不疑。"② 而李训得到了文宗的信任，也是一时风头无两："训起流人，期年致位宰相，天子倾意任之。训或在中书，或在翰林，天下事皆决于训，王涯辈承顺其风指，惟恐其不逮；自中尉、枢密、禁卫诸将，见训皆震慑，迎拜叩首。"③ 李训本为"流人"，文宗起用他的时候，大臣都劝谏文宗："共劾仲言憸人，天下共知，不宜在左右。"④ 所谓"憸人"，即奸邪之人。李训之奸邪达到了"天下共知"的地步，身份也不过是个刚得赦免的刑徒，却得到了文宗力排众议的举用，究其原因，无非是李训愿意为其他大臣之所不愿或不能，即帮助文宗剪除宦官，重振皇权。对文宗而言，李训对自己的忠诚是稀缺的，也是可利用的，所以不论其他大臣如何议论，他一定要"倾意

---

① 田余庆. 秦汉魏晋史探微（重订本）[M]. 北京：中华书局，2011：329.
② 以上两处引文见于：新唐书：卷一百七十九 [M]. 北京：中华书局，1975：5310.
③ 资治通鉴：卷二百四十五 [M]. 北京：中华书局，2011：8030-8031.
④ 新唐书：卷一百七十九 [M]. 北京：中华书局，1975：5310.

任之"。

3. 强调皇帝的个人喜好和需求

上述两个方面,都旨在阐述皇帝拔擢官员的政治必要性,而第三个方面则主要说明皇帝的个人因素对官场逆淘汰现象产生的影响。侯旭东用"媚道"一词总结了西汉时期男男女女邀宠于皇帝的行为,这些行为包括而不限于进献美女、上书进言甚至入宫为宦①,竭尽所能投其所好。除此之外,臣下为了博取君主的欢心,也往往毫无底线地阿谀奉承、趋炎附势。这些权钱色交易,构成了取悦上级的主要手段,也成了下级官员政治生活的主题,不愿随波逐流的正直之士势必遭到逆向淘汰。

鉴于谄媚奉上之徒实在不可胜数,我们仅撷取蔡京、和珅作为示例:

蔡京,熙宁年间进士出身,徽宗初登基时因事遭夺职,居于杭州。童贯至杭州为徽宗搜集书画奇珍,蔡京便竭力与之交游,并通过童贯将自己的书画递送到徽宗面前,由此得到了徽宗的关注。徽宗酷爱奇巧之物,专在苏杭设立造作局为其聚敛所谓花石纲。蔡京任相后,告诉徽宗前代积累的财富理应挥霍,极力鼓励徽宗的荒淫行为。

又如和珅的发达也是有迹可循的。和珅通习多门语言,"能运用各种文字起草上谕、敕书、发布文告等提供了方便",② 又"专尚损下益上,从而获乾隆的固宠"③。乾隆好大喜功,自称"十全老人",在位期间频繁发动战争,国库空虚,非常需要能为他开源之人。"和珅柄政久,善伺高宗意,因以弄窃作威福,不附己者,伺隙激上怒陷之;纳贿者则为周旋,或故缓其事,以俟上怒之霁。大僚恃为奥援,剥削其下以供所欲。"④ 因此,和珅的贪腐是在乾隆的默许之下发生的,甚至是乾隆所乐见的。推而广之,奸臣佞幸的倒行逆施本来就在皇帝的许可范围之内,而无论是奸臣佞幸平步青云,还是由其运作的裙带升迁,都可以被认为是一种体现着上下权力共谋的逆淘汰。

---

① 侯旭东. 宠:信—任型君臣关系与西汉历史的展开 [M]. 北京:北京师范大学出版社,2018:114-123.
② 冯佐哲. 和珅略论 [J]. 北京社会科学,1990(3).
③ 吴晗辑. 朝鲜李朝实录中所见中国史料:第11册 [M]. 北京:中华书局,1980:4807.
④ 清史稿:卷三百一十九 [M]. 北京:中华书局,1998:10755.

(二) 外戚干政

东汉一代，为防范宗室作乱，便转任外戚，结果导致"权归女主，外立者四帝，临朝者六后"①。外戚专权，便扶持傀儡小皇帝，皇帝成年欲夺回权力，只得倚重宦官，由是造成了东汉中期以后宦官、外戚交替专权的政治局面，而皇权即旁落于宦官、外戚，随之易手的还有对官僚的任命权。

汉和帝时，窦太后临朝，"窦宪以侍中内干机密，出宣诏命，兄弟皆在亲要"，窦氏一家"一公、两侯、三公主、四二千石，官府邸第相望京邑"；窦氏大肆任用亲信，"刺史、守令多出其门"。②

汉和帝时，邓太后临朝，家门繁盛：

> 凡侯者二十九人，公二人，大将军以下十三人，中二千石十四人，列校二十二人，州牧、郡守四十八人，其余侍中、将、大夫、郎、谒者不可胜数……③

汉安帝时，阎太后临朝，"（阎）显及弟景、耀、晏并为卿校，典禁兵"④。而东汉外戚以梁氏为祸最甚：

> （梁）冀一门前后七封侯，三皇后、六贵人，二大将军，夫人、女食邑称君者七人，尚公主者三人，其余卿将尹校五十七人。在位二十余年，威行内外，百僚侧目，天子恭而已不得有所豫……（梁冀死后）所连及公卿列校刺史二千石死者数十人，故吏宾客免黜者三百余人，朝廷为空。⑤

东汉外戚干政，与其时地方豪强大族的兴起有着密切的联系，带有一定的特殊性。在外戚秉持朝政时，其亲族党羽几乎充塞整个朝廷，正常的选官任官体系被破坏殆尽。

---

① 后汉书：卷十 [M]．北京：中华书局，1965：401．
② 后汉书：卷二十三 [M]．北京：中华书局，1965：813．
③ 后汉书：卷十六 [M]．北京：中华书局，1965：619．
④ 后汉书：卷十 [M]．北京：中华书局，1965：436．
⑤ 后汉书：卷三十四 [M]．北京：中华书局，1965：1185，1186．

东汉以后，外戚的升迁则往往与后妃的恩宠相伴随，一般只作为皇权的附属存在，而无法再与皇权相抗衡，试以南宋贾似道为例说之。

贾似道以门荫出身，终日游手好闲。其姐姐入宫得宠，他也迅速获得提拔。得位之后，他不思进取，白日尚以狎妓为乐，至夜尤甚。宋理宗在明知贾似道种种劣迹的情况下，仍然对其大加重用。贾似道从淳祐元年（1241）改任湖广统领，宝祐二年（1254）加同知枢密院事、四年（1256）任参知政事、五年（1257）加知枢密院事，年未满四十而权倾朝野，这是十分罕见的。

贾似道在获得巨大政治权力的同时，也开始对朝廷官员的任命产生了重要影响。宝祐二年，贾尚未入相，而在外镇守两淮。宋廷命"孙子秀新除淮东总领，外人忽传似道已密奏不可矣，丞相董槐惧，留身请之，帝以为无有，槐终不敢遣子秀，以似道所善陆壑代之，其见惮已如此"①。董槐身为丞相，任命淮东总领时却要窥看贾似道的脸色，并最终以贾党陆壑取代了原先拟定的人选，贾之权势由此可见一斑。

对亲信党羽，贾似道尽力委以重任。如名将吕文德"谄似道"②，他"与贾似道有极其密切的关系，该集团的兴起与贾似道有极其密切的关系，贾似道得以擅权多年，与吕氏集团的支持也有关系"③，因此，贾似道便将其"列之于三孤，崇之以两镇，以至开荆南之制阃，总湖北之利权"④。又如贾似道亲信范文虎于襄樊之战中屡战屡败，事后反而被拔擢知安庆事。贾似道入相后，"权倾中外，进用群小"，"凡台谏弹劾、诸司荐辟及京尹、畿漕一切事，不关白不敢行，李芾、文天祥、陈文龙、陆达、杜渊、张仲微、谢章辈，小忤意辄斥，重则屏弃之，终身不录。一时正人端士，为似道破坏殆尽。吏争纳赂求美职，其求为帅阃、监司、郡守者，贡献不可胜计"，"既专恣日甚，畏人议己，务以权术驾驭，不爱官爵，牢笼一时名士，又加太学餐钱，宽科场恩例，以小利啖之。由是言路断绝，威福肆行"⑤。贾似道以门荫入仕，又以宠妃之弟的身份位极人臣，已是走了旁人难以企及的捷径。得势之后，他

---

① 宋史：卷四百七十四［M］．北京：中华书局，1985：13780．
② 宋史：卷四百七十四［M］．北京：中华书局，1985：13781．
③ 屈超立．从贾似道专权看南宋权相政治形成的原因［M］//四川大学古籍整理研究所，四川大学宋代文化研究资料中心．宋代文化研究（第四辑）．成都：四川大学出版社，1994：111．
④ 宋衜．与襄阳吕安抚书［M］//李修生．全元文：五．南京：江苏古籍出版社，1999：170．
⑤ 宋史：卷四百七十四［M］．北京：中华书局，1985：13782，13783，13784．

任用亲信，罗织关系网，稍有忤逆便横加贬斥。他一方面以权敛财，大肆卖官，另一方面又笼络士人，败坏科场风气。可以说，贾似道以一人之力，阻塞了理宗后期正人君子入仕升迁的几乎全部通路，并将淘汰机制完全逆转，彻底摧毁了理宗朝后期的政治生态。

传统上，我们一般将外戚视为皇权的对立面，如认为，"宦官、外戚之争，就是反映的皇权和世家豪族两者间的斗争。宦官是皇权的代表，外戚代表世家大族"①。诚然，外戚的权力源头可追溯到皇后或宠妃，而她们的父族在政治斗争中压制了夫族（皇室）。对于这种现象，可认为是"舅权"暂时压制了父权。但正如田余庆所言，"宦官外戚擅权，也只能视为专制皇权发展到空前强大水平而出现的皇权旁落现象"②。皇权旁落的时期，舅权的存在仍以父权的权威为前提，舅权无法越过现有的父权而成为新的父权。如西汉吕后临朝时，陈平、周勃尚能佐之，诸吕皆得为侯；一旦吕后死去，则对诸吕"无少长皆斩之"③。下至唐宋，外戚虽仍能专擅国权，但其权势的施行，却俱以专制皇权为基础。故唐玄宗逃蜀，"诸军乃围驿擒国忠，斩首以徇。是日，贵妃既缢，韩国、虢国二夫人亦为乱兵所杀"④；宋度宗驾崩，贾似道便为郑虎臣"拉杀"，均是他们依附的皇权不复存在的缘故。由上可知，因外戚干政或擅权而产生的官场逆淘汰现象，也可归因于专制皇权之下。

（三）宦官干政

西周时期，王室私务与国家公务界限模糊。《周礼》中存在大量诸如庖人、膳夫、寺人之类专门服务王室的职官，此类职官也很难界定为宫廷职官或朝廷职官。随着官僚制度的逐步完备，王室私务与国家公务、宫廷职官与朝廷职官的分野渐渐鲜明了，专门服务皇帝的宫廷职官也应运而生。"至上莫若君父之前，至重莫若朝廷之内"⑤，在君前朝内服务的主力便是宦官。宦官的品秩一般并不高，然而，"决定等级高下的不是权责之大小，而是与皇帝之亲疏"⑥。西汉初期，丞相权力较大，汉武帝为了改变此种格局，便以侍中、

---

① 何兹全. 东汉宦官和外戚的斗争［J］. 文史知识，1983（4）.
② 田余庆. 东晋门阀政治［M］. 北京：北京大学出版社，2012：327.
③ 史记：卷九［M］. 北京：中华书局，2013：513.
④ 旧唐书：卷一百六［M］. 北京：中华书局，1975：3246.
⑤ 李攸. 宋朝事实：卷9［M］. 北京：商务印书馆，1936：142.
⑥ 阎步克. 中国古代官阶制度引论［M］. 北京：北京大学出版社，2010：65.

给事中授近臣，允许他们出入禁中，成立了内朝，以此与丞相领衔的外朝相抗。内朝成为政治核心之后，若皇帝年幼或昏聩，宦官作为其近臣就容易通过内朝操纵朝政；而在皇帝较有才干时，又往往利用宦官抗衡外戚和士人的政治势力。因此，宦官常被视为皇权的代表。宦官位低权重，又普遍缺乏知识与道德的约束，结党祸国之事屡见不鲜。下文以东汉、唐、明三代宦官专权为例，说明宦官干政对官场逆淘汰的影响。

1. 东汉的宦官

东汉外戚初行干政之事时，皇帝往往年幼，无法与之抗衡，而当皇帝逐渐成长之后，便总希冀借助宦官的力量夺回权力。汉和帝借助宦官郑众之力诛杀窦氏，"帝念众功美，封为鄛乡侯，食邑千五百户"①。汉安帝借助小黄门李闰、江京，"遂诛邓氏而废平原王，封闰雍乡侯；又小黄门江京以谗谄进，初迎帝于邸，以功封都乡侯，食邑各三百户。闰、京并迁中常侍，江京兼大长秋……"②。汉顺帝借助孙程等十九人诛杀阎氏及其党羽，十九人皆得封侯。李闰、江京在诛杀邓氏之后，又转而与阎氏勾结，企图长久把持大权，最终被另一批拥立皇帝的宦官消灭了。但宦官势力迅猛发展的态势也随之显现。

汉桓帝时，依靠宦官击败梁氏，继而对其大加封赐：

（左）悺、（唐）衡迁中常侍。封（单）超新丰侯，二万户，（徐）璜武原侯，（具）瑗东武阳侯，各万五千户，赐钱各千五百万；悺上蔡侯，衡汝阳侯，各万三千户，赐钱各千三百万。五人同日封，故世谓之"五侯"。又封小黄门刘普、赵忠等八人为乡侯。自是权归宦官……③

又下诏称"'……其封（单）超等五人为县侯，勋等七人为亭侯。'于是旧故恩私，多受封爵"④。五侯之封，本已是通过非常渠道取得的，但他们不知收敛，又大肆提携自己的亲戚："超弟安为河东太守，弟子匡为济阴太守，璜弟盛为河内太守，悺弟敏为陈留太守，瑗兄恭为沛相，皆为所在蠹害。璜

---

① 后汉书：卷七十八 [M]. 北京：中华书局，1965：2512.
② 后汉书：卷七十八 [M]. 北京：中华书局，1965：2514.
③ 后汉书：卷七十八 [M]. 北京：中华书局，1965：2520.
④ 后汉书：卷七 [M]. 北京：中华书局，1965：305.

兄子宣为下邳令,暴虐尤甚。"① 州郡之间,由此也遍布了他们的党羽。

宦官在人事任用方面的触角既然已由中央伸向了地方,那么可想而知,地方官员的奉承迎合也不会少,而对于不愿同流合污的士人,则成为宦官尽力铲除的对象,东汉后期的清议与党锢由此而来。名士范滂被捕,"坐系黄门北寺狱……桓帝使中常侍王甫以次辨诘"②。范滂以孝廉出仕,因秉公直言而被诬为朋党,见罪则被系于宦官私狱并被宦官审问。汉灵帝时,士人领袖陈蕃欲诛宦官,事泄被捕,王甫"遂执蕃送黄门北寺狱。黄门从官驺蹋踧蕃曰:'死老魅!复能损我曹员数,夺我曹禀假不?'即日害之"③。汉末宦官权力极度膨胀,并在与士人集团的斗争中获得了暂时的胜利,他们以极其残酷的手段清洗了政治对手,确实达到了"手握王爵,口含天宪"④ 的地步。

2. 唐代的宦官

东汉后期,宦官如蹇硕等虽一度可以调兵,但兵权大致还掌握在大将军手中。而到了唐代,宦官则可掌控禁军,并设置了内诸司使与以宰相为首的南衙分庭抗礼。

安史之乱后,神策军成为禁军,而神策军的实际控制者则为左右神策军护军中尉,此职务一向由宦官出任。中尉宦官中,有些"曾和皇帝相伴东宫王府,深受宠信,才擢升其职",有些则由皇帝亲自"拉拢、收买"⑤。另外,宦官升任中尉之前,一般都有外任监军的经历;但反过来说,又并非所有外任的监军都能回朝出任中尉。那么为了升迁,监军便需要贿赂重臣,使其为己美言,如:

> 李国澄为太原监军时,李德裕为本府司录参军。时谓国澄曰:"何不以近贵取事而自滞於外闻乎!"国澄曰:"岂所不欲,其如贫何?"乃许借钱十万贯促国澄赴阙。国澄初为未信,及至阙,咸如其诺。寻除中尉,遂为中人所称。⑥

---

① 后汉书:卷七十八[M].北京:中华书局,1965:2521.
② 后汉书:卷六十七[M].北京:中华书局,1965:2250.
③ 后汉书:卷六十六[M].北京:中华书局,1965:2170.
④ 后汉书:卷五十五[M].北京:中华书局,1965:1800-1891.
⑤ 贾宪保.神策中尉与神策军[C]//史念海.唐史论丛:第5辑.西安:三秦出版社,1990:143.
⑥ 王钦若.册府元龟:卷六六九[M].周勋初,等,校订.南京:凤凰出版社,2006:7711.

神策中尉的选出，概由此类特殊方式完成，一般宦官显然无此机遇。相应地，神策军因占尽政策优势，故得厕身其中的将士也非常人。"自大历以来，节度使多出禁军，其禁军大将资高者，皆以倍称之息钱于富室，以赂中尉，动逾亿万，然后得知，未尝由执政；至镇，则重敛以偿所负。"① 中尉可以毫无成本地提拔神策军将校，并使之优先出任节度使；将校则因此先向富家举债，继而向中尉买官，到任后再行搜刮偿债，这种循环一直持续到唐末。宦官势大，便又有朝官逢迎巴结。据《旧唐书》："先是左右神策军多以所赐衣物于度支中估，判使多曲从，厚给其价。开成初，有诏禁止，然趋利者犹希意从其请托。"② 神策军将受赐衣物拿去倒卖，判官为了巴结神策军便以高价收购这些衣物。买卖之中，神策军无本得利，判官假公济私、兼得人情，只有国家经济受损。

中尉之外，宦官首脑又有枢密使参预政事。枢密使先有其实，后有其名，其实大约始自高力士："每四方进奏文表，必先呈力士，然后进御，小事便决之。"③ 枢密使大权在握，不仅可以"参与包括宰相在内的官员的任免"，甚至可以"插手皇帝的废立"。④ 总之，唐中叶以后，"中尉掌兵，枢密参政，宣徽使知诸司使事"⑤，宦官构建了政治中枢北衙，深刻影响了唐中后期的政治。牛李党争时，二党人物均须通过枢密使的关系才得任相，风气败坏，亦可由此管窥。

3. 明代的宦官

明代宦官较之前代，又产生了厂卫制度这样的新变化。厂卫组织包括由宦官直接控制的东厂、西厂、内行厂及实际由宦官控制的锦衣卫组成，实质是直接向皇帝负责的特务机构。厂卫较此前历代的明显变化，是其"构成了独立而又完整的监察司法机构"⑥，这就势必对原有正常的国家监察司法制度造成破坏，而国家吏治也因此遭受了沉重的打击。

厂卫制度对国家官吏选任的影响主要可见于以下几个方面。

---

① 资治通鉴：卷二百四十三［M］．北京：中华书局，2011：7976.
② 旧唐书：卷一五七［M］．北京：中华书局，1975：4157.
③ 旧唐书：卷一八四［M］．北京：中华书局，1975：4757.
④ 戴显群．唐代的枢密使［J］．中国史研究，1998（3）．
⑤ 唐长孺．唐代的内诸司使及其演变［M］//山居存稿．北京：中华书局，2011：256.
⑥ 栾成显．论厂卫制度［C］//王毓铨．明史研究论丛：第1辑．南京：江苏人民出版社，1982：227.

(1) 滥用特务

厂卫需要庞大的特务网络才能维系其对社会各个角落的监视,这些人员多来自"当时的市井亡命、流氓无赖"①。这些人眼见其长官锦衣校尉可以通过讹诈胁迫等手段快速积累财富,便纷纷行贿,希望借此获得升迁,如嘉靖时,"锦衣帅受诸侠少金,署名校尉籍中,为民害"②。

(2) 镇压异己

宦官得势,必于官场中镇压异己,其中以刘瑾、魏忠贤最甚。比如,刘瑾得势后,便反攻倒算,对之前弹劾他的大臣一一报复,轻者削减俸禄,重者杖责革职,对旧有官僚体系造成了严重冲击。他又专门提拔阉党,擢官校者便有1560余人之多。这些人就任之后,显然也只会对刘瑾尽忠报效,不会对国家有任何帮助。

又如,魏忠贤凡见与之不睦者,便罗织罪名,杀人抄家;对方或有遁走,亦必追根究底,绝不放过。刘铎为扬州知府、王国兴为锦衣卫官员、王之寀为侍郎,均系朝廷命官,而殒命只在魏忠贤一念,毫无司法公正可言。

厂卫制度的设立,正在于保障专制皇权的畅行无阻,而在其实际推行过程中,不仅皇帝本人的意志得到了贯彻,厂卫宦官专横独断的愿望也得到了满足。专制皇权需要不加约束的绝对权力,而"绝对的权力导致绝对的腐败",对于那些良知尚存、忠心为国的大臣而言,又势必与这样腐败的皇权抗争。因此,专制皇权之下,皇帝和大臣的矛盾是不可调和的。在这种情况下,厂卫制度显然就是为了满足皇帝倒行逆施、胡作非为而存在,它天然地带有反动属性,并天然地成了逆淘汰发生的温床。

综上所述,宦官依附于皇帝,当专制皇权强大时,宦官权力亦随之强大。倘若宦官的权力甚至大于皇帝本人,那也只是"皇权的旁落",是皇权强大的一种变态。宦官的权力来源于其与皇帝的亲密关系,而并未通过任何遴选、考试。或者说,宦官的阉割本身也是一种遴选——一种通过残害自身而表达对皇帝忠诚的遴选。宦官获得权力的渠道是非正常的,由于担心因失去皇帝的信任而丧失权力,宦官总是当面对皇帝称颂、欺瞒,而在背后绞尽脑汁地扩充自己的势力。这种势力通常是政治的,有时也是军事的、特务的。宦官

---

① 栾成显. 论厂卫制度 [C] //王毓铨. 明史研究论丛:第1辑. 南京:江苏人民出版社,1982:234.

② 明史:卷二〇八 [M]. 北京:中华书局,1974:5512.

自身地位的获得便带有不正当性，那么通过依附、投靠宦官而获得职位的办法也可认为是典型的逆向淘汰。

三、选官制度与现实的矛盾

（一）入仕特权继续存在

贵族政治时代，贵族垄断了任官的特权，这种情况并未在官僚政治兴起后得到彻底改变。比如，汉代就存在任子制度，官员秩比两千石以上而视事满三年者，得任子弟一人为郎。而在实际操作中，无论是"子弟"所涵的亲属范围还是"一人"的数量限制都往往会被突破。郎官属于皇帝近卫，"需付出数年宿卫的辛苦，表现优秀，才有可能被选拔补吏"①。这样看来，汉代的任子制还未产生太大的社会危害。

唐宋时广泛存在门荫制度，五品以上官员即可荫及子孙。据张希清统计，唐代平均每年取进士 71 人，宋代则高达 361 人。与这些通过科举入仕的进士数量相比，"宋代平均每年门荫补官者恐不下 500 人"②，数额巨大的门荫入仕者造成了宋代著名的冗官问题。

进士一般须穷经治史一二十载，经过反复考试方能及第授官；而门荫入仕者"未离襁褓，已列簪绅"，和那些只知搜刮并通过进纳买官的富商巨贾一样，都成了国之蠹虫。这种入仕特权显然会成为逆淘汰发生的诱因。

（二）察举制

察举制于汉初开始推行，主要分为制举与常举两途，常举又主要包含孝廉与秀才两科。

黄留珠统计了两汉孝廉共 307 人，其中，官贵 128 人、富豪 11 人、平民 29 人、贱民 16 人，官贵富豪几乎垄断了孝廉入仕的途径；举孝廉制度成了一种变相的贵族世袭制度。③

制度中所举孝廉完全出自地方郡国举荐，又缺乏完善的监督考核制度，

---

① 阎步克. 中国古代官阶制度引论 [M]. 北京：北京大学出版社，2010：170.
② 张希清. 论宋代科举取士之多与冗官问题 [J]. 北京大学学报（哲学社会科学版），1987（5）.
③ 黄留珠. 秦汉仕进制度 [M]. 西安：西北大学出版社，1985：142-143.

故地方官行察举之事时便有极大的舞弊空间。他们"率取年少能报恩者,耆宿大贤,多见废弃"①,置年长而有才学的贤良不顾,专门寻找年轻能报已拔擢之恩者为孝廉。举荐者门生故吏遍天下,与被举荐者在政治上成了君臣。察举的本意,原是为国家征召更多在野的贤士,但人事权力在握的官员却把察举制作为扩大自己政治集团的工具。据《风俗通义·过誉》记载:"南阳五世公为广汉太守,与司徒长史段辽叔同岁。辽叔大子名旧,才操卤钝……(五世公)竟举旧也。"则五世公明知旧毫无才能,仍因与其父辽叔的"同岁"关系而举荐了旧。此类事情在东汉后期不绝如缕。

(三)九品中正制

九品中正制本意在于打击士人过大的政治权力,并削弱其通过品评人物而结为朋党的可能性。然而,在实际操作中,担任中正的官员却并不在意乡里对于贤才的真正意见。相反,"中正只是根据被评人及家族的现实政治地位来决定品之升降,而置才、德、乡里舆论于不顾"②。显然,世家大族在这种制度中受益匪浅。九品中正制并不限制被评人数,这就使得高官子弟大量进入官僚体系而不受任何约束;而中正选官体制自带的垄断性也使得普通人彻底断绝了任官的希望,"上品无寒门,下品无势族"的局面因此也就形成了。世家子弟由是"平流进取,坐致公卿",秘书郎、著作郎成了"甲族起家之选,例数十日便迁任"③,而寒人不得预事。这与曹丕推行九品中正制的初衷显然已经背道而驰。

(四)唐代的"荫举"与"纳资"

据《旧唐书·百官一》:

> 凡九品以上职事,皆带散位,谓之本品。职事则随才录用,或从闲入剧,或去高就卑,迁徙出入,参差不定。散位则一切以门荫结品,然后劳考进叙。④

---

① 后汉书:卷三十二 [M].北京:中华书局,1965:1122-1123.
② 胡宝国.必然的走向:九品中正制 [J].文史知识,1998 (11).
③ 梁书:卷三四 [M].北京:中华书局,1973:493.
④ 旧唐书:卷八六 [M].北京:中华书局,1975:1785.

这段话讲得很分明：散位是职官的"本品"，散位的初任只能凭借门荫，之后的升迁才需要对其劳考定级评述。唐代为使官吏避嫌，要求父祖出任宰相大臣时，子孙只能通过荫举获得出身，"父祖罢任之后，还得经君主批准，才能走科举的道路"①。由是可知，唐代有品官员之子孙若想继续为官，便得先依靠门荫获得散位，然后通过考核才能再去获取职官或参加科举。

高品子以门荫出仕，首先要"番上"，即服役。据《新唐书》："五品以上子孙送兵部，准荫配色。"② 如果不想服役，就要上交代役钱，一岁纳资一千文。③ 之后，"六番随文武简入选例"，即高品子服役六年之后，便可获得出任散官的资格了。而地位较低的一般品子，为了出仕付出的代价则更大：

> 凡纳课品子，岁取文武六品以下、勋官三品以下五品以上子，年十八以上，每州为解上兵部，纳课十三岁而试。第一等送吏部，第二等留本司。第三等纳资二岁，第四等纳资三岁，纳已，复试，量文武授散官。若考满不试，免当年资；遭丧免资。无故不输资及有犯者，放还之。④

一般品子需要连续输资、任差十三年，通过最终考核并评为第一、第二等，才能终获出仕资格，难度较高品子明显大了许多。

唐代将"荫举"与"纳资"结合起来，作为官员子弟出仕的先决条件，这种制度实际上是变相任子与卖官的结合。对平民而言，他们无法获得门荫的资格，因之，他们也没有通过服役或者输资的方式获得出任散官的机会。对于一般品子而言，他们每年的输资需要一千五百文，不仅多于高品子的一千文，还无法代役，即本人必须前往高品职官处供人差使；而他们十三年的服役、输资时间也远较高品子为多。因此，唐代的"荫举"与"纳资"制度，表面上看来，是比汉代的任子与卖官制度进步了，而就其本质而言则仍是不公平的。平民、一般品子和高品子面临的淘汰机制截然不同，他们为了任官付出的代价也相差悬殊。

---

① 陈仲安，王素. 汉唐职官制度研究 [M]. 北京：中华书局，1993：288.
② 新唐书：卷四十四 [M]. 北京：中华书局，1975：1161.
③ 李春润. 唐开元以前的纳资纳课初探 [J]. 中国史研究，1983（3）.
④ 新唐书：卷四十五 [M]. 北京：中华书局，1975：1174.

(五)宋代的"资序"

宋代选官,本重"择优录用",但在实际操作中,并未实现这一构想。宋代常常有三四倍于缺额的待拟官员候补在部,人事部门无力——甄别各人的才能专长,只得以资历作为硬性指标进行选官,即不问其德之所宜,而问其出身之后先;不论其才之称否,而论其历任之多少。①

出身和个人资料相较其他因素易于核实,比较公平,却难以做到人尽其才。在实际考核过程中,出现了"限岁月以稽课,待贤愚于一途"② 的情况,直接导致"真正通过课绩被黜陟的官员少得可怜。大批庸碌无为者倚靠循资原则逐步升迁,才不称职的现象比比皆是"③。

(六)民族特权

元代实行四等人制,蒙古人最高,色目人、汉人、南人次之。元朝皇帝既要稳固蒙古族人的特权地位,又不得不利用汉族人治理国家,折中之下,便使汉人只可为蒙古族长官的副手:"官有常职,位有常员,其长则蒙古人为之,而汉人、南人二焉。"④ 这就在规则上阻止了汉人、南人任正职的可能,与贵族政治的血统出身论如出一辙。丁国范对其他官职的任用有比较详细的论述:

> 中书省的丞相职位,通常必用蒙古勋臣……次于丞相的平章政事一职也均由蒙古、色目人担任……故掌握全国兵权的枢密院长官(知院),有元一代除少数色目人外,皆为蒙古大臣,无一汉人充任……掌行省以下各级地方政府最大实权的达鲁花赤一职,前已述及规定要由蒙古人担任……⑤

除了对职官进行民族属性的规定外,元代还对汉人的入仕途径做了严格

---

① 王安石. 上仁宗皇帝言事书 [M] //詹大和,等. 王安石年谱三种. 裴汝诚,点校. 北京:中华书局,1994:309.
② 吕祖. 论选部 [M] //吕祖谦. 宋文鉴:卷五十. 齐治平,点校. 北京:中华书局,1992:764.
③ 邓小南. 宋代文官选任制度诸层面 [M]. 石家庄:河北教育出版社,1993:241.
④ 元史:卷八十五 [M]. 北京:中华书局,1976:2120.
⑤ 丁国范. 元代的四等人制 [J]. 文史知识,1985(3).

的限制，如至正二年（1342），国子生员 18 人中，蒙古人、色目人各占 1/3；汉人、南人共占 1/3，且品秩更低。至正八年（1348）取士 38 人，蒙古人、色目人各取 10 人，汉人共取 18 人。只算生员数量，汉人不占优势，若再考虑到汉人和其他民族在总人口上的巨大差别，这种取士的不公正便更加明显了。

另外，元代施行怯薛制度，即以贵族子弟替代宦官作为皇帝的近侍。成吉思汗以博尔忽、博尔术、木华黎、赤老温四个他最信赖的蒙古贵族作为怯薛长，统领怯薛在他身边轮值宿卫。"怯薛集团兼具大汗宿卫、宫廷服侍、行政管理乃至官员储备等多项职能，是蒙古政治制度最核心的内容之一。"[①] 事实上，"元朝始终没有中原王朝皇帝定期上朝听政的朝会制度，重大决策往往是皇帝在内廷独自或和部分官员（包括当值怯薛）商议后作出的"[②]。也就是说，怯薛作为宿卫，却有着远远超过宿卫的权力，能够直接参与重大决策的制定，而中书省则仅仅是传达决策的机构。"元代双重身份的官员重怯薛世掌轻外廷职事的原因在于怯薛组织是巩固其成员同君主间主奴关系的工具，而在蒙元家产制统治方式下，做君主的奴婢是臣民的一种荣耀。"[③]

清代，满洲八旗及汉军八旗士家子弟也在出仕上占据绝对优势，如"满洲京堂以上缺，宗室、汉军得互补。汉司官以上缺，汉军得互补。外官蒙古得补满缺，满、蒙、包衣皆得补汉缺"[④]。此"汉军"特指皇太极组建的"八旗汉军"[⑤]，而非清军入关后任军职的汉人。满族人、蒙古族人、"汉军"和普通汉族人的差别客观存在着，无非不似元代"四等人"那般赤裸而已。而在政治生活中，"满官处处凌驾汉官"[⑥]，与元代并无差别。另外，在奉上之称中，满汉官员也有很大不同。

满族官员，即便是以王公之贵，均称呼皇帝为主子，自称"奴才"；汉族官员，无论大小，自称"则曰臣"。但这并不是绝对的，与皇帝关系近密之汉官，也可自称"奴才"。而且，随着清政权在中原地区统治的不断加强，"奴

---

① 刘晓．元代怯薛轮值新论［J］．中国社会科学，2008（4）．
② 屈文军．元代怯薛新论［J］．南京大学学报（哲学·人文科学·社会科学版），2003（2）．
③ 屈文军．元代怯薛新论［J］．南京大学学报（哲学·人文科学·社会科学版），2003（2）．
④ 清史稿：卷一一〇［M］．北京：中华书局，1998：3206．
⑤ 谢景芳．八旗汉军的建立及其历史作用［J］．社会科学辑刊，1987（3）．
⑥ 阎步克．中国古代官阶制度引论［M］．北京：北京大学出版社，2010：433．

才"一称除了代表旗籍上的人身隶属关系之外,还暗示着持有这一自称的官员与皇帝之间关系的密近,即所谓"谊取亲近"之意,甚至从某种程度上还传递着皇帝对该人的信任与重视。①

从以上材料来看,历朝历代都试图建立选官制度,以"彰显"用人和统治公平,进而实现政权的有效运作。但事实上,任何制度都是由当时的统治阶级创制的,且显而易见地为统治集团服务,这也就意味着选官制度本身就是不公平的。诚然,选官制度将唯才是举放在了最紧要的地位,却无法改变"才"只能在特定人群中选出的现实。另外,选官制度需要人操作,相应的监察制度亦然,这也就给负责者提供了足够的徇私舞弊空间。在这种缺乏约束的情况下,任人唯亲只能越发普遍并最终成为主流。制度也就几乎沦为了官僚以权谋私的工具,使得逆淘汰成了寄生于正式制度而发生的现象。

四、小农经济对社会风气的影响

(一)基层的逆淘汰现象

小农经济及根植于其上的所谓"小农思想",皆发轫于战国。小农经济的基础,是使自耕农依附于土地,不使其流转,然后国家就可以对土地和农民征收赋税。显而易见,基层组织的建设便是其中的重要环节,成书于战国时期的《周礼》② 对这一问题有详细的论述,如记载了乡师、比长,他们专门负责地方基层的组织工作。基层组织的目的在于"相保相爱""相及相共",以求使农民安于土地。而法家崛起后,则将此易为"令民为什伍,而相牧司连坐"的酷法,与儒家乡里制度南辕北辙。后代各类保甲制度虽然也提倡教化,但基本还是沿袭了法家的思路,促使基层小民互相监督、互相举报,以求通过高压起到稳定社会秩序的效果。可惜的是,儒家的"相保相爱"已是无法实现的"完美政治",法家的高压保甲也从来无法真正达到目的。我们试以明、清两代各式保甲制度为例,说明小农经济与基层逆淘汰之间的关系。

土木之变后,国家陷入危机,明景泰帝下诏推行"民壮"制度,"民壮"即兵农合一的民兵,忙时农耕,闲时操练。起初,民兵操练可以得到口粮、

---

① 徐雪梅. 浅议清代职官礼制中的满汉差异 [J]. 兰台世界, 2012 (36).
② 关于《周礼》成书时间, 论者甚多, 主流观点均认为成书于战国时代。参见谢能宗. 《周礼》之"国野制"与两周城乡关系 [D]. 北京:北京大学, 2019.

饷银及由官府提供的器械，但随着时间推移，口粮、饷银取消，当民兵实际成了新的徭役，而所需器械也得自备，更是加重了农民的负担。民兵待遇的变化也使得民众的态度产生了变化。根据前人研究，这种变化大致体现在两个方面。

一是招募民兵时，富人靠行贿免充民兵，穷人被迫多服徭役。官府"多纠合市井嚣顽游浪无赖子弟以集市"，这些人"徒为衙门市棍之薮"，不仅无法保卫当地平安，还成了滋事扰民的主力。

二是充任民兵后，又需装备器械、登记造册、按时操练，官府对此不仅不能提供帮助，还千方百计刁难勒索，使得农民卖田鬻子，甚而破产。①

总甲制肇始于明初，本意在城市中设立巡查人员以维护社会治安。"由于役事的繁重，一些贫民难以承当，永乐年间，总甲便由洪武年间按户轮役改为按户等轮充。"② 又有巡夜负责捕盗之役，称为"火甲"。火甲既然承担夜间治安，干系重大，本应由有能者居之，而事实上，"有力之家多免役，甲役负担落在市井无赖或贫民身上"③。里甲制度衰败后，保甲制度取而代之，但在实施过程中也是弊大于利。与火甲相类似，按照正常逻辑，防卫本土之事本需由当地最具声望的人出任，才能起到凝聚和提振人心的作用。而在现实中，士大夫可以优免出役；强宗大族为图省事，不愿出头。于是保甲往往也由无赖充任，而伙夫等应役者均为贫民。无赖对本务并不关心，只希望借机鱼肉乡里，于是百姓遭殃；而贫民不仅得负担宿卫之任，一旦真的出事，还会被抛出担责。退一步讲，就算有还算宽裕的家庭愿意出任保甲，也"不到一年，就倾家荡产"④。

清代保甲制度在推行中出现的问题与明代基本无异。以出任保长、甲长的人选而论，本应对其有较高的要求："殷实老成则廉隅自饬，挥指听从，有子弟则助理有人，勿致误事，而甲务可举矣。"⑤ 也就是说，只有家境殷实的人才会廉洁奉公，只有老成持重的人才能指挥服众，只有家族庞大的人才能足够用事。但是，出任保甲的好处无非是免除其他差役，可保甲本身工作已

---

① 以上详参陈宝良. 明代的民兵与乡兵 [J]. 中国史研究, 1994 (1).
② 王裕明. 明代总甲设置考述 [J]. 中国史研究, 2006 (1).
③ 胡海峰. 明代中后期北京城市治安恶化与保甲制的建立 [J]. 中国社会经济史研究, 2014 (3).
④ 陈宝良. 明代的保甲与火甲 [C] //王毓铨. 明史研究：第3辑. 合肥：黄山书社, 1993：134.
⑤ 黄六鸿. 福惠全书：卷二〇 [M] //官箴书集成（三）. 合肥：黄山书社, 1997：451.

然繁重,出事还要担责,可说待遇与责任并不平衡。结果是显见的,愿意出任保甲的人,本来就心怀不轨,终于"处处敛钱""挟制良民""请托词讼"①,而遭殃的又是百姓。

明代里甲制度于黄册制度、鱼鳞图册等的基础上产生;清代则因清初逃人众多,为了缉捕他们而设保甲连坐之法。二者创设的目的,是希望有利于国家对农民的日常行政管理,又便于核查户口、征收赋税、摊派杂役。而在实际操作中,国家缺乏对保长、甲长必要的支持,使得居位者从一开始就不能正确地处理各项事务,结果便是,"里甲在有些地方,已变成各种杂税的统称了……原来一套里甲制的陈规被打乱"②,制度也就走向其创制初衷的反面了。里甲、保甲制度都和小农经济关系密切,其服务或制约的对象都是最底层的农民,本与官场联系不大。保长、甲长的任职者均与政府设想的样子差别巨大,他们的所作所为虽是个人行为,但在百姓看来代表了政府和国家的意志。百姓对里甲、保甲制度,只能深受其害,敢怒而不敢言,"保甲未行,小民先受无限之苦累"③。逆向淘汰的痕迹在保长、甲长的人选问题上清晰可见,而这种逆淘汰的阴影也会随着各种派役征敛深入人心。对百姓而言,保长、甲长是他们看得见、摸得着的,距离最近的"官";由无赖之流充任"官员",百姓难免心生怨怼,进而对整个统治阶层产生怀疑和不满,这与制度推行的初衷是背道而驰的,也是基层逆淘汰带来的一大危害。

(二) 卖官鬻爵

马克思曾说:"各个小农彼此间只存在地域的联系……他们不能以自己的名义来保护自己的阶级利益……他们不能自己代表自己,一定要别人来代表他们。他们的代表一定要同时是他们的主宰,是高高站在他们上面的权威,是不受限制的政府权力……"④ 因此,占有最广大人口的小农在政治上便只能受官僚的任意支配。以小农经济为基础的社会显然只能是官本位的社会,整个社会的价值取向完全归结于一个人是否当官及其官职的高下。既然官员在社会中占据支配地位,那么千方百计做官便成了一种社会理想。官本位社会中,人们只看重"做官"这一结果,而对如何实现这一结果则是不择手段

---

① 张德美. 清代保甲制度的困境 [J]. 政法论坛, 2010 (6).
② 衔微. 明代的里甲制度 [J]. 历史教学, 1963 (4).
③ 刚毅. 牧令须知: 卷一 [M] //官箴书集成 (三). 合肥: 黄山书社, 1997: 223.
④ 马克思恩格斯选集: 第1卷 [M]. 北京: 人民出版社, 2012: 762-763.

的。卖官鬻爵因此产生，它给拥有经济资源的人提供了置换政治资源、以经济权力转化政治权力的通道——即便这一通道显而易见是非法的、逆向的。如学者所言，"捐纳是封建官本位体制的产物。士民得以赀选入仕，使权力一时成为财富的象征，诱使大量货币集中投向买官鬻爵，出现社会积累投向的误导，抑制了资本主义萌芽的成长。而当这些财富转化为封建权力，则将以更为贪婪残暴的手段去盘剥人民，以激化社会矛盾"①。

鬻爵与卖官稍有一些区别，以下分别述之。

鬻爵。先秦时期即有以财货赎刑的情况存在，此时的赎刑仅可免罪，不能得到额外的好处。汉惠帝时，对这类政策稍加更易："民有罪，得买爵三十级以免死罪。"② 实际是先买爵，然后用爵位免罪。汉文帝时，因抵御匈奴耗费巨大，国家便在晁错的建议之下公开卖爵：

> 民入粟边，六百石爵上造，稍增至四千石为五大夫，万二千石为大庶长，各以多少级数为差。③

国家公开卖爵，虽然暂时解决了边患，但滋生了新的问题，如爵位达到一定等级可以免除徭役，有爵者犯罪后在定罪时可以降级等。因此，西汉政府不得不削减了相关爵位的待遇，这又反过来使得愿意买爵的人变得寥寥无几。

卖官。为了充盈国库，甚至谋取一己私利，公开卖官成了历代屡见不鲜的现象，如《史记》记载：

> 所忠言："世家子弟富人或斗鸡走狗马，弋猎博戏，乱齐民。"乃徵诸犯令，相引数千人，命曰"株送徒"。入财者得补郎，郎选衰矣。④

这些所谓的世家子弟富人没有任何政治才能，而汉武帝时仍以郎官卖之。西汉时，郎官是升任大官的必由阶梯，郎选之衰，也意味着选官腐败的开始。至东汉安帝，随着政治日趋腐败，国库越发空虚，卖官之风再起，据

---

① 鲁子健. 捐纳：清代的卖官鬻爵制度 [J]. 文史杂志，1999（6）.
② 汉书：卷二 [M]. 北京：中华书局，1962：88.
③ 汉书：卷二四 [M]. 北京：中华书局，1962：1134.
④ 史记：卷三十 [M]. 北京：中华书局，2013：1724.

《后汉书·灵帝纪》:"(汉灵帝)初开西邸卖官,自关内侯、虎贲、羽林,入钱各有差,私令左右卖公卿,公千万,卿五百万。"① 皇帝直接将公卿明码标价,甚至有专设的机构场提供卖官服务。当时,不仅无官者买官需要输钱,有官者想更进一步时也必须缴纳足够的货财:

> 灵帝时,开鸿都门榜卖官爵,公卿州郡下至黄绶各有差。其富者则先入钱,贫者到官而后倍输,或因常侍、阿保别自通达。是时,段颎、樊陵、张温等虽有功勤名誉,然皆先输货财而后登公位。②

卖官时自公卿以下分等差售卖。买官者若钱不足,竟能够先行赴任,再行搜刮,然后加倍结清。或有如段颎、樊陵、张温等,虽有功劳、名声傍身,但也需交付资财方可得官。

以上所举诸例,皆是卖官得钱而入公库,然而除此之外,尚有私卖。如羊续虽然得到汉灵帝的青睐,却由于不愿向汉灵帝行"东园礼钱"之贿,而遭到了左驺的白目,并最终触怒了汉灵帝,以致"不登公位"。东汉末年的卖官已基本变成正式的官场规则,不愿或无力进行金钱交易者,即便有三公之才或是得到了皇帝本人的青睐,也不可能继续有所作为。

至晋武帝,私卖已经不加掩饰地公开化了:

> 帝尝南郊,礼毕,喟然问毅曰:"卿以朕方汉何帝也?"对曰:"可方桓、灵。"帝曰:"吾虽德不及古人,犹克己为政。又平吴会,混一天下。方之桓、灵,其已甚乎!"对曰:"桓、灵卖官,钱入官库;陛下卖官,钱入私门。以此言之,殆不如也。"帝大笑曰:"桓灵之世,不闻此言。今有直臣,故不同也。"③

晋武帝的寡廉鲜耻,也许正为我们揭示了卖官现象背后的问题:以帝王皇室为权力轴心的国家主导甚或是体制自觉的逆淘汰。明代以前,捐纳一般作为王朝衰败期的权宜之计出现。清代则直接将捐纳作为科举制度的补充列

---

① 后汉书:卷八[M].北京:中华书局,1962:343.
② 后汉书:卷五十二[M].北京:中华书局,1962:1731.
③ 晋书:卷四十五[M].北京:中华书局,1996:1272.

入正式的取官途径，但对帝国政治而言也无非是饮鸩止渴，道光皇帝自言："我最不放心捐班，他们素不读书，将本求利，廉之一字，诚有难言。"① 皇帝明知买官者毫无才能，且上任后必将横征暴敛鱼肉百姓，却仍然无法放弃这一取官途径，清末学者冯桂芬总结道：

> 捐途多而吏治益坏，吏治坏而世变益亟，世变亟而度支益蹙，度支蹙而捐途益多，是以乱致乱之道。②

可见卖官、捐官已成体制性问题，在帝制之下业已无法解决了。

五、民众观念的转变

官本位社会中，普通人虽然都渴望出仕为官，但在不同的历史阶段，他们对自己的政治期望有着不同的变化，这与外部世界的变化是同步的、统一的。

周人灭商后，天下诸侯大抵是文王、武王的兄弟、后裔。"文王孙子，本支百世，凡周之士，不显亦世"，诸侯世袭罔替，尊荣累世不绝，公卿大夫亦然。尊卑贵贱在宗法社会中深入人心，"小人"承袭着祖辈传下的劳动事业，不敢越樊篱一步。血缘从一开始就决定了每个人的命运，普通人因此深知"肉食者谋之"的道理，也不会有什么政治抱负和幻想了。

春秋至战国的剧变，使得社会风气陡然一新。各国的有志君主，无不在旧贵族之外网罗贤士，变法图强。比如，秦孝公下令："宾客群臣有能出奇计强秦者，吾且尊官，与之分土。"③ 或如"齐威王、宣王用孙子、田忌之徒，而诸侯东面朝齐"④。又如，燕昭王即位后："卑身厚币，以招贤者。"⑤ 荀子更是直言：

> 虽王公士大夫之子孙也，不能属于礼义，则归之庶人。虽庶人之子

---

① 张集馨. 道咸宦海见闻录 [M]. 北京：中华书局，1981：119-120.
② 冯桂芬. 校邠庐抗议 [M]. 上海：上海书店，2002：60.
③ 史记：卷五 [M]. 北京：中华书局，2013：254.
④ 史记：卷七十四 [M]. 北京：中华书局，2013：2833.
⑤ 诸祖耿. 战国策集注汇考：卷二十九 [M]. 南京：凤凰出版社，2008：1552.

孙也，积文学，正身行，能属于礼义，则归之卿相士大夫。①

在这样的背景下，君主凭借逐渐健全的官僚制度直接统治了全体臣民，不必再由贵族横断其中。编户齐民直接受国家统辖，终于有了参与政治活动的机会，不论是依靠武功还是文治，总归看到了更易自己政治地位的希望。由是，人们的政治观念也发生了翻天覆地的革新。

三代之中，商汤之祖殷契为帝舜之股肱，而契母简狄是帝喾次妃；文王之祖后稷被帝尧举用，而后稷之母姜原又是帝喾元妃。夏、商、周的易代，不过是一群贵族取代了另一群贵族的故事，百姓即便受尽折磨，也只是徒发"时日曷丧？吾与汝偕亡"的牢骚。然而，秦末，楚之旧族项羽看到秦始皇出游，对项梁说："彼可取而代也。"② 亭长刘邦窥见始皇，长叹："大丈夫当如此也！"③ 而地位卑贱的陈胜，更是在大泽乡喊出了"王侯将相宁有种乎！"④的口号。这些事例都足以证明，人们的政治观念完全不同了，"要当王侯将相不一定靠祖传，像陈胜这样当'佣耕'的人，由于天命神灵的安排，也可以为王"⑤。

汉初"布衣将相"的政治格局便完全符合我们上面的认知，也更坚定了普通人通过各种渠道致仕任官的信念。前文我们提到过西汉时出现的各种输粟、输钱买官鬻爵的现象，其实此种现象正因观念改变在先才得以出现，试以二例说之。春秋时，商人虽可致富，却无法预政。郑国的子产曾说：

> 昔我先君桓公，与商人皆出自周。庸次比耦，以艾杀此地，斩之蓬蒿藜藋，而共处之。世有盟誓，以相信也，曰："尔无我叛，我无强贾，毋或匄夺。尔有利市宝贿，我勿与知。"恃此质誓，故能相保，以至于今。⑥

---

① 王先谦.荀子集解：卷五［M］.沈啸寰，王星贤，点校.北京：中华书局，1988：148-149.
② 史记：卷七［M］.北京：中华书局，2013：376.
③ 史记：卷八［M］.北京：中华书局，2013：434.
④ 史记：卷四十八［M］.北京：中华书局，2013：2354.
⑤ 晁福林.关于"王侯将相宁有种乎"［J］.历史研究，1978（5）.
⑥ 春秋左传正义：卷四十七［M］//十三经注疏.台北：艺文印书馆，2007：828.

郑国商人与郑桓公同出于周，共同筚路蓝缕创建郑国祖业，其所得到的，却不过是国君与之两不相干的盟誓，无法获得任何政治地位以稳固其产业。晋国的叔向大抵有相类的认识，他说：

> 夫绛之富商，韦藩木楗以过于朝，唯其功庸少也，而能金玉其车，文错其服，能行诸侯之贿，而无寻尺之禄，无大绩于民故也。① （《国语·晋语八》）

国都的富商明明有钱到可以用金玉装饰自己的车子，而现实中却只能乘坐简陋的木车，那是因为他们"功庸少""无大绩"。然而"功庸少""无大绩"究竟是商人的本愿，还是贵族的抑制呢？原因其实是很分明的。春秋时期，商人的财富无法帮助他们取得相称的社会地位。而随着社会观念的转变，商人的财富可以在政治领域变现了，最著名的例子莫过于吕不韦以五百金资助子楚，最终得任秦之相国的故事。此后历代，商人买官便不绝如缕。政治资源和经济资源互相发掘、互相利用，它们的结合成为官商勾结乃至官商一体的渊薮。

士族政治时期，民众的政治观念又随之发生相应的变化，并在求官途径上有所反映。东晋南朝，皇权衰弱，士族门阀政治位居主流，士族子弟凭借其出身便可摄居高位。这一点已在上文谈到，此处兹举二例："（王）僧达自负才地，谓当时莫及。上初践阼，即居端右，一二年间，便望宰相。"② 又："（王）融躁于名利，自恃人地，三十内望为公辅。"③ 王僧达、王融皆出自琅琊王氏，都认为自己将在年少时致位公卿宰相，这种底气正是来自他们的家族背景。

东晋以后，士族为了标榜自己"高贵"的血统、强调士庶之别，十分流行修著家谱。到后来，政府选举人才都要首先参考备选者的家谱，以确定其是否具有入仕资格。诚如唐人柳芳所言："有司选举，必稽谱籍，而考其真伪。故官有世胄，谱有世官，贾氏、王氏谱学出焉。由是有谱局，令史职皆具。"④

---

① 徐元诰. 国语集解［M］. 王树民，沈长云，点校. 北京：中华书局，2002：436.
② 宋书：卷七五［M］. 北京：中华书局，1974：1952.
③ 南史：卷二一［M］. 北京：中华书局，1975：576.
④ 新唐书：卷一百九十九［M］. 北京：中华书局，1975：5677.

政府既然将家世视为为官的先决条件,那么伪造家谱的情况就自然而然地出现了。南朝齐时,贾弼之家传谱学,其孙贾渊自幼习学,并参与撰订《百家谱》。"建武初,渊迁长水校尉。荒伧人王泰宝买袭琅邪谱,尚书令王晏以启高宗,渊坐被求,当极法,子栖长谢罪,稽颡流血,朝廷哀之,免渊罪。"① "伧人"为当时南朝人对北人的蔑称,王泰宝虽与琅琊王氏同姓,但身份地位,故贿赂贾渊,希望能将自己改为与琅琊王氏同宗。这件在现代人看来不大的事情败露之后,贾渊竟"当极法",可见当时社会对谱学的重视。

而至南朝梁时,沈约上书称:

> 凡粗有衣食者,莫不互相因依,竞行奸货,落除卑注,更书新籍,通官荣爵,随意高下。以新换故,不过用一万许钱,昨日卑微,今日仕伍。凡此奸巧,并出愚下,不辨年号,不识官阶……巧伪既多,并称人士,百役不及,高卧私门,致命公私阙乏,是事不举。②

据沈约所言,自晋以来,由于日久破损、兵燹之祸(如苏峻之乱)、主官失察等种种原因,版籍谱牒多有缺失。另外,想要为官的人需要士族身份入仕,普通百姓需要士族身份免役,花钱改籍的人便越来越多了,亦即:"姓系之学兴盛的弊端导致伪造谱牒现象出现。"③ 可以认为,正是唯门第是举这种逆向淘汰的选官方式,导致了社会风气和民众观念的转变,从而诱发了更大规模的舞弊和贪腐——在更大范围内发生逆向淘汰。

本节试从古代历史中探寻逆淘汰存续至今的结构性根源,并获得了一些线索。官场逆淘汰在官僚制度成熟之前就已出现。西周推行世卿世禄制,以血缘和宗法为标准选取贵族的子嗣(尤其是大宗宗子)任官,并允许官、爵世袭。制度之外,出现了通过才干或功劳升迁的例子;也有周天子直接指定诸侯继承人的情况出现。东周时期,官僚政治逐渐取代贵族政治,对于官僚的选拔、考核及监察体系也开始形成。与之相应地,违反规则的情况也次第发生了,并一直延续到帝制时期的终结。

---

① 南齐书:卷五二 [M].北京:中华书局,1972:907.
② 杜佑撰,王文锦,等.通典:卷三 [M].北京:中华书局,1988:59-60.
③ 李传印.南朝的谱学与政治 [J].史学理论研究,2003(2).

秦汉以来，中央集权的官僚政治体系日趋完备，小农经济逐渐成为主要经济类型，二者分别"自上而下""自下而上"地发挥着影响，并塑造出了官本位的古代中国社会。在这一社会中，出仕做官几乎可说是实现个人价值的唯一途径，这就使出仕途径变得格外重要。帝制时期，一方面，国家设计了诸多政策，将选官标准制度化，力求减少舞弊的可能；另一方面，上级官员往往拥有超越制度的人事权力——皇帝更是拥有着绝对权力。此二者都在很大程度上导致官场逆淘汰现象的发生。

专制皇权对官场逆淘汰的影响最大，具体说来可分为三个部分进行阐释。

第一，皇帝在人事任命上往往可以"断自圣心"，超越既有的选官规则。而当皇帝"断自圣心"时，一般并不首先考察对象的才干，而是另有三个选择标准。一是强调官员的依附性，出身寒微的官员便于控制，能够起到强化皇权的作用。二是强调官员的政治忠诚度，此处的"忠诚"，更着重忠诚于皇帝个人，而非国家或政府。三是强调皇帝的个人喜好和需求，官员想要得到提拔，最简单的方法莫过于邀宠争媚，投上所好。

第二，外戚和宦官干政。从形式上看，外戚和宦官干政的主体不同；但从实质上看，二者均属"皇权的旁落"。皇权的旁落不同于衰落，只是最高权力暂时由皇帝之手转移到了外戚或宦官手中。外戚、宦官惧怕失去这一权力，便会不择手段地罗织党羽，扩大自己的政治势力。在这一过程中，只有愿意投效于外戚、宦官的官员才能得到升迁，而任何异己都会被残酷地消灭。因此，每当外戚、宦官秉政之时，官场逆淘汰必然是十分猖獗的。

中国历朝历代都设计了复杂的选官制度，以求能够做到选贤任能，维持国家统治和社会稳定。但无一例外的，这些制度本身便具有重大的缺陷：无论是汉代的任子、察举制，魏晋的九品中正制，还是唐宋的门荫、纳资，首先仍要维护统治阶级在入仕上的特权，其次才是在小范围内择优择贤。这种不平等性在异族政权里体现得淋漓尽致。因此，选官制度本身就是为了维护"不公平"而存在的，它天然地带有逆淘汰的属性。

小农经济加剧了官本位观念对人们的心理支配，也使官场逆淘汰在潜意识里得到了"自上而下"的认可。社会最基层的保长、甲长常常只能由无赖地痞充任，而政府又对其听之任之，使得百姓长期处在对整个统治阶层的怀疑和不满之中。而在中央，政府或皇帝把握住了人们对于做官的渴望心态，借助各种理由公开卖官鬻爵，形成了一种近乎自觉的逆淘汰。

民众观念的改变也在潜移默化中助长了逆淘汰现象的发生。先秦时期，贵族与平民身份有云泥之别，平民的政治地位不因经济情况的好转而改变。秦汉以后，随着官僚制度的完备，平民也产生了新的政治期望：当中央卖官鬻爵时，平民便可以用经济资源置换政治资源；当门阀士族当权时，平民便试图更易族谱谋求更高的政治地位；当旧的秩序轰然坍塌时，平民甚至敢于觊觎最高的权力。

最后，基于对中国古代史的回溯可以看出，长时段历史变迁中的"逆淘汰"是一个需要动态理解的概念：当周天子突破宗法框架任用贤能之时，"任贤"相对于世卿世禄的规则反而是逆淘汰——即便选出的确实是最优秀的人才。需要注意的是，我们是以当代中国的视角定义何为正向淘汰、何为逆向淘汰的，这套准则也许并不适用于古代中国。或者对于古代的帝王而言，我们所谓逆淘汰出身的官员反而才是他们心中合适的人选。这就引出一个需要解答的根本性问题，即逆淘汰究竟是以何为标准、由谁来评断？在当代中国，判断逆淘汰的标准实际上是明确的，因为党和国家已经确定了选人、用人的正确导向，对干部的选任是要符合组织关于特定岗位职务的德、能、勤、绩、廉要求的，选人、用人是为党和国家选、为坚持发展中国特色社会主义事业选、为最广大人民选，这与古代帝制中国有着根本的不同。但从这样一个存在相斥关系的选人目的来看，却恰恰为理解当代中国干部逆淘汰的发生提供了思路，即以"权力共谋"为本质的逆淘汰是以公谋私的结果。

综上所述，专制皇权、选官制度、小农经济、民众观念都在不同程度上影响着——实际是怂恿着、放任着——官场逆淘汰现象在古代中国的发生，又再以一种结构性的历史根源从这些脉络中延伸到当代中国。因此，尽管当代中国在政治权力关系格局、组织人事制度、经济形态和民众观念方面都发生了翻天覆地的变化，但可以看出，逆淘汰的生成逻辑是极为相似的——都在四大方面体现出权力失范、制度不足、经济影响和观念承袭。其中，尤以权力失范和观念承袭问题的结构性影响为最，值得在后续研究中予以重点关注。

第三节　干部逆淘汰的实践类型论：关于场景化认知的分析

基于绪论部分的文献回顾可知，国内与干部逆淘汰相关联的学术研究成果是比较匮乏的，并且大部分文献还处于准学术层面，其以描述、政宣、表态外加一些政策建议为主要特征，因而可供参考的有价值的文献着实不多。仅从对逆淘汰现象的描述来看，既有文献多采用"接地气"的、易于让受众"秒懂"的民间俗语。

《炎黄春秋》杂志前任总编辑吴思在其著名的《潜规则——中国历史中的真实游戏》中，讲了朱元璋的"新官堕落定律"和晏子治东阿的"晏氏转型"两则故事，其与逆淘汰虽不完全一致，但也有紧密关联，同样以鲜活的叙述呈现着"劣币驱逐良币"的内在指向。

再如，近些年来最具社会影响力和传播力的是《人民论坛》刊发的系列官场逆淘汰主题文章，几乎所有关于官场逆淘汰的网络文章或自媒体公众号推文内容都转发自这组系列文章，尤其是前文已经引述的"六大怪象"，可谓深入社会大众视野。此外，与"六大怪象"的概括路径类似，有文献提出了基层人才逆淘汰现象的"四大类型"——干多者被干少者淘汰、实干者被作秀者淘汰、守规者被违规者淘汰、高效者被低效者淘汰①，还有文献直接指出"善于溜须拍马、跑官行贿者升迁进步，并与受贿官员结成紧密的利益共同体；不走此途者不仅无缘进步，且会遭受排挤打击，甚至会被撤职"②。

不可否认，上述文献对逆淘汰现象的描述是惹人注目的，而且大都可以在不需要任何论证的情况下就与受众之间形成一种心照不宣的默契，甚至还有可能获得受众的肯定性回应，但这并非现象概括得以成功的最终证明，充其量只能说明这些描述的确反映了相关事实、迎合了大众的惯性认知。而所谓"惯性认知"，是指建基于社会广义经验上的，往往无须进一步确证或是无须严格论证，就能较易被大多数民众接受的朴素认识论；换言之，这种社会广义经验不一定是受众的亲身经历，也可以是通过阅读书籍、论文、小说或观看电视、电影等方式获得，甚至还可以是道听途说、人云亦云。因此，惯性认知是复杂的，它包含着真理、谬误和一些灰色知识，具有实在论意义上的不确定性以及认识论意义上的不稳定性。

显然，学术上的现象分析不能跳过社会惯性认知层面，但也不能仅停留在这个层面上，而应强调运用分类分层思维来认识现象，以结构性的分析路径来透视现象。本研究关于干部逆淘汰的实在论分析以干部选任及其所处社

---

① 赵晓毅，张鹏辉，宋朝峰. 基层人才逆淘汰现象与消除方略 [J]. 领导科学，2021 (3).
② 沈小平. 解读"逆淘汰"现象 [J]. 领导科学，2006 (2).

会现实为基本背景,主张跳出就现象分析现象的传统路径,而采用场景化的分析路径以探讨社会观念以及社会—政治过程中的干部逆淘汰。相比较来看,前一种场景化后的现象认知更蕴含着方法论意识,后一种场景化分析更蕴含认识论意识。

一、社会观念中的干部逆淘汰

社会观念中的干部逆淘汰,也可称为"干部逆淘汰的观念类型"。从学术研究的角度来看,做出此类划分主要是为了强调两层类型意涵。

第一层,事实的而非可操作的。干部逆淘汰的观念类型涵盖了社会广义经验中真实存在的逆淘汰现象,它们既呈现于中央和地方纪检监察机关公布的审查调查通报和警钟案例解析中,也散落在各类正式或非正式的历史记载、官场逸闻以及坊间流言里。但这种来自社会广义经验的现象认定基本不具备实践操作性,即它们都只是听闻到的事实而非体验的真实,受众难以凭其准确判断自己或他人正在经历的过程是否涉及逆淘汰,多半处于一种心领神会的主观认知状态,并表现出一种与外界之间心照不宣式的迎合及安抚。第二层,观念的而非可验证的。显然,基于社会广义经验的干部逆淘汰认知是一种典型的观念认知,其与外界产生的任何共识都是一种缺乏真实体验的浅层共识,即无论是受众个体还是大多数的外界群体,实际上都无法在即时政治过程中验证这些听起来毫不陌生的现象。

基于上述两层意涵,便不难发现,本节开篇述及的几乎所有现象概括都逃不出干部逆淘汰的观念类型这个范畴,特别是在当代中国社会能够轻易实现概念社会化的"六大怪象""四大类型"等概括:一方面,它们确实呈现了逆淘汰的事实;另一方面,它们又确实在经验生活和学术研究中缺乏可操作性与可验证性。越是严肃的学术研究,越能发现这种矛盾关系,因为学术研究需要剖析现象背后的机制问题,需要具备可验证性。若跳出现象和概念来看,这种矛盾关系并不完全受制于理论工作者的知识构建能力,而是与干部逆淘汰问题的本质属性有着密切关联,由于干部逆淘汰的本质结构是组织权力主导下的"权力共谋"这类特定的权力互动关系存在,就算逆淘汰本身算不上一个隐问题,但权力互动关系的确是藏在"黑箱"中,存在着高度的信息不对称性。因此,过分强调超越于社会广义经验的真实体验,本身就是异想天开的。从这个意义上讲,便能够解释为什么干部逆淘汰的观念类型能轻易实现社会化并在舆论场上占得较多社会注意力。

上述分析的目的不在于否定干部逆淘汰之观念类型的现实解释力，因为恰恰因为有了"六大怪象""四大类型"这种易于传播的现象概括，才吸引了广大社会群众乃至党政领导干部对干部逆淘汰问题的注意力，这对于深化学术研究而言具有前置性意义。上述分析的真正目的在于，通过两层次意涵分析可说明：在常态化的生活场景中，或许很多在我们观念中已经被斩钉截铁认定的逆淘汰，恰恰是一种主观臆想；又或许我们会用"六大怪象""四大类型"等去硬套自身或他人的某些正在经历的过程，而事实却可能与我们的观念认知背道而驰。笔者认为，这种意识的建立对于逆淘汰研究至关重要，尤其当深入社会过程和政治过程分析时，这种意识能够帮助研究者去发现更多可能性，以促使其机制分析能够与更广阔的社会或政治现实建立关联。

二、社会—政治过程中的干部逆淘汰

社会—政治过程中的干部逆淘汰，是干部逆淘汰之观念类型在实践场景中的真实过程形态。作为一种理论性表述，它不再是文本和受众观念中抽象的逆淘汰想象，而是实实在在运作的逆淘汰机制。由此，现象分析就必然关联到机制问题，而原本停留在实在论层面的现象分析则要转入因果论层面的机制分析。

在干部逆淘汰的社会—政治过程场景中，其实在论意涵相较于社会观念场景要更具多样性。如前文所论，由于干部逆淘汰的社会观念类型具有"事实的而非可操作"的特征，因此当进入社会—政治过程的实践场景后，便可能出现社会广义经验失灵。若细加分析就会发现，这种单方面的叙述至少隐藏了三种可能事实，一是与受访者的社会广义经验吻合——确实存在逆淘汰；二是与受访者社会广义经验有出入——确实存在受访者提及的情况，但整个选任过程不存在任何规范性问题且被提拔者也确实更符合组织要求；三是超出受访者社会广义经验——受访者只是臆想、组织掌握的信息远超出受访者、被提拔者是组织的最佳人选。尽管这里仅为简化假设，但它反映出在信息不对称、视野格局差距等原因影响下，有许多事实可能被掩盖了，这对于研究者辩证认识社会—政治过程中的干部逆淘汰是至关重要的。

在从实在论分析向因果论分析转换的过程中，需以案例分析为中介，但又要超越案例本身，进而发现潜藏在现象背后的机制。这意味着要将现象概

括与现实案例相连接,并尽可能呈现更多的逆淘汰过程细节。论述至此,一个新的矛盾又产生了:既然逆淘汰更多的是一个信息不对称的过程,那么想要对案例过程细节进行全掌握就会成为一项巨大的挑战,当然,这种挑战并不罕见,它在比较政治研究中几乎随处可寻。因此,本研究在方法论意义上不会过分强调全面掌握案例过程细节,也不会将坊间传闻列为案例分析对象,而是选择来自官方媒体的公开资料,比如由中央纪委监委网站发布的案例集、中央媒体发行的纪录片等。

在社会—政治过程中的干部逆淘汰现象背后,存在着一套社会机制和一套政治机制,两套机制有机联合便形成了干部逆淘汰机制,它恰好支撑着完整的组织权力主导下的"权力共谋"过程。通常情况下,人们会把干部逆淘汰视为一种政治现象,聚焦于干部选任的组织内过程上,而忽视了其早在社会层面就已开始生发的事实。就其社会机制而言,表现为作为某种文化风俗习惯的"关系主义"浸入科层体制、与政治—行政权力关系交织在一起形成了中介机制,这套机制支撑着从下级权力影响到上级权力失范的过程。就其政治机制而言,表现为结构性的科层失灵经由"关系"裹挟的中间过程而导致干部逆淘汰。有关此机制的具体分析将在下一节组织社会论中详细呈现。

第四节 干部逆淘汰的组织社会论:关于生成运作机制的分析[①]

本节着重对当代中国干部逆淘汰的生成与运作机制进行组织社会学分析。作为一种组织现象,干部逆淘汰的生成与运作是在一定的组织制度环境与社会传袭要素的交互影响下实现的,因而本节将主要从科层制度、"关系"主义的角度剖析干部逆淘汰的生成运作机制。

一、形成于正式制度过程中的非预期行为和结果

作为一种组织现象,干部逆淘汰在当代中国政治环境中的存续与运行直接与组织社会学意义上的制度逻辑相关,因为"重复再现的组织现象是建筑

[①] 本节在笔者已发表论文《"关系"裹挟、科层失灵与官场逆淘汰》(载《理论探讨》2017年第3期)基础上修改拓展而成。

在稳定持续的组织制度基础之上和相应的组织环境之中的"①。于是，我们必须追问，支撑干部逆淘汰最重要的组织制度基础——科层制（Bureaucracy，也称"官僚制"）究竟怎么了？这种马克斯·韦伯（Max Weber）意义上的原意是以法理型权威为基础的组织模式怎么就"失灵"了？明明有正确积极的选人用人制度体系，为什么反倒会被"潜规则"侵蚀？

从组织社会学出发，可以在这层意义上提出一个统摄本节论述的中心命题：

在当代中国的党政体制中，一些机关内伴随选人用人过程而发生的逆淘汰已经成为"正常"现象，甚至一些生成逆淘汰的潜规则行为已然演化为"寄生于正式制度的非正式行为"。无论干部逆淘汰现象有多复杂，它都是组织环境的产物，在受到特定历史传统的路径依赖影响之外，还存在一以贯之的制度逻辑。

这里需要指明两点。第一，所谓"正常"现象，强调人们对此"见怪不怪"，即无论当局者还是旁观者（假设信息对称），或许都清楚这种现象并非法理意义上的组织原初意图，但迫于整个组织生态而不得不接受。第二，所谓"寄生于正式制度的非正式行为"，一方面指出生成逆淘汰的潜规则并没有取代正式选人用人制度的法理地位；但另一方面又强调这种潜规则行为是以正式的选人用人制度为基础并附着于其制度过程中的，它能够凭借正式的制度化机制而稳定存在、持续作用和重复再生，因此带有一定的"准制度化"意味，同时也具有明确的"非预期性"。

二、"科层失灵"——干部逆淘汰形成的组织结构变量

当谈论起科层制（官僚制）时，人们总是会不自觉地将它与官僚政治、官僚主义等联系在一起。作为一种组织模式及组织过程，官僚制与官僚政治应该是中性的，但不少研究往往倾向于将其与伴随组织行为发生的官僚主义画等号。比如，英国政治学者拉斯基（Harold Joseph Laski）曾在《社会科学大辞书》中将"官僚政治"界定为："官僚政治一语，通常是应用在政府权力全把握于官僚手中，官僚有权侵夺普通公民自由的那种政治制度上。那种政治制度的性质，惯把行政当作例行故事处理，谈不到机动；遇事拖延不决，

---

① 周雪光. 基层政府间的"共谋现象"：一个政府行为的制度逻辑 [J]. 社会学研究，2008（6）.

不重实验。在极端场合，官僚且会变成世袭阶级，把一切政治措施，作为自己图谋利益的勾当。"① 德国经济社会史学者施莫勒（Gustav von Schmoller）提出，官僚制是由正规行政过程中的病态性偏失构成的，因此必须时时对其保持警惕，保证官员高素质，防止发生危险。② 这些学者结合经验事实，更多地发现了这种组织模式在运行过程中产生的异化状态。

与上述观点不同，有学者主张从"价值中立"的角度看待官僚制，把它还原到组织机制和运行过程层面进行研究。意大利精英政治理论家莫斯卡（Gaetano Mosca）和米歇尔斯（Robert Michels）则在其经典研究中采用"中性"的"官僚制"概念，这对韦伯著名的官僚制研究产生了重要影响。以中性化的"官僚制"概念为基础，韦伯首先从组织学意义上提出理论，"将官僚制作为一个特定的组织形态，着重讨论了官僚组织等级有序、规章制度为本、即事主义等鲜明特点，以及组织成员即官员的教育、专业化训练、在组织中的职业生涯，还包括由此产生的循规行为和文牍主义现象"③。实际上，韦伯构建的以专业化、等级化、规范化、法理化、技术化和非人格化等特征为基础的官僚体制更像是一种理想类型（ideal type），因此印度政治学与公共行政学者阿罗拉（Ramesh K. Arora）明确指出韦伯提出的官僚制就像乌托邦，"在现实中的任何地方凭经验都找不到"④。尽管韦伯更强调官僚制的理性和效率力量，但他仍然提出了官僚制可能存在的弊端，即由于行政与政治在政治实践中难以真正分离，所以官僚和政治领导人之间的权力关系可能会消解甚至异化官僚制功能。

基于对西方官僚制经典理论脉络的简要回顾，有两大问题需特别说明。第一，明确定位干部逆淘汰在官僚制理论中所处的层次问题。国内著名官僚政治研究学者王亚南曾对官僚政治做了两个层次的划分：一层是包括打官腔、推诿责任、拍马屁、搞裙带主义等官场流弊在内的技术层面；另一层是强调把官僚制当作一种工具延伸到社会进行利益掠夺的"社会性官僚主义政治"⑤。如果将王亚南关于官僚政治的层次划分转化为当代中国政治话语，即

---

① 王亚南. 中国官僚政治研究［M］. 北京：商务印书馆，2010：6-7.
② 马丁·阿尔布罗. 官僚制［M］. 阎步克，译. 北京：知识出版社，1990：41-42.
③ 周雪光. 国家治理逻辑与中国官僚体制：一个韦伯理论视角［J］. 开放时代，2013（3）.
④ ARORA R K. Comparative Public Administration（An Ecological Perspective）［M］. New Delhi：Associated Publishing House，1972：51.
⑤ 王亚南. 中国官僚政治研究［M］. 北京：商务印书馆，2010：7.

为政治行为层和政治生态层,二者不仅紧密相关且可能在一定条件下互为因果,但仍旧可以分开独立研究。基于此,本节着力对干部逆淘汰进行技术层面考察,旨在聚焦该现象发生的组织环境和制度逻辑,即在定位好"支撑政府选人用人过程的科层机制"(自变量)的基础上,找出影响其功能发挥的中间变量及机制,进而分析干部逆淘汰(因变量)发生的关系链条。第二,关于西方官僚制理论贡献及其在本研究中的适用性问题。尽管中西方在文化社会等方面存在较大差异,但全球化、信息化发展到今天,中西方国家在现代组织模式方面已有充分的经验交流和相互借鉴。因此,笔者认为,中西方国家的科层制几乎具有相同的结构意义,即组织在实现专业化、等级化、规范化、法理化、技术化和非人格化等特征的制度愿景和实际努力上是差异不大的。于是,韦伯科层制理论中的结构化分析可以选择性地适用于本研究。此外,韦伯科层制突出指向行政机关,这与本研究中的科层制使用范围有一定出入。本研究采用大政府概念,并同时认为科层制作为一种现代组织模式,无论它是否完全实现"理性化",都可以"存在于一切现代组织之中,包括政党、政府、企业、工会、社会团体等"①,甚至是扩散到立法与司法权力的运作中②,因而无须限定在行政机关,且这样更适用于本研究。

在韦伯看来,科层制中出现循规主义、文牍主义等问题而不能发挥其应有功能主要是因为理性精神的缺乏,国内也有不少学者基于这个路径认为当代中国的科层体制其实并不符合韦伯意义上的经典科层制界定,它不能确保技术理性的独立性,即在政治与技术发生冲突时必须保证"政治至高性"③,是建立在"结构科层化与功能科层化相互背离基础上的政治科层制"。按照这一逻辑,不断强化科层制并使其无限趋近工具理性就是为了破除那种"依历史沉积、因循守旧而形成的旧式官僚作风、官场规则、官场斗争等隐性或显性的政治行为,包括一整套腐败的经验、文牍主义的风格、裙带主义的用人办法、任人唯亲的办事规则等等官僚陋习"④。然而,事实并非如此简单线

---

① 祝灵君.从"打破"官僚制到超越官僚制:当代中国执政党建设的另一种逻辑分析[J].马克思主义与现实,2010(5).
② 马剑银.现代法治、科层官僚制与"理性牢笼":从韦伯的社会理论之法出发[J].清华法学,2008(2).
③ 竺乾威.现代官僚制的重构:中国干部制度改革的回顾与展望[J].江苏行政学院学报,2011(6).
④ 祝灵君.从"打破"官僚制到超越官僚制:当代中国执政党建设的另一种逻辑分析[J].马克思主义与现实,2010(5).

性，问题的关键不在于特定时空条件下的科层制已实现了多大程度的工具理性，而在于为什么旨在实现工具理性的制度机制不能完全被激活，或是何以具备工具理性的制度机制会被"束之高阁"甚至侵蚀消解。从组织行为的视角观察，中国国家治理中有这样一种行为机制存在，即它往往以科层制的组织、制度、机制及资源为基础依托，"但相比于科层制的常规化、正式化、制度化的理性色彩，这些机制表现出非常规化、非正式化、非制度化的反科层色彩"，有学者从"中性"意义上将其称为"反科层治理"，并认为它是"科层治理机制的补充，以短期内解决各种例外出现的社会问题、达成政策意图为主要目标"①。"反科层治理"强调的依托科层制组织基础进行"反科层"行为符合本节中心命题中关于"生成官场逆淘汰的潜规则行为是'寄生于正式制度的非正式行为'"这一判断，但本书更强调这一行为的负面色彩及危害性影响，因而用"科层失灵"来加以概括。

结合本节研究语境，科层失灵具体指向原用于支撑政府内部选人用人科学化的关键机制被虚置、扭曲甚或侵蚀的组织状态。在形成官场逆淘汰的组织实践中，主要存在系统性的四大机制障碍，即"命令机制不统""考评机制不实""激励机制不正""监督问责机制不强"。基于有着特殊党政关系的中国组织实践，简要对这四大机制障碍进行如下阐释。

第一，"命令机制不统"，强调党政体制内下级对上级通过的政策指令不能统一严格地贯彻执行或置若罔闻、另搞一套。当然，由于中央与地方、上级与下级往往面临的具体情况不同，难免会存在"政策一统性与执行灵活性之间的悖论"②，但就选人用人问题中一些大的原则问题而言，争议其实并不大。比如，党和政府在有关选人用人的政策法规中一向强调"政治立场坚定""任人唯贤""德才兼备"原则，但各级党政部门仍然选拔出为数不少的"带病官员"，甚至个别位高权重的领导干部公然违背上级制定的选人用人标准，买官卖官、任人唯亲，建立权力网络、地方派系等。

第二，"考评机制不实"，强调用多重标准评价人才，不能如实、不愿如实甚或扭曲反映人才的实际状况。在中国官场上，有些地方在评价人才时流行"三行"，即"你能行"不如"有人说你行"，"有人说你行"又不如"说

---

① 李有学. 反科层治理：机制、效用及其演变 [J]. 河南大学学报（社会科学版），2014（1）.
② 周雪光. 国家治理逻辑与中国官僚体制：一个韦伯理论视角 [J]. 开放时代，2013（3）.

你行的人行"。这一条看似有些无厘头的段子,实际上反映了官场上的"站队"问题,"你是谁的人"中的"谁"的地位高低、权力大小往往决定了"你"是不是人才、能不能升迁。

第三,"激励机制不正",强调不少人不得不放弃文件意义上的激励条款而追求被"不实评价"异化了的畸形激励。于是官场开始越发频繁地出现"唯上不唯下"的霸道官员、"唯名不唯实"的政绩官员和"会吹不会做"的草包官员等。

第四,"监督问责机制不强",强调在选人用人的整个过程中,被政策法规赋予权力的监督者无法发现、不愿发现问题或发现了不敢纠正问题。在中国的组织实践中,如何实现有效的监督和问责一直是个"老大难"问题,其中自是少不了制度不健全问题,但更常见的是组织中的"老好人""难为情""无能为力"现象。前两者不言自明,而"无能为力"既包括监督者主观上的不愿、不敢对主要负责人进行制止批评问责,也包括客观上的确实无法撼动主管领导权力,如果说"不愿"或"不敢"还停留在能力不足、担当不够层面的话,那么"确实无法撼动"则在一定意义上反映了特定的权力结构和权力依附关系。

对此,可在中心命题基础上另提一个基本命题:

在当代中国官场,以四大系统性机制障碍为主要表现的科层失灵成为一些地方生成选人用人逆淘汰的组织基础和制度逻辑;科层失灵愈是严重,带有"准制度化"意味的潜规则就愈可能朝向"制度化"方向发展,并逐渐恶化逆淘汰在结果意义上的官场生态。

三、"关系"裹挟——从科层失灵到干部逆淘汰的中介机制

如果假设任何组织在进行制度设计时都基本追求"涵盖利益"(encompassing interest),那么科层失灵就可能是由各种"理性"制度设计导致的"非预期结果"(unintended consequences)。因此,以四大系统性机制障碍为主要表现的科层失灵并不能简单归咎于结构性的制度设计问题,还应充分剖析其机制异变在制度过程中是如何酿造出来的。本书认为,正是"'关系'裹挟"这一中介机制催生了科层失灵并最终导致干部逆淘汰。

论及"关系",可能几乎每个中国人在社会生活中都有切身体会或至少是耳熟能详。长期以来,关于中国社会关系的研究不在少数,其中最经典的莫

过于费孝通先生的《乡土中国》。他曾将中国的社会关系概括为"差序格局",即"好像是一块石头丢在水面上所发生的一圈圈推出去的波纹。每个人都是他社会影响所推出去的圈子的中心,被圈子的波纹所推及的就发生联系"①。不过费老提出的"差序格局"主要以围绕血缘、地缘形成的人情为基石,而时代的变迁特别是改革开放以来中国经济飞速发展带来的整体性社会变迁,使得利益因素逐渐开始在中国的社会关系中强势地发挥出基石性作用。对此,20 世纪 90 年代初有学者在费孝通和黄光国关于"人情与面子模式"②研究的启发下提出了"工具性差序格局"概念,并从五个方面加以解释:①社会关系是围绕个人建立的自我中心式模式;②人们建立关系的首要目标是有利可图,因而包含亲属和非亲属;③由中心到边缘,格局中成员的工具性价值逐级递减;④格局中心成员要时刻保持并强化与其他成员的亲密关系,特别是那些能产生较大工具性价值的关系;⑤与中心成员关系越紧密,就越被拉拢来实现其功利目标③。直至 2009 年,翟学伟再论"差序格局"理论时提出,该理论最重要贡献之一在于打破了西方社会学对群体采用的"内"与"外"这种二元对立式划分,它让我们看到个体完全可以共存于若干"关系"网络中,也看到个体在多种"关系"中的游离与自定义状态,这意味着分辨各个群体与自己之间的关系远近比划定内外界限更重要;同时,他还指出"关系"研究应该进一步挖掘差序格局理论中潜伏的关于"关系网络与个人在社会上升过程中的互动支持作用"这一动态视角与动力理论④。实际上,早在 10 多年前,翟学伟就点到了这一方法进路的缺乏,他认为当时的"关系"研究较少关注具体"关系"的建立和现实情境中的"关系"运作状况⑤。而时至今日,国内学界对西方社会资本理论、中国社会"关系"、人情、社会信任等跟踪比较研究已有长足发展。

将关系社会学研究中的知识论和方法论引入干部逆淘汰研究是极具意义的。尽管学界已有许多关于中国政府官员晋升的宏观研究,但从中微观层面

---

① 费孝通. 乡土中国 [M]. 北京: 北京大学出版社, 1998: 23.
② 黄光国. 人情与面子: 中国人的权力游戏 [M]. 北京: 中国人民大学出版社, 2010.
③ 李沛良. 论中国式社会学研究的关联概念与命题 [M] //北京大学社会学与人类学所. 东亚社会研究. 北京: 北京大学出版社, 1993: 71. 转引自欧阳静. "关系"如何、缘何影响基层官员晋升 [J]. 甘肃行政学院学报, 2012 (1).
④ 翟学伟. 再论"差序格局"的贡献、局限于理论遗产 [J]. 中国社会科学, 2009 (3).
⑤ 翟学伟. 人情、面子与权力的再生产 [M]. 北京: 北京大学出版社, 2005: 92.

进行"关系"与选人用人结果之间相互作用的过程性研究还存在较大的探索空间。边燕杰将中国关系主义现象的本质特征归结为伦理本位、关系导向的，中国社会个体和集体的利益根植于个体与个体、个体与集体、集体与集体的关系中，因此其边界是动态的；这就引导人们通过建构熟、亲、信的行为规则和模式去获取利益。① 既然众多学者和社会民众都基本能够认同中国社会的确存在广泛的关系主义，那么宽泛社会场域中的"关系"导向是如何整体性地进入强调"理性"的现代科层组织中的？按照关系主义的逻辑，社会中的任何个体都"嵌入于真实的、正在运作的社会关系系统之中"②，"因此，对正在运作的社会关系特征的认识，就成为理解现实生活中各类行为与制度运作的前提和基础"③。这就意味着，人们会将已有的"关系"认知本能地带入科层组织，并路径依赖式地以此来理解科层制内部的人际关系运作，而基于关系主义"认知加工"做出的行为往往会对科层制的"非人格化"设计产生消解作用，其最直接表现就是支撑选人用人科学化的四大机制被"关系"裹挟而发生异变。除了关系主义的路径依赖外，结果性的机制异变还反映出政府官员深谙"关系"的工具性价值。一方面，从消极的层面看，官场中的"关系"比正式制度更能"保障"官员职业生涯的稳定性。周雪光的论述有一定借鉴性，"在目前中国政府组织环境条件下，制度正式化给基层官员的职业生涯带来了极大的不确定性和风险，而行政关系人缘化是政府官员针对这些风险的应对策略"④，他们需要通过经营熟、亲、信"关系"来抵消上级的主观"审判"。另一方面，从积极的层面看，则涉及"关系"与权力的关联问题，即官场中的"关系"往往是获取权力的重要途径，而"关系"和权力结合则成为官员平步青云的重要中介。按照翟学伟的分析，正是"关系"与"权力"的连接，使得共同体成员产生一种关系动力，从家乡进入官场，通过

---

① 边燕杰. 关系社会学及其学科地位［J］. 西安交通大学学报（社会科学版），2010（5）.
② 马克·格兰诺维特. 镶嵌：社会网和经济行动［M］. 罗家德，译. 北京：社会科学文献出版社，2007：8.
③ 欧阳静."关系"如何、缘何影响基层官员晋升［J］. 甘肃行政学院学报，2012（1）.
④ 周雪光. 基层政府间的"共谋现象"：一个政府行为的制度逻辑［J］. 社会学研究，2008（6）.

获得权力建立地位，然后反哺其共同体及后人。① 上述两个方面即为四大机制发生异变的关系社会学解释。

综上所述，笔者提出本节的第二个基本命题：

作为各种理性制度设计的一种非预期结果，科层失灵并不只是简单源于结构性的制度不健全问题，更要关注导致其四大机制异变的中介机制，即"关系"裹挟过程；"关系"从积极消极两个面向内嵌于中国社会的精神世界，并强势介入科层制的选人、用人过程中，使得逆淘汰现象频发。

第五节 小结

本章从现象到机制全面阐释了干部逆淘汰问题。虽不尽完美，甚至可能疏漏不少，但也算是在学术性参考文献相对缺乏的情况下做出的一点努力。本章坚持从干部逆淘汰的本质内涵——组织权力主导下的上下级"权力共谋"这类特定的权力互动关系存在来组织研究议程，无论是干部逆淘汰问题的当代浮现，还是其历史源生论、实践类型论、组织社会论，本研究都强调本体论、实在论和因果论结合的分析路径。因此，也形成了如下几个另辟蹊径的解释。

第一，干部逆淘汰问题在当代中国的浮现，提示党政机关等实务工作者和高校科研院所的相关科研工作者，不能仅关注其现象和浅层解释，而要深入其生成与运作机制进行分析。作为一种组织问题，从现象到机制的系统性学术研究不仅是为了获得可能的实践指导，还为了实现一定的理论创新。

第二，从古代中国开始，逆淘汰问题就已经出现。尽管当代中国在政治、经济、社会等方方面面与古代中国存在本质区别，却共享着历史记忆、文俗传承、思维惯性以及流传下来的政治思想与观念。正式制度和非正式制度都以孕育文化的方式影响着后来的政治社会变迁，有些特定的制度或许早已消失，但制度文化却在很长的一段时间内发挥作用。可以说，当代中国在一定程度上摆脱不掉对古代中国的路径依赖。在历史梳理中可以发现，政治权力失范和社会观念承袭是超越历史界限的、导致逆淘汰的结构性因素。

---

① 翟学伟. 关系与权力：从共同体到国家之路：如何认识传统中国人与中国社会总纲［J］. 社会科学研究，2011（1）.

第三，关于干部逆淘汰的现象类型分析，本研究走出就现象论现象的传统分析路径，而转向场景化的分析路径，通过社会观念、社会过程和政治过程中的干部逆淘汰分析，呈现出完全不同的方法论和认识论路径。做这项努力的动力在于：一方面超越政策宣传和政治表态类文章的操作性意义，能够从方法论和认识论上协助更全面地认识现实中可能正在发生的逆淘汰或是被误解的干部选任过程；另一方面为干部逆淘汰的生成运作机制分析提供准备。至于干部逆淘汰可能造成的组织性危害，此处不再赘言。

第四，深化干部逆淘汰研究的关键还在于从因果论层面剖析其生成与运行机制。本研究提出，干部逆淘汰（或更广义的官场逆淘汰）是集中在科层体制内部的选人、用人过程中发生的，科层失灵是导致干部逆淘汰发生的关键自变量，而"关系"裹挟则是中介机制。透过机制分析，便将其本质结构——"权力共谋"动态地呈现在读者面前了。与此同时，也可发现遏制干部逆淘汰的可能性路径，为最后一章奠定基础。

第五，干部逆淘汰对干部结构转换造成的断裂是具有隐蔽性的，往往难以及时被发现，甚至常常只能进行事后补救。例如，在各种省部级以上高官下马后，社会才能从其忏悔录或是纪委监察机关通报中获知与逆淘汰密切相关的信息，所谓任人唯亲、团团伙伙、"带病提拔"以及事情败露后浮出水面的塌方式腐败、链条式腐败，其背后都存在着干部逆淘汰。因此，由干部逆淘汰造成的干部结构转换断裂为组织发展埋下了极其严重的病根，它腐蚀着组织有机体，弱化着组织凝聚力和战斗力。在当代中国政治发展的语境下，干部逆淘汰甚至对党政体制带来根本性破坏，严重阻碍党政体制的良性运转以及中国特色社会主义事业的蓬勃发展。

第四章

"规范'淘汰'与遏制'逆淘汰'的治理之道"

前文已经尽述科学规范的干部结构转换对于干部队伍建设、党的全面建设、党政体制运行以及当代中国政治发展与中国特色社会主义事业发展的重大意义。本章聚焦如何规范干部淘汰机制而遏制干部逆淘汰机制,以确保实现更优的干部结构转换。

既有研究习惯于将干部淘汰和逆淘汰分而析之,这实际上掩盖了淘汰机制"走样"而逆淘汰盛行背后的关联性原因。本研究强调,干部逆淘汰的生发在结构意义上与干部淘汰机制的不完善及干部淘汰过程的权力失范存在密切关联,因而规范并完善当代中国的干部淘汰机制对于遏制逆淘汰也是必要的配套性举措。若单就干部逆淘汰的治理来看,必须明确这是一件"永远在路上"的事情,因此指望构建出一套一劳永逸的路径方法是不现实的。符合实际的做法是:一方面强化并发挥党政体制的宏观能力,以使命型政党治理为整体性路径;另一方面针对干部逆淘汰的生成与运作机制,就逆转"科层失灵"和破除"关系"裹挟做文章。由此两方面形成宏观与中观相结合的干部逆淘汰治理方案。

第一节 规范并完善当代中国的干部淘汰机制

如前文所论,"当代中国的干部淘汰机制是在干部制度改革的整体历程中逐渐构建起来的"。故而,要进一步完善干部淘汰机制,首先就是对其基础性制度进行有针对性的优化,其次是对其相关性要件进行具体性的规范。此外,要确保干部淘汰机制能够稳定有效地支撑干部结构转换,实现干部队伍建设积极向上发展,还需在完善其基础性制度和规范其相关性要件的基础上,在全社会推动关于干部淘汰机制的认知变革。

一、完善干部淘汰机制构建的基础性制度

在干部淘汰机制的构建过程中发挥着基础性作用的制度主要包括干部选任制度、问责制度、纪律处分制度以及考核制度，它们在环环相扣的干部管理和培养过程中发挥着不同的功能，也暴露出不同的问题，以至于其制度优化路径也各有侧重。

第一，关于干部选任制度的优化。

首先，根据选任制、委任制、聘任制的不同特点，制定各有侧重的干部选用程序标准，以此弥补当前干部选任五大环节在适用于具体干部选任方式过程中，可能出现的针对性不强和程序性模糊问题。例如，既可通过《党政领导干部选拔任用工作条例》的结构调整及内容补充来实现，如把三种干部选任方式调整为专章规定，并明确列出三种干部选任方式的规范性条文；也可围绕三种干部选任方式分别制定专门的党内法规或规范性文件，如可参考中共中央办公厅和国务院办公厅于2017年联合印发《聘任制公务员管理规定（试行）》的做法，适时制定出台"党政领导干部选拔任用方式工作条例"或相应"规定""意见"等。

其次，在各干部选任方式的程序性规范中，进一步完善干部淘汰机制与干部选任程序的衔接与结合，比如，可将公开选拔、竞争上岗两种竞争性较强的人选产生方式运用于选任制与聘任制的初始环节，同时注意规避这两种人选产生方式内含的具体程序与后续相关程序的交叉重复；又如，可在选任制中的"投票决定"环节以及聘任制中的"讨论决定"环节明确差额要求，以此落实竞争、择优原则。

再次，对"领导班子换届""个别提拔""进一步使用"的适用程序做必要的区隔和补充规范，可尝试对以上三种情形究竟适用哪种选任程序做出清晰规定。例如，规定清楚领导班子换届必须采用选任制，个别提拔及进一步使用以委任制为主，但恰巧遇到班子换届则需通过选任制等；而聘任制则适用于"部分专业性较强的领导职务"。

最后，制定与干部选任方式相对应的干部淘汰机制，如选任制下产生的领导干部可尝试引入必要且符合党情的弹劾、罢免制度。在实际工作中，部分地区已经探索出诸如"党委常委会、全委会对领导干部的'票决'退出机

制""人大对领导干部的弹劾退出机制"① 等具体实践。

第二,关于干部问责和纪律处分制度的优化。

虽然二者同属于惩罚性制度,但党纪处分对象是党组织和全体党员领导干部,而问责对象则是"党组织、党的领导干部,重点是党委(党组)、党的工作机关及其领导成员,纪委、纪委派驻(派出)机构及其领导成员",因而在适用范围上党纪处分对象包含问责对象。与此同时,问责方式的选择一般根据特定职务的职权和责任来确定,纪律处分的种类选择也往往与职务职级的差异相关,问责方式与处分种类的轻重大体上与党员领导干部职级高低、职务高低、职责轻重保持正相关关系。可见,在适用对象存在交叉重叠且行为规范制定依据相同的情况下,对领导干部的应当问责情形与违纪情形进行清晰区分本身难以实现,这也是两种惩罚性制度在问责方式和处分种类上相互承接、交叉适用的内在机理。尽管问责情形与违纪情形难以严格区分,但依然可以通过问责时间节点的前移,来尽力规避干部问责沦为突发的"事件性""事故性"问责或平复舆论压力的工具。

就既有经验而言,问责制度走向常态化的路径有两种。一是引入目标责任制,并辅之以特定的考核制度,再根据否定性考核结果构建具体的干部淘汰规则。例如,从"十一五"规划到"十三五"规划期间,在环境保护上设置了不同的指标性要求,再通过"目标责任层层分解"的方式加以落实,并形成了"目标设置—责任分解—考核—问责(淘汰)"的制度链条,其成文制度包括《"十三五"节能减排综合工作方案》《单位 GDP 能耗考核体系实施方案》《党政领导干部生态环境损害责任追究办法(试行)》②;又如,在干部管理中实行"承诺制",即领导干部在年初通过签署"承诺书"形式,向社会公示自己的工作重点及目标,并在年终对照承诺书内容接受干部考核主体以及社会各方监督、考核,并围绕相关否定性评价制定相应的干部淘汰规则。二是通过扎紧关键节点制度笼子的方式,对不适宜进行目标责任转化的问责工作进行从严规范,如《干部选拔任用工作监督检查和责任追究办法》《信访工作责任制实施办法》等党内法规制度都强调从关键节点出发,推动问责制度的常态化运作。

---

① 姜晓萍,史云贵.当前我国干部退出机制存在的问题与对策论析[J].新视野,2012(5).

② 马丽,尧凡.党政领导干部环境责任追究的机制演变与逻辑阐释:兼论政党对公共行政的调节[J].当代世界与社会主义,2021(2).

第三，关于干部考核制度的优化。

干部考核制度的功能在于能够如实反映干部履职尽责情况，并对尽忠职守者给予褒奖，对失职失责者进行处罚，以此推动形成能者上、优者奖、庸者下、劣者汰的正确用人导向，营造风清气正的党内政治生态。从规范考评型淘汰机制的角度出发，仍需在干部考核制度上做出如下两个方面的优化。

一是立足于考核对象及考核内容的差异，不断提升干部考核的精准化。首先，就考核对象的差异而言，现行《党政领导干部考核工作条例》虽就考核对象、考核方式进行了区分，但仍需在考核对象所属的区域、部门、类型、层次等方面有所兼顾。其次，进一步细化基于"考核内容"形成的具体制度规范及实践。如《生态文明建设目标评价考核办法》《领导干部个人有关事项报告查核结果处理办法》等规范性制度。最后，"考核对象+考核内容"的制度构建模式也是推进干部考核精准化的重要实现路径，如《党委（党组）书记抓基层党建工作述职评议考核办法（试行）》《省级党委和政府扶贫开发工作成效考核办法》等规范性制度。

二是改革干部考核方式，用以规避参与考核评价的主体为"人情"裹挟。现行参与党政领导干部考核的主体大多以"体制内"为主，且大多发生在"初级群体"范围，因而在考核中较易被"人情"所裹挟。基于此，对领导干部的考核要改"关门"考核的传统模式为"开门"考核，重点是将领导干部服务的目标群体纳入其中，这既可以规避参与考核主体为"人情"所裹挟，也能更好地反映干部的领导效益及群众基础。

二、规范干部淘汰机制构建的相关性要件

如何从微观机制层面对基于否定性评价而触发的干部淘汰相关性要件进行规范，是完善干部淘汰机制的一项重要工作。同竞争性淘汰机制构建相比，基于否定性评价而构建干部淘汰机制更为复杂，原因在于只有部分否定性评价才会触发干部淘汰机制。因此，需在干部的否定性评价与职务职级调整之间建立一套对应衔接机制，该机制包括以几个基本要件：一是有统一规范的评价形式，尤其是加强对考核型、失责（过失）型淘汰相关评价形式的规范；二是在相关否定性评价形式中建立清晰的干部淘汰机制启动标识；三是围绕带有干部淘汰标识的评价形式，建构一套科学、规范的干部职务职级调整规则。

第一，按严重性递增原则统一、规范问责方式及考核结果呈现形式。在问责方式的规范上，首先是对纪律处分种类与干部问责方式进行严格区分，以防止两种处罚方式的交互适用，如可尝试将"检查""诫勉"之后的"组织处理"进一步细化为"停职检查、调整职务、责令辞职、免职、降职"，而不是与"纪律处分"相衔接；其次是在问责形式中按严重性或否定性程度次第呈现出来，以此消除问责过程中可能出现模糊地带；最后是在违纪处分种类与问责方式之间建立对应衔接机制，以确保问责处分既可以独立使用，也可以与党纪处分、政纪处分衔接使用，如可尝试论证将撤销党内职务对应岗位、职务调整，留党察看对应降级使用，开除党籍对应清理出干部队伍。以上有关问责方式的改进，可有效规避在执纪、问责过程中可能出现的以较轻的纪律处分替代较重的问责处分相关问题的出现。

第二，在考核结果呈现形式的规范上，可以"年度考核"为依据构建起的淘汰机制相关要件为参考，进一步规范平常考核、任期考核及专项考核的结果呈现形式及其运用规则。具体分为两步。一是将年度考核的结果评价形式①延伸运用至平时考核、任期考核、专项考核，以此统一各类考核制度的结果呈现形式。二是在统一四种考核制度结果呈现形式基础上，以"合格率"为依据实现不同考核类型间的相互转换、补充。以平时考核向年度考核的转换为例，假如"合格率"设为70%，且干部一年有10次平常考核，那么若要在年度考核中被评为优秀等次，则在平常考核中至少要有7次及以上被评为优秀等次；若要在年度考核中被评为称职等次，则在平时考核中至少要有7次获得称职及以上等次，然后再依次类推。如在平常考核中有30%被评为不称职，则在年度考核中直接确定为不称职等次。当然，平常考核的合格率是年度考核的重要参考指标，但并不是绝对的，如在年度考核以及该年度中进行的专项考核中，发现平时考核过程中并未发现的不良情形，则可酌情降低考核等次。同样地，"合格率"也可适用于年度考核向任期考核的转换。

第三，在规范干部评价形式基础上，建立干部淘汰机制启动的显著标识。干部淘汰机制的启动标识一般分为两种，一种是蕴含于具体评价形式中的显性标识，如表4-1所示；另一种是以相关干部评价形式的累计效应而形成的

---

① 在年度考核制度的相关规定中，对领导班子和领导干部的考核结果各自分为四个等级，其中，领导班子的考核结果依次包括优秀、良好、一般、较差，领导干部的依次为优秀、称职、基本称职、不称职。

淘汰标识，如对连续两年都被评为"基本称职"的领导干部启动淘汰机制，对连续两年都被评为"一般"的领导班子进行"改组"等。

表 4-1　各否定性评价干部淘汰机制及其对应的启动标识

干部淘汰类型	干部淘汰机制启动标识	
失责（过失）型淘汰	领导班子	改组
	领导干部	调整职务
违纪（过失）型淘汰	领导班子	改组
	领导干部	撤销党内职务
考评型淘汰	领导班子	较差
	领导干部	不称职

第四，在明确干部淘汰机制启动标识后，按严重性或否定性递增原则，建立与各否定性评价形式相互对应的干部职务职级调整规则。从当代中国干部职务职级调整规则的有关规定来看，其大体可分为三个层次：首先是降职处理，2008年实施的《公务员职务任免与职务升降规定（试行）》第十五条、第十六条规定，对在"定期考核中被确定为不称职"的干部给予降职处分，降职"一般降低一个职务层次"①，如由原领导职务转任同级非领导职务；其次是降级处理，降级包括降为下一级领导职务或非领导职务，也可降两级及以上职级使用；最后是"辞退"②和开除，2007年实施的《行政机关公务员处分条例》第十七条规定"行政机关公务员依法被判处刑罚的，给予开除处分"③，2018年修订出台的《中华人民共和国公务员法》第八十八条第四款规定，"不履行公务员义务，不遵守法律和公务员纪律，经教育仍无转变，不适合继续在机关工作，又不宜给予开除处分的"④，予以辞退。由此可

---

① 公务员职务任免与职务升降规定（试行）（2008年2月29日）[G]//翟继光.纪检监察依法依纪办案常用法律法规全书：第1卷.北京：中国民主法制出版社，2020：203-206.
② 公务员辞退是指机关依照法律法规规定，解除与公务员的任用关系。公务员被辞退后，不再具有公务员身份，其所任领导职务、职级自然免除，自做出辞退决定之日的次月起停发工资。见《公务员辞退规定》（2020年12月28日）第二条、第三条。
③ 行政机关公务员处分条例（2007年4月22日）[G]//纪律审查常用法规分类手册：第3版.北京：中国方正出版社，2019：131.
④ 中华人民共和国公务员法[N].人民日报，2019-04-02（15）.

见，辞退及开除两种处分方式虽都意味着公职身份的彻底失去，但开除在情节上更为严重。

当前，有关干部淘汰机制的构建，除了依托于相应干部评价制度所确定的等次外，部分地区还探索出干部末位淘汰制。末位淘汰制，即有干部管理权限的部门，依据考核结果的名次排序，对最靠后的一定数量领导干部进行组织调整或组织处理。干部末位淘汰制自20世纪90年代起，逐渐被引入公职系统①，但时至今日，其适用范围相当有限，如2005年中共绵阳市委印发《绵阳市县级领导班子考核末位淘汰制实施办法（试行）》，2016年贺兰县出台《贺兰县领导干部"慢作为"末位淘汰管理办法（试行）》。末位淘汰制并未在全国范围进行推广，一定程度上是其固有短板所致，如将干部淘汰与否的标准从本职工作的好坏转向干部间的竞争，其结果不只是考核制度丧失其本原价值；还有干部间竞争关系的陡然强化致使领导干部间关系发生异化，进而侵蚀干部的合作、团队精神。

三、推动干部淘汰机制的认知变革

在观念与制度的辩证关系中，代表性的观点有两种：一是认为"共享观念"以"合法性机制"为媒介，塑造组织、制度的内在结构②，制度变迁在很大程度上是以观念的转变为先导③；二是观念与制度是相互形塑、"协同演化"的关系④。这两种观点的共性在于，都强调观念对制度形成、运作的促进作用。干部淘汰机制作为干部人事制度的重要组成部分，规范及完善当代中国的干部淘汰机制，必须同时推动认知变革，以逐渐形成全社会对干部淘汰的整体性、常态性以及规范性认知。

首先，建立干部淘汰机制的整体性认知。整体性认知强调，构建干部淘汰机制不仅仅是为了处罚"不称职干部"，更是为了支撑和保障党和国家的长远发展。党的十九大报告明确指出："党的干部是党和国家事业的中坚力量"，

---

① 毛飞. 浅析我国的公务员末位淘汰制[J]. 山东行政学院山东省经济管理干部学院学报，2003（1）.

② 曹正汉. 无形的观念如何塑造有形的组织：对组织社会学新制度学派的一个回顾[J]. 社会，2005（3）.

③ 杨光斌. 观念、制度与经济绩效：中国与印度经济改革的政治学理论价值[J]. 中国人民大学学报，2006（3）.

④ 方钦. 观念与制度[M]. 北京：商务印书馆，2019：147.

要办好中国的事情，关键在党、关键在党的干部。在当代中国政治的语境中，"干部"肩负着党和国家发展的重大政治使命，在党和国家的制度体系中承担着权力运转的重要职责，甚至可以被视作"一种运行的权力结构"①，因而推动干部淘汰机制规范化、制度化、常态化亦旨在规范对当代中国国家发展起支撑作用的权力结构。进入新时代，党中央强调要"立足党的百年历史新起点、统筹中华民族伟大复兴战略全局和世界百年未有之大变局"，对此，如何基于规范的干部淘汰来推动干部结构转换，已成为坚持和完善党领导下的中国特色社会主义道路发展的关键环节。回顾十八大以来党治国理政的历程，党中央主要从干部选拔任用、干部管理培养、干部考核评价、干部能上能下等制度机制入手，对干部人事制度进行了系统性调整，为干部队伍能够适时完成具有时代意义的结构转换提供了制度基础。

其次，建立干部淘汰机制的常态性认知。常态性认知强调，一方面，要善于扭转干部和群众头脑中长期普遍存在的"干部铁饭碗""领导有特权"等陈旧观念和错误认知。就"铁饭碗"观念而言，除了历史传统遗留和制度变迁的路径依赖因素以外，其长期存在也与社会保障体系、社会专业化分工不完善相联系，以致"进入党政机关当干部"成为规避社会风险的重要途径之一，因而有学者提出"完善社会保障制度是彻底摆脱'铁饭碗'观念最基础的制度保证"②。另一方面，组织上应确保干部淘汰机制在干部队伍建设过程中科学、规范、常态地运行，将干部淘汰更加精细、准确地融入干部选任、管理和培养的全过程，不仅要规范做到领导干部的"进—出""上—下"，还要立足时代要求科学实现干部结构转换。因此，建立干部淘汰机制的常态性认知既需要有针对性地破除旧的观念，更需要不断推动相关制度变迁和运行的科学化、规范化。

最后，建立干部淘汰机制的规范性认知。如前文所论，长期以来，中国官场存在着干部逆淘汰的现象，无论其根源为何，这种现象都在社会上产生了诸多不良后果，其中之一就是导致群众甚至干部自身对于"淘汰"的认知扭曲，它集中表现为一些干部群众对于"淘汰"的组织行为抱有不信任的心理，并常常用"关系"思维去认识干部淘汰，认定干部淘汰就是潜规则的结

---

① 王海峰. 干部国家与中国建设：一个新的分析概念和框架[J]. 上海行政学院学报，2012（4）.

② 周秀英. 彻底摆脱"铁饭碗"观念困扰的意义与路径[J]. 东北师大学报（哲学社会科学版），2009（2）.

果。实际上,自改革开放以来,当代中国的干部淘汰制度机制建设就已步入正轨,尽管这40多年来,党政机关在选人、用人、制度建设和制度实践方面,都还存在进一步完善的空间,但干部淘汰已然是作为规范性组织行为的面貌存在了。重构全社会对于干部淘汰机制的规范性认知,最切实的手段还是在其制度设计和制度运作方面下功夫,一方面让制度基础扎扎实实;另一方面让制度运行不唯"人",而唯"法"唯"理"。

第二节 以使命型政党的治理之道遏制干部逆淘汰

正因有关于干部逆淘汰生成、存续与运作机理的详细阐释为基础,本研究才强调:一味想要找到一劳永逸"遏止"干部逆淘汰的简约治理办法是不符合实际的,只有就地取材、充分挖掘自身体制能力且坚持久久为功的系统治理,才能在政治发展过程中实现对干部逆淘汰的有效"遏制"。从"遏止"到"遏制",本研究提出的治理目标变化建议表明:一方面,系统性治理要求将干部逆淘汰问题拉回到更宏观的政党治理空间中,以探索遏制干部逆淘汰的整体主义路径;另一方面,干部逆淘汰治理的当下目标是最大限度地限制其组织危害性,因而要围绕支撑其生成和运作机制的科层失灵与"关系"裹挟问题进行针对性探索。

一、使命型政党治理:遏制干部逆淘汰的整体主义路径

党的十九大明确提出"党政军民学,东西南北中,党是领导一切的",党的二十大强调"全面建设社会主义现代化国家、全面推进中华民族伟大复兴,关键在党",这两句论述是关于中国政治核心特征最权威准确的描述。党是中国政治乃至各关联及延伸领域的领导核心,坚持党的领导是中国国家治理过程中的首要原则,因而在中国语境下无论是讨论国家治理还是政党治理,都不能将党和国家相割裂,这亦是党政体制的主要内涵。党政体制的运行实则是党领导下的党政系统运作过程,故可将其视为中国特色的政党治理过程。与国外绝大多数狭义的政党治理不同,中国共产党的政党治理是广义的,它具有"对内"和"对外"两重意涵,即"作为中国政治生活中的核心要素,执政党不仅主导了中国的政治制度设计,更对中国社会产生了结构性的影响,

执政党的这种'向外'影响力构成了政党治理的重要内容；同时，执政党作为组织中的一种，从其存在的第一天起就面临着'向内'的努力，即自组织力提升的问题"①。

那么，回到干部逆淘汰治理来看，所谓整体主义的路径，即强调要在党政体制的结构视野和"党内治理—党的领导"的过程视野中进行尝试性探索，挖掘出中国共产党的独特"治党"效能。对此，本研究认为，干部逆淘汰治理的整体主义路径即基于使命型政党②的类型化特征，充分发挥其理想信念引领功能、自我革命功能以及党内法规制度约束功能。其中，前两项功能具有统摄性，而党内法规制度约束功能则专注具体实践。

第一，中国共产党作为马克思主义的使命型政党，其历史起源和政治历程决定了它有着区别于其他政党的组织使命，以实现"党的领导"为核心的内生性使命强烈要求其在"党内治理"方面更加全面从严。政党起源反映了政党与国家之间建构与被建构的关系，此关系事实进一步决定了政党与国家之间的地位主从和权力配比状态③，中国共产党的领导地位及其组织使命就是在这样的历史政治变迁中形成的。中国共产党不但是现有国家机器的最初设计者、制造者，也是现行"国家机器"维护者、改进者与修缮者，它不但肩负着政治领导职能，同时还肩负着执政职能，是支撑国家制度和政治体系的主体力量④。结合党的历史起源与当下实践，中国共产党的政党使命主要由两个方面构成：一是无产阶级的解放和共产主义远大理想的实现；二是建成富强民主文明和谐美丽的社会主义现代化强国，实现中华民族的伟大复兴。⑤ 可见，两大使命均为"党的领导"的主要目标，基于此内生性使命，必然要求"治党"务必全面从严，因而充分挖掘使命型政党的内生动力是推动其提升治理效能的最根本手段。

---

① 罗峰. 转型期中国的政党治理：生成、资源与框架［J］. 毛泽东邓小平理论研究，2014（5）.
② 党的十九大以来，"使命型政党"成为学术界对中国共产党基本类型的最新概括，国内学界有众多学者耕耘于此，为解释中国共产党的独特领导优势作出了重要的知识论贡献。具体可参见李海青、唐皇凤、张紧跟、唐亚林、赵大朋等学者的相关研究论文.
③ 袁超. 政党、社会和民众关系的内涵分析——从普遍意涵到时代意涵的理论阐释［J］. 江西师范大学学报（哲学社会科学版），2015（5）.
④ 周淑真. 政党政治学［M］. 北京：人民出版社，2011：212.
⑤ 赵大朋. 使命型政党与中国共产党的自我革命：基本逻辑、动力机制与风险应对［J］. 治理研究，2022（3）.

第二，在使命型政党治理的语境中，理想信念引领功能完全可以实现由虚向实的转化，重点在于如何超越经典科层制模型强调的政治退场原则，巧妙运用"政治"。实际上，在中国是不存在脱离政府而存在的所谓纯粹的党派政治的，如果仅仅要求官员作为技术专家而不在其工作中贯穿政治内容的话，那么官员就可能滑向利用公权牟取私利的深渊①。因此，运用政治手段并不意味着展开无休止的政治运动或进行恶性的政治斗争，而是强调以政治智慧、政治艺术以及正面的斗争精神应对党内存在的问题，强调任何党员特别是党政领导干部必须与党中央的政策保持高度一致，比如在干部选任、管理和培养上就应该严格遵守党内法规制度规定的"德才兼备、以德为先"标准和"德、能、勤、绩、廉"要求，坚持"好干部"考核评价标准，坚持严肃的监督和问责，实际上这也是在重塑科层制中的四大机制。此外，运用政治手段还强调要把党员领导干部的理想信念问题当作首要任务来抓，通过系统性的党内宣传机制、学习机制、执纪问责机制来重塑党员领导干部的精神信仰、提高其思想境界，以正向激励的方式弱化其"关系主义"意识、规制其"关系主义"行为。

第三，在使命型政党治理过程中，党的自我革命功能及其实现机制是具有统摄性意义的，是能否保证高质量"党内治理"并实现高水平"党的领导"的关键。纵观世界政党兴衰史，许多长期执政政党失去执政地位和百年大党衰落的教训都表明，一个政党如何不能够保持"刀口向内"的决心和勇气、不能够在不断变化的内外环境中破旧立新，就会被时代所抛弃。习近平在庆祝中国共产党成立一百周年大会讲话中强调，"勇于自我革命是中国共产党区别于其他政党的显著标志"②；在党的十九届六中全会上的重要讲话中指出，党的自我革命是我们党为跳出历史周期率给出的"第二个答案"；在党的二十大报告中再次确认并强调，"党找到了自我革命这一跳出治乱兴衰历史周期率的第二个答案，确保党永远不变质、不变色、不变味"，同时还强调"以党的自我革命引领社会革命"；这些论述将党的自我革命提到了与党保持初心、巩固政权、实现使命相联系的高度。从本质上看，中国共产党的自我革命是"主体在主动意义上和自觉意义上的自我扬弃，即事物发展过程中的

---

① 张康之. 超越官僚制：行政改革的方向 [J]. 求索，2001（3）.
② 习近平. 在庆祝中国共产党成立100周年大会上的讲话 [J]. 求是，2021（14）.

'否定之否定'"①。就具体的自我革命对象和目标而言，即影响和制约使命型政党根本组织特征和基本特征实现的各种问题，这些问题往往是一些难以解决的深层次问题，对使命型政党的危害性极大，也考验着党进行自我革命的能力、决心和勇气。② 可见，当下沉到党的组织建设层面，干部逆淘汰恰恰应该属于党内进行自我革命的对象，并且需抱定久久为功的决心。

第四，在理想信念引领和自我革命的功能统摄下，党内法规制度约束功能面向具体的问题，一方面完善党内法规制度体系建设、提升依规治党能效，另一个方面推动形成党领导下的科层体系法治框架。党的十八届四中全会创造性地提出了"中国特色社会主义法治体系"，将党内法规制度体系纳入其中，形成了匹配党政体制特征的法治框架。尽管党内法规制度不是国家"法"，但却蕴含着"规则之治"的理念和实践导向，将党内法规制度体系纳入到中国特色社会主义法治体系中，尤其彰显了"党内治理"的规范化努力。党的十八大以来，党中央针对全党全军全国重大问题，及时制定修订146部实践亟需、务实管用的中央党内法规；截至2021年5月，中央党内法规共210部，部委党内法规共162部，地方党内法规共3210部，实现党的领导和党的建设各方面党内法规制度的全覆盖；其中，在干部队伍建设方面，坚持严的主基调，制定修订关于干部选拔任用、教育管理、考核、问责、处理处分等一系列党内法规，对加强全方位监督管理、健全正向激励机制发挥着明显的制度功效。③ 2022年9月19日，中共中央办公厅印发了《推进领导干部能上能下规定》，特别强调"重点是解决能下问题"，"应当结合实际分类施策，严格执行问责、党纪政务处分、组织处理、辞职、职务任期、退休等有关制度规定，畅通干部下的渠道"，④ 再次为规范干部淘汰、遏制干部逆淘汰提供了明确的党内法规制度依据。

综上所述，遏制干部逆淘汰须在使命型政党治理的整体主义路径中进行，因此全面从严的"治党"要求和过程本身就为治理干部逆淘汰提供了重要基础，当前党中央继续坚持全面从严治党依旧是挖掘和释放使命型政党治理能

---

① 曲青山. 曲青山党史论集（下卷）[M]. 北京：中国人民大学出版社，2017：1031.
② 赵大朋. 使命型政党与中国共产党的自我革命：基本逻辑、动力机制与风险应对[J]. 治理研究，2022（3）.
③ 中共中央办公厅法规局. 开辟新时代依规治党新境界——党的十八大以来党内法规制度建设成就综述[N]. 人民日报，2021-06-17（1）.
④ 中办印发《推进领导干部能上能下规定》[N]. 人民日报，2022-09-20（1）.

效的关键战略部署。在使命型政党治理的整体主义框架中，以本研究提出的干部逆淘汰概念、生成与运作机制分析为基础，遏制干部逆淘汰本质上是要改变上下级"权力共谋"关系，因而在组织结构上逆转"科层失灵"、在组织过程中破除"关系"裹挟就成为了具体的实践维度。

二、逆转"科层失灵"：遏制干部逆淘汰的结构之维

科层体制是人类政治文明发展的伟大制度成果，它从根本上转变了政府行为逻辑、极大提升了行政效率，但在千百年来的中西方政治实践中也积累了许多问题。尤其当现代政治来临时，尽管科层体制仍然发挥着出众的治理效能，但也常常发生科层失灵，进而导致组织性危机。在本研究的理论构建中，科层失灵是当代中国干部逆淘汰发生和运作的结构性变量，其操作性维度包括但不仅限于"组织权力结构失衡"和"制度机制缺陷"，前者主要体现为党政"一把手"权力配置与运行在干部选任和考评过程中存在的问题，后者主要体现为前文提出的四大机制障碍。因此，逆转科层失灵要求着力处理"一把手"权力配置和监督问题，同时破除系统性的命令、考评、激励和监督问责等四大机制障碍。

一方面，进一步优化党政领导班子的权力配置结构，并加强对"一把手"权力运行的监督问责实效。长期以来，"一把手"体制都是实务界和学术界共同关注的重要议题，并形成了许多有价值的理论成果[①]。在党政体制形成和运作的长时段历史政治过程中，党政"一把手"处于体制内不同层级的突出位置、掌握着最关键的党政权力、发挥着不可替代的作用，形成了一套独特且高效的权力运行机制。党政"一把手"往往在特定地区、部门、单位掌握着诸如"工作决策权，项目审批权，下属奖赏权、惩罚权，公物享用权，工作干预权，人事权，财务签字权等独特的至高无上的工作职权，直接掌控着人、财、物大权"[②]；"一把手""权力过分集中，领导班子其他成员的权力相对弱化，正副职权力与责任划分不尽合理"，关键还难以对其进行有效监督，导致"一把手"腐败问题隐秘而高发，对组织危害极大。因此，党内一直保持着对"一把手"用权的高度警惕，正如党的二十大报告强调的，要继续"推进政治

---

① 可参见李景治、许耀桐、乔德福、刘宗洪、任中平、王春玺、陈家喜等学者的相关研究论文。
② 乔德福."一把手"特权治理困局及其破解路径[J].理论探讨，2014（2）.

监督具体化、精准化、常态化，增强对'一把手'和领导班子监督实效"。将已有研究①与笔者调研相结合可得出，当下"一把手"监督难主要体现在六类问题上，即决策监督难、选人用人监督难、特权监督难、生活作风监督难、贪污贿赂监督难、动用资源监督难。对此，既有研究提出了丰富多样的对策建议②，但考虑到本研究的理论偏好，笔者无意于通过重复引用既有文献来提出面面俱到的对策建议，而是将关键着力点放在如何优化党政领导班子的权力配置结构上，同时构建起对"一把手"权力运行的立体式监督问责制度体系。

现实政治中的"一把手"权力过于集中、难以监督问题，本质上是领导班子的权力配置结构问题。有研究指出，"一把手"体制已经演化为党内政治生活中的一种潜规则，其实质是把党委会的集体领导异化为党委书记的个人领导，这不仅完全背离了党的章程，也严重违反了党的民主集中制这一根本组织原则。③ 在不同条件下，此问题的成因可能与制度机制缺陷、领导个性风格、组织微文化、组织生态等因素都存在关系，但"一把手"的权力授予机制问题常常被忽视。有研究在分析县域党政"一把手"权力配置中指出，"当前县域党政'一把手'权力授权机制主要有法理性授权和事务性授权；授权方式主要有法律授权、法规授权和文件授权。党委'一把手'的权力主要是由政党的规章和文件授予，即事务性授权。政府'一把手'履行法定职责，按照人民主权理论和人民代表大会制度的规定，国家权力机关的权力源自人民选举代表、并通过人民代表大会来赋予，其授权主要是法律授权和法规授权，即法理性授权"。但在具体实践中常会出现"多头授权和自我授权现象"，某一授权机关对同一被授权机关或同一被授权事项所授权力与其他机关所授权力缺乏了解，导致就同一事项被授予的权力存在不协调甚至相互冲突，致使被授权机关难以有效行使权力"，于是，自我授权现象就发生了，并进一步

---

① 刘宗洪. "一把手"监督的难点及其应对：基于上海的调研分析 [J]. 中共中央党校学报，2015（4）.
② 任中平，张振雪. 党内"一把手"体制的由来、危害与治理 [J]. 江苏行政学院学报，2012（3）；乔德福. "一把手"特权治理困局及其破解路径 [J]. 理论探讨，2014（2）；李景治. 加强和改进对党政"一把手"行使权力的制约监督 [J]. 党政研究，2014（4）；刘宗洪. "一把手"监督的难点及其应对：基于上海的调研分析 [J]. 中共中央党校学报，2015（4）.
③ 任中平，张振雪. 党内"一把手"体制的由来、危害与治理 [J]. 江苏行政学院学报，2012（3）.

导致权力的碎片化以及难以制约和监督等问题。① 因此，除了要在国家法制建设中推动法律法规主动审查机制建设外，还需在党内法规制度制定上展开相关实践，以将"一把手"权力授予机制规范化，进而从源头上解决领导班子权力配置结构失衡问题。

另一方面，进一步完善干部人事基础性制度，破除系统性的四大机制障碍。前文指出"科层失灵"的另一个次级维度是制度机制缺陷，具体体现为"命令机制不统""考评机制不实""激励机制不正""监督问责机制不强"这四大机制障碍。其中，本章第一节已经讨论了关于考评机制和监督问责机制的完善路径。就命令机制而言，在当代中国党政体制中，命令机制本质上为以中国共产党为领导核心的政治领导机制，它同时会在具体的行政场景中体现为贯彻党的意志的命令执行机制，因此科层失灵中的"命令机制不统"问题本质上是组织内不"讲政治"的问题，并集中体现在选人、用人领域。前文提到，使命型政党治理具有巧妙运用政治手段进行正面斗争的巨大潜力，释放这一潜力的重要手段就是通过制定出台系统性的党内法规制度来强化党的政治建设。除了党中央已经出台实施的党内政治生活准则、党纪处分条例、加强党的政治建设意见等党内法规制度以外，还应配套干部选任条例、党纪处分条例、监督条例、问责条例等党内法规，及时制定出台更能指导具体选人用人实践的规定、办法、规则或细则，约束各层级领导班子和组织部门在"分析研判和动议—民主推荐—考察—讨论决定—任职"这五大干部选任环节的权力行为。

以下重点探讨激励机制的完善路径。干部逆淘汰能够存续，甚至越发盛行，"激励机制不正"可谓发挥了助纣为虐的负面作用。党的十八大以来，面对党内存在的一系列问题，在党中央高压反腐并取得压倒性胜利的同时，另一种现象产生了——干部"能而作为""忙而无为"。无论是干部"乱作为"，还是干部"不作为"，都与激励减效或无效高度相关，可采取优化激励机制的方式进行尝试性矫治。根据党内政策法规制度相关规定，激励矫治机制应从"激励与约束""厚爱与严管"四个维度予以展开。

第一，严管—约束：巧用压力型体制。压力型体制意指一级政治组织为了实现经济赶超，完成上级下达的各项指标任务而采取的数量化任务分解的

---

① 黄其松，胡赣栋. 类型与授权机制：县域党政一把手权力配置分析［J］. 政治学研究，2019（4）.

管理方式和物质化的评价体系①，其对干部行为的矫治作用主要体现为凭借精准监督和精准问责等负向激励机制实现行为识别，督促干部"不敢乱作为""没空乱作为"。毫无疑问，对于处在经济转轨和社会转型期的中国而言，通过精准监督和精准问责的方式对干部队伍施以适当的政治压力既是推动领导干部做出决策和注意力分配的重要举措，也是责任政治和责任政府实现的重要保障。对干部的履职行为和工作作风进行精细化管理，精准识别出乱政、庸政、懒政、怠政的干部，并对其采取调离岗位、免职等处理方式，可起到"问责一个、震慑一批、教育一片"的震慑效应。

第二，严管—激励：善用政治锦标赛。政治锦标赛指的是个人在等级锦标赛中获得的奖励取决于他相对于其他人的绩效②，政治锦标赛对干部行为的矫治作用体现为通过党管干部、层级考核和绩效晋升等正向激励机制识别出实干者，彰显正确的选人、用人导向。其中，党管干部要求干部管理部门围绕党和国家的战略布局与发展任务，依事依岗选用干部、精准精细培养干部、真心真情关爱干部、从严从实管理干部，并组织针对性的干部教育培训，以帮助其发展符合时代需求的能力和素质；层级考核需要随着治国理政主题的

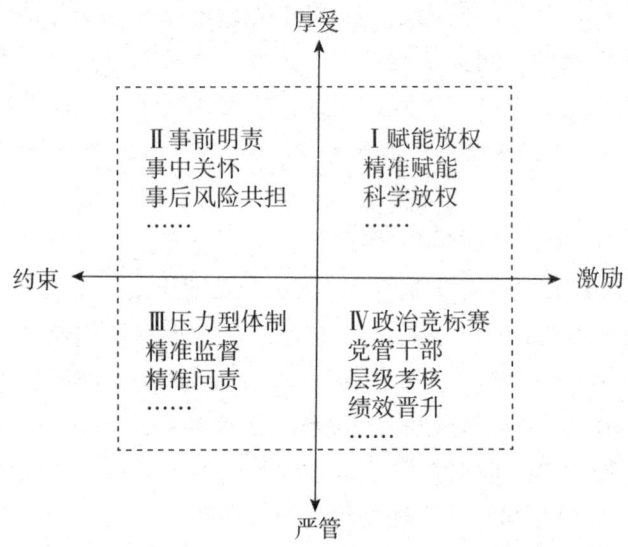

图 4-1　干部行为的激励矫治机制示意

---

①　杨雪冬. 压力型体制：一个概念的简明史 [J]. 社会科学, 2012 (11).
②　LAZEAR E P, ROSEN S. Rank-order tournaments as optimum labor contracts [J]. Journal of political, 1981, 89 (5): 841-864.

变化而动态调整,指引干部努力落实党和国家方针政策、积极回应民众诉求,将干部从一些徒劳无益、徒劳无效的"空忙"事项和"跑关系"中解放出来;绩效晋升要求以正确的选人用人导向保证广大干部"有为"才"有位",使忙而有效、忙而有益的干部得到提拔重用。

第三,激励—厚爱:科学赋能放权。赋能放权机制指赋予主体权力与能力,激发主体潜能的实践活动[1],其对干部行为的矫治作用体现为对干部群体"赋能"与对基层政府"放权"两个方面,使干部"敢担当、善作为"。一方面,完善干部履职尽责的赋能机制是国家建设与社会发展的双重需要,一是加强对干部的理想信念教育,增强其岗位使命感和责任感,激发干部的内生动力;二是加强干部的专业技能培训,为干部高效落实工作精准赋能,督促干部在"学中干""干中学",杜绝干部"能力"不足而"歪心"有余;三是通过干部挂职交流机制推动干部深入基层实践,让干部在复杂问题和急难险重任务中锻炼成长。另一方面,"接不住"又"必须接","做不了"又"必须做"是导致基层干部"抱团"行为的诱因之一。在放权改革中,常常出现的事权下放而资源跟不上,成为导致干部"抱团"避责与乱作为的正当理由,简言之,就是上级习惯将棘手麻烦的事甩给下级。[2] 可见,为对干部行为形成正向引导,需要体制、机制的设计者大兴调研之风,科学推动赋能放权。

第四,厚爱—约束:明确有限责任。有限责任机制是指将上下级之间责任共担与"无限责任"转变为"有限责任",其对干部行为的矫治作用主要包含事前明责、事中关怀和事后风险共担三个主要环节,为干部敢于与不正之风斗争、敢于担当作为免除后顾之忧。一是事前编制"责任清单",形成风险分担承诺机制。在治理重心下沉和放管服改革的过程中,编制"责任清单"是事前明责的重要机制,也是规范基层干部履职行为的重要准绳,有利于防止上级借"简政放权"的名号向基层摊派临时性、紧急性的任务。科学合理的责任清单需要在充分调研的基础上,根据基层工作的现实状况、人民群众的真实诉求进行设计和调适。二是事中干部保护机制,及时核查澄清与组织支持关怀。随着改革进入深水区,推动改革需要更大的勇气和魄力,不仅容易触碰他人的"奶酪"而且可能受到同侪的排挤,形成"劣币驱逐良币"的

---

[1] QUINN R E, et al. Becoming a Master Manager: A Competing Values Approach [M]. New Jersey: John Wiley & Sons, 2015: 208.
[2] 叶贵仁,陈燕玲. 约束型自主:基层政府事权承接的逻辑 [J]. 中国行政管理, 2021 (1).

负面效应。对此,需要建立快速查核处理机制与澄清关怀机制,为敢于担当、踏实做事、不谋私利、不搞关系特权的干部撑腰说话,培养干部对组织的归属感与信任关系。三是事后责任共担机制,完善容错纠错的制度设计。随着改革创新的红利消退和问责压力的几何式递增,不少基层干部是因为害怕犯错或是避责脱责而搞团团伙伙。为了鼓励和保护敢于干事、踏实干事的干部,需要建立健全容错纠错机制,符合容错免责情形的在考核评奖晋升等环节不受影响。

第五,无论是"一把手"体制问题还是四大机制障碍问题,无论是纯粹的制度设计问题还是人为因素问题,所有变量都浸存于党政体制内政治生态中,因而必须坚持将净化政治生态作为一项久久为功的系统性工程对待。习近平总书记在十九届中央政治局第六次集体学习时的讲话中指出,"营造良好政治生态是一项长期任务,必须作为党的政治建设的基础性、经常性工作,浚其源、涵其林、养正气、固根本、锲而不舍、久久为功。选人用人是风向标,直接影响着政治生态走向。要把树立正确选人用人导向作为重要着力点,突出政治标准"①。反过来,政治生态同样决定着选人用人导向,甚至更隐秘且深远地决定着选人用人的制度文化生长。正如习近平总书记在十八届六中全会上指出的,党内政治生活、政治生态、政治文化是相辅相成的,政治文化是政治生活的灵魂,对政治生态具有潜移默化的影响。从组织文化和生态的视角出发,干部逆淘汰的存在不仅形成了不良的党内政治文化、造成了党内政治生态恶化,消极腐化的党内政治文化和政治生态也反过来强化着干部逆淘汰赖以生存的组织软基础。因此,坚持净化党政体制内政治生态应成为一项有序推进、全幅覆盖、久久为功的战略部署。相关理论思考与认识可参见附论部分"关于党内政治生态的理论思考和认识"。

三、破除"关系"裹挟:遏制干部逆淘汰的过程之维

如果说"科层失灵"倾向于具体可见的制度结构问题,那么"关系"裹挟则更倾向于不太具象化的文化结构问题。虽然当下处理"关系主义"的主要策略仍然离不开制度建设,但仅从制度视角分析是否充分?翟学伟提供的分析路径值得思考,他认为,制度与"关系"不是一方压制另一方的关系,

---

① 习近平主持中共中央政治局第六次集体学习并讲话[EB/OL].(2018-06-30).http://www.gov.cn/xinwen/2018-06/30/content_5302445.htm

从人对生存境遇的想象这一层面来看,二者都可以谓之"理性";人情是中国社会的底色,即便它泛滥到制度无法抵制时,社会也很难借助制度本身的修复来加以遏制,因为建立健全制度难以在功能意义上稳定实现人们的社会上升期望,于是各种只能通过发动周而复始的政治或社会运动(清查、检举、揭发等)来短暂触发正式制度的作用,目的是希望使人情与制度回归平衡。[①] 显然,想简单倚靠加强制度建设来一揽子破除"关系"裹挟问题是行不通的,但这并不等于制度建设不重要,也不意味着只能消极地等待"忍无可忍"式的政治或社会运动来谋求"关系"与制度的平衡。实际上,党内对"关系主义"现象有着深刻的认识,也对"关系主义"可能带来的组织性危害早有警觉。

2014 年,习近平总书记在第十八届中央纪律检查委员会第三次全体会议上就党内关系主义存在的问题提出,"改革开放和发展社会主义市场经济,改变了原有的资源配置方式和组织管理模式,越来越多的单位人变成社会人,各种复杂的人际关系和利益关系对党内生活带来不可低估的影响,引发了种种问题,组织观念薄弱、组织涣散就是其中一个需要严肃对待的问题",比如,"有的只对领导个人负责而不对组织负责,把上下级关系搞成人身依附关系;有的办事不靠组织而靠熟人、靠关系,形形色色的关系网越织越密,方方面面的潜规则越用越灵"[②]。2015 年,习近平总书记在第十八届中央纪律检查委员会第五次全体会议上继续警示全党说:"这些年来,尽管我们不断大力整治用人上的不正之风,但从查处的案件看,任人唯亲、卖官鬻爵在一些地方、部门、单位还十分严重。有的拉关系、找靠山,攀龙附凤、跑官要官;有的明码标价、批发官帽;有的举大旗、拉山头、选边站队、拉帮结派;有的在用人问题上极其专权,对下属买官来者不拒,对组织部按正常程序研究的用人方案概不同意。有的人在忏悔录里讲,他们那个地方从政环境不好,特别是官场风气不好,跑官要官极为普遍,就是多数人并不看好的个别人,却常常成为杀出来的'黑马'。买官卖官为什么屡禁不止?一手交钱、一手交货,这多容易啊!一些德才平平、投机取巧的人屡屡得到提拔重用,踏实干

---

① 翟学伟. 人情与制度:平衡还是制衡?:兼论个案研究的代表性问题[J]. 开放时代,2014(4).
② 习近平. 强化反腐败体制机制创新和制度保障 深入推进党风廉政建设和反腐败斗争:在十八届中央纪委三次全会上发表重要讲话强调[N]. 人民日报,2014-01-15(1).

事的干部却没有进步的机会。这是搞逆淘汰,伤害了多少好干部的心!"① 这也是习近平总书记首次提出"逆淘汰"的概念并指出逆淘汰的危害。2016年,习近平总书记在党的十八届六中全会第二次全体会议的讲话中再次指出:"要落实好干部标准,严把政治关、品行关、作风关、廉洁关,真正让忠诚干净担当、为民务实清廉、奋发有为、锐意改革、实绩突出的干部得到褒奖和重用,让阳奉阴违、阿谀逢迎、弄虚作假、不干实事、会跑会要的干部没市场、受惩戒。要大力整治选人用人上的不正之风,使用人风气更加清朗,坚决纠正'劣币驱逐良币'的逆淘汰现象,以用人环境的风清气正促进政治生态的山清水秀。"②

以上论述不断提醒各级党组织和党员干部,"关系主义"隐秘且深远地侵害着党的组织机体,腐蚀着党政体制。根据党中央的部署,破除"关系"裹挟主要通过以下路径实现。

第一,严格贯彻新时代党的组织路线。2018年7月3日至4日,习近平总书记在全国组织工作会议上首次提出新时期党的组织路线,并将其界定为:"全面贯彻习近平新时代中国特色社会主义思想,以组织体系建设为重点,着力培养忠诚干净担当的高素质干部,着力集聚爱国奉献的各方面优秀人才,坚持德才兼备、以德为先、任人唯贤,为坚持和加强党的全面领导、坚持和发展中国特色社会主义提供坚强组织保证。"③他进一步指出,贯彻落实党的组织路线的关键就是要聚焦在干部的选拔任用和培养管理工作上,强调"新时代党的组织路线是理论的也是实践的,要在推进党的建设新的伟大工程、落实全面从严治党的实践中切实贯彻落实。贯彻新时代党的组织路线,建设忠诚干净担当的高素质干部队伍是关键,重点是要做好干部培育、选拔、管理、使用工作。……要建立以德为先、任人唯贤、人事相宜的选拔任用体系,坚持好干部标准,把政治标准放在第一位,坚持五湖四海、任人唯贤,广开进贤之路,坚持事业为上、以事择人、人岗相适。要建立管思想、管工作、管作风、管纪律的从严管理体系,加强全方位管理,加强党内监督,管好关

---

① 习近平. 在第十八届中央纪律检查委员会第五次全体会议上的讲话 [G] // 习近平关于党风廉政建设和反腐败斗争论述摘编. 北京:中央文献出版社,中国方正出版社,2015:44-45.

② 习近平. 在党的十八届六中全会第二次全体会议上的讲话(节选)[J]. 求是,2017(1).

③ 习近平. 在全国组织工作会议上的讲话 [J]. 当代党员,2018(19).

键人、管到关键处、管住关键事、管在关键时,特别是要把一把手管住管好"①。党的二十大报告同样对此要求做出确认和强调,前文已多处提及,在此不再赘述。只有将严的标准贯穿于干部选拔任用培养考核的全过程,才能最大限度地限制"关系主义"的发挥空间,遏制"关系"裹挟对干部队伍建设的恶劣影响。

  第二,强化依规治党理念,织密党内法规制度网络,完善党的自我革命制度规范体系,弥补滋生关系主义的制度缝隙。抓好党的制度建设,通过党内法规制度体系的完善织密制度的大网,是杜绝关系主义渗透的重要制度手段。习近平总书记指出,"党的十八大以来,党中央先后制定和修订了党内政治生活若干准则、党组工作条例、地方党委工作条例、党的工作机关条例、支部工作条例以及农村、国企、机关、高校基层党组织工作条例等一系列组织建设方面的党内法规。党的十九届四中全会把健全维护党的集中统一的组织制度作为坚持和完善党的领导制度体系的重要内容,纳入国家制度和国家治理体系之中。中央相关部门、各级党委(党组)要结合实际,把党内组织法规和党中央提出的要求具体化,建立健全包括组织设置、组织生活、组织运行、组织管理、组织监督等在内的完整组织制度体系,完善党委(党组)落实全面从严治党主体责任的制度,并严格抓好执行,不断提高党的组织建设的制度化、规范化、科学化水平"②。由准则条例与系列配套的党内规范性文件共同构成的体系化党内法规制度群,从严从密、向内用力,对制约关系主义、规范党内政治生活、净化党内政治生态起到了关键作用,着实巩固并拓展了全面从严治党成果。五年来,"坚持党内没有不受约束的特殊党员、在贪腐问题上没有'铁帽子王',坚决惩治利用公权力及其影响力谋取私利的腐败问题和特权行为,综合运用政治、纪律、法治方式,查处一批多年积累的领导干部子女亲属严重违纪违法案件,防范形成利益集团、权势团体、特权阶层";依据党内法规制度和国家法律制度,"中央纪委国家监委立案审查调查中管干部 261 人。全国纪检监察机关共立案 306.6 万件,处分 299.2 万人;立案审查调查行贿人员 4.8 万人,移送检察机关 1.3 万人"③。在此基础上,党的二十大提出新的要求,即"完善党的自我革命制度规范体系",这将是未

---

  ① 习近平. 在全国组织工作会议上的讲话[J]. 当代党员,2018(19).
  ② 习近平. 在全国组织工作会议上的讲话[J]. 当代党员,2018(19).
  ③ 十九届中央纪律检查委员会向中国共产党第二十次全国代表大会的工作报告[N]. 人民日报,2022-10-28(1).

来五年党内法规制度建设的重点工作,预计将在新的中央党内法规制定工作五年规划纲要中详细体现。

第三,提升领导干部的斗争精神和斗争本领,坚持破网破圈,营造健康的党内人际关系生态。习近平总书记指出,"有的干部信奉拉帮结派的'圈子文化',整天琢磨拉关系、找门路,分析某某是谁的人,某某是谁提拔的,该同谁搞搞关系、套套近乎,看看能抱上谁的大腿。有的领导干部喜欢当家长式的人物,希望别人都唯命是从,认为对自己百依百顺的就是好干部,而对别人、对群众怎么样可以不闻不问,弄得党内生活很不正常"①。如果说"圈子文化"还属于文雅表述,那么"码头文化"则体现出江湖气息了。党的十九大报告明确提出,要坚决防止和反对宗派主义、"圈子文化"、"码头文化"。党的二十大报告强调,坚决破除特权思想和特权行为,坚决治理政商勾连破坏政治生态和经济发展环境问题。实际上,无论是人际关系网还是各种圈子,都属于党内组织生态中的非组织行为,其目的不外是巩固权力或攀附权贵,用这些人背后的资源来达到个人的种种私利,其实质就是上级领导运用公权力承诺给下级政治庇护,下级官员通过对上级官员的效忠来换取这种庇护,最终结成基于私人利益的非正式组织。因此,遏制关系主义的泛滥必须整治党内"圈子文化""码头文化",找到关系网就破网,发现利益圈就破圈。特别是,要及时清除关系网中的核心人物"网管"和圈子里的中心人物"圈主",这就要求党员干部有敢于与"特权户""关系户"斗争到底的精神和本领。对此,在党的二十大关于党章总纲部分的最新修改中,新增了"发扬斗争精神,增强斗争本领",这也是加强和推进党的自我革命的重要基础。

---

① 习近平. 强化反腐败体制机制创新和制度保障 深入推进党风廉政建设和反腐败斗争:在十八届中央纪委三次全会上发表重要讲话强调[N]. 人民日报,2014-01-15(1).

结束语

在这项未竟研究的最后，笔者想用"余论"的方式来写就一篇简短的结束语，重点在于提出一些与本书研究议题同根，但超出本书写作范围的问题——它们对于当代中国政治发展而言至关重要。

干部问题研究，究竟是个科学问题还是个政治问题？这大概困扰着众多关注干部问题的国内政治学、公共管理学、社会学以及党史党建等学科学者，当然也包括笔者本人。一方面，基于历史—政治变迁的视角观察，从干部、干部制度、干部体制的形成到党政体制的成熟，从干部队伍支撑党政体制有效运作到党领导中国革命成功、现代国家建立及中国特色社会主义事业发展，这段过程性的历史叙事已经上升为结构化的政治论述，即"干部—组织—党的领导—中特事业发展"具有官方确立的不可置疑的合法性与正当性，从这个意义上说，干部是构成并实现"党内治理—党的领导"结构的支撑，因而干部问题研究具有鲜明的政治属性。另一方面，基于中微观政治过程视角观察，无论是作为个体的干部，还是作为整体的干部队伍，它都是对"党内治理—党的领导"实践成效产生关键影响的自变量，而关于干部（队伍）结构变化与"党内治理—党的领导"实践成效之间因果机制的考察分析则具有了可供证伪的科学属性。

实际上，本书开宗明义，呈现了宏观政治意义中的干部结构转换问题，即本研究是在干部体制、党政体制及至党领导国家发展的广义政治逻辑中展开的，其解释在借鉴"党政体制""干部国家"概念理论的基础上形成，尽可能实现关于结构化政治论述的学理解释。进一步地，本书的主体部分是在中微观意义上展开的，重点关照当代中国干部结构转换过程中客观存在的淘汰机制和逆淘汰机制问题，剖析两种机制的历史制度基础、实现类型及其与干部结构转换之间的变量关系等。有此基础，笔者想进一步呈现两个未来可供深化的研究问题。

首先，与中观层面的"干部体制韧性"相关。干部结构转换是保证干部体制及至党政体制有效运转的常规性政治过程，但"常规"并不等同于"长效"，这就产生了研究干部结构转换机制的理论必要。简单来讲，政治过程意义上的干部结构转换本质是作为整体的干部队伍的新陈代谢过程，其"新旧承替"具体可以体现在干部队伍的政治标准、年龄阶梯、知识构成、能力导向、行为作风等五大方面。本研究认为，干部结构转换实际上是通过身份意义上的干部"进出"、职级意义上的干部"上下"与职权意义上的岗位"虚实"调整来实现的，它不仅是限于单一的干部人事制度环节，而是至少与干部选任、管理和培养三大制度环节相衔接、相融合。本研究发现，干部淘汰制度是推动当代中国干部结构转换的常规制度类型，它与干部选任、管理和培养环节紧密结合，可以说干部淘汰制度是干部人事制度组合的核心制度之一。然而，在干部淘汰的制度过程中，还存在着一种非预期现象，即干部逆淘汰。这两种机制分别成了干部结构转换的规范支撑和非预期断裂。就本研究的发展性而言，在这些前文已经呈现的基本分析之外，仍应回到该研究的广义理论关照中，去拓展关于干部体制韧性问题的讨论。基于"党政体制""干部国家"概念理论呈现的政治结构逻辑，对干部体制的认识需上升到党政体制结构与运作的高度。从这个意义上讲，干部体制具有两个方面的内涵，一方面包含结构意义上的一整套干部人事制度组合及其与党政体制之间的互构关系；另一方面包含功能意义上的基于干部结构绩效来推动中国共产党实现更高水平的政党治理，这是理解当代中国干部体制韧性的要点。因此，尽管前文并未对干部体制韧性进行专门阐释，但从本研究的宏观理论关照来看，干部体制韧性是整个因果链条中"默认"的自变量，它直接影响着党政体制的作用效能乃至党治国理政的绩效，而经由干部结构转换机制而形成的干部队伍结构状况则是构成自变量的具体维度。那么，还可以进一步将干部体制韧性细化为哪些具体的分析维度？未来可就此再展开研究。

其次，拓展与宏观政治逻辑相联系的中间机制解释。回到本研究的广义理论关照，干部结构转换机制最终指向的还是党领导下的中国特色社会主义事业发展问题，因而仍需在未来研究中继续探寻从干部队伍结构效能到推动党和国家发展之间的中介（传递）机制解释。

近年来，国内政治学界就中国共产党的治国理政之道（或按照本研究选用的表述称为政党治理）进行了一定的概念创新，其中颇为流行是由贺东航、孔繁斌等提出的"政治势能"，其系列研究论文提出"'政治势能'是指中国共产党建党立国的重要基础，它帮助党在险恶的政治环境下凝聚思想和战斗力，以强大的意识形态、有效的组织动员取得政权，并在建设和改革进程中实施对国家和社会的支配性治理"，其"重要核心特征就是'党的领导在场'"；政治势能通过"全控型政治""动员型政治""道德型政治"形成对地方的传递，并促成"讲政治"实践在"酝酿趋势""构建权势""宣传造势""形成定势"的连续阶段叠加过程中实现，最终使"政治任务"向"各项公共政策的落地与实施"转化。① 从作者的论述中不难看出，"政治势能"的提出是想对"党的领导"以及党领导下的政治推动与政策形成过程进行概念化。可以说，政治势能概念的构建体现了国内学者的学术努力，但也存在值得商榷之处，除了"势能"这一概念可能会因受众本能从物理学概念进行理解而产生一定意涵混乱以外，至少还存在以下两个务必阐明的理论构建问题。第一，党的政治势能与党的政党能力之间是何种关系？如果说势能的内涵是从"相互作用的物体所共有的"的角度予以构建的，那么党的政治势能面对的那个相对的"物体"是什么？这个问题直接决定了党基于百年历史政治进程而不断成长成熟的领导力究竟是结构性政党能力的体现，还是属于过程性政党能力的一种？第二，以政治势能为核心体现的党的治理之道，究竟是一种政党治理之道，还是国家治理之道？如果是政党治理之道，比如，作者曾强调的"中国共产党治国理政的政治势能"②，那么政治势能与国家能力之间是什么关系，是党的政治势能在政治过程中体现为一种类国家能力，是党的政治势能构成了国家能力，还是党的政治势能包含了国家能力？如果是国家治理之道，那么党的政治势能是否就仅仅是关于党的领导力的提炼概括，而这又要回到第一个理论质疑当中。实际上，关于这个问题的明晰回答，是在具有中国特色的党政体制下，就党的特色政治实践进行概念化必须处理的边界问题，而这也是国内政治学人长期耕耘并尝试与国际社科学界进行更好的对话的关键问题。

相比之下，同样是面对治国理政的解释，同样要牵涉政党与国家的问题，汪仕凯提出的"政治体制能力"解释框架则显得在理论内涵上更宽广、在逻

---

① 贺东航. "政治势能"：中国共产党治理之道的内在图式[J]. 行政论坛，2021（3）. 系列论文可参考：贺东航，孔繁斌. 中国公共政策执行中的政治势能：基于近20年农村林改政策的分析[J]. 中国社会科学，2019（4）.
② 贺东航，吕鸿强. 新时代中国共产党治国理政的政治势能[J]. 东南学术，2019（6）.

辑上更自洽。其系列研究指出，"政治在现代国家治理中的决定性作用是以制度化因素发挥出来的，这种制度化因素即为政治体制能力"，"政治体制能力的弱化或者衰败将导致现代国家治理的困境甚至危机，而强大的政治体制能力则保障现代国家治理能够获得积极效果并且能够持续改善"；"政治体制能力的要素主要包括制度、行动者和思想"，其中"行动者是政治体制至关重要的组成部分，它是处在制度之中的策动力量，是塑造政治体制能力的关键因素"，包括以政治家为主要代表的个体行动者和以代表机关和政党为主要代表的集体行动者。① 在"政治体制能力"的框架里，能力不是按照权力主体来叙述的，它是制度、主体和思想的融合，因此它能够包容国家和政党，并且超越于国家和政党的组织边界问题，而聚焦到其在政治权力结构和运行过程中呈现出来的与整个政治体制之间的互构支撑关系。从这个意义上讲，政治体制能力是推动国家发展的关键自变量，而干部人事制度、干部队伍状况以及干部观念能力则自然成了政治体制能力的重要组成部分，为本研究拓展出新的发展方向。

总体来说，对于一项未竟研究，必然存在着诸多需要不断修补完善的地方。笔者也未想着要提出一项完整的研究，而只是尝试就一些纠缠已久的问题提出尝试性的分析思路。相比于干部淘汰和逆淘汰的历史限定，干部结构问题恐怕仍会是相当长一个历史时期内党政体制运作必须自觉予以调适的对象。当然，由此而跃层牵出的干部体制韧性和政治体制能力问题，也将成为这项研究未来可供选择探索的理论发展方向。

---

① 汪仕凯．政治体制能力：一个解释国家治理兴衰的分析框架［J］．学术月刊，2021(10)．
系列论文可参考：汪仕凯．论政治体制的能力与国家治理［J］．社会主义研究，2016(2)；汪仕凯．政治体制的能力、民主集中制与中国国家治理［J］．探索，2018(4)；汪仕凯．党和国家机构改革与政治体制能力重塑：制度优势转化为治理效能的中国逻辑［J］．南京社会科学，2020(2)；汪仕凯，冯雅静．从领导能力到政治体制能力：中央党政关系演化的经验与解释［J］．天津社会科学，2021(4)．

附 论

关于党内政治生态的理论思考和认识[①]

党的十九大宣告，中国特色社会主义进入新时代，并再次明确提出"全面净化党内政治生态"的政治要求。党的二十大宣告，在迈向全面建设社会主义现代化国家的新征程中，要坚决打赢反腐败斗争攻坚战持久战，"坚决治理政商勾连破坏政治生态和经济发展环境问题，绝不姑息"。党内政治生态是政党发展的结构性纬度，其现实状态的形成不是一蹴而就的，而是来自长时段的历史变迁，因此净化党内政治生态需要党内坚定组织决心，进行严肃的自我革命。在国内党建研究领域，关于净化党内政治生态的文献可谓汗牛充栋，但学术意义上的理论框架并不多见。"历史经验证明，很多重大的政治命题，如果没有相应的一般理论框架去支持，最终都会成为流行一时的口号而不能成为一种话语权。"[②] 因此，建立起关于党内政治生态的具有学术解释力的理论框架是本节的论述重心。

尽管党内政治生态问题是一个现实问题，但要真正看清、看透不能仅限于就事论事，还需借助充分的认识论基础来把握其整体性，包括恰当的介入视野、科学的概念界定与影响党内政治生态的基本要素。

[①] 该部分内容最早完成于2017年年底，后在收入本书过程中仅做了细微修改，基本保持了文章原貌。在此收录旧文，一方面，是想保留一份在那个时期思考这个问题的"思维记忆"；另一方面，就观察动态政治过程而言，有时保存对过去一段时期的理论思考有助于做进一步的比较分析。

[②] 杨光斌．关于国家治理能力的一般理论：探索世界政治（比较政治）研究的新范式[J]．教学与研究，2017（1）．

第一节　时序视野中的党内政治生态问题

首先,从时序视野介入,对党内政治生态问题进行定位。定位问题是认知和分析问题的逻辑起点,时序视野强调在历史变化过程的纵向层次上发现问题演化的规律,特别是从比较历史分析中捕捉影响问题变化的时间节点与关键变量,进而准确把握问题的时代特性,定位好在政治实践中问题处理手段的选用次序。

一方面,基于纵向的历史常识发现,不同时期国家形势处在不同阶段、党的领导范围有不同覆盖、党的建设处于不同水平,党内政治生态也有着不同特点,因而单纯从就事论事层面认识党内政治生态并不能完全把握它在特定历史阶段对全局的潜在影响。简单来说,自中国共产党执政以来,以改革开放为时间节点,前后党内政治生态的突出特点可在宽泛意义上尝试性地概括为"路线之争"与"义利之辩"。俗话说"当局者迷",若不能跳出"路线"和"义利"的事实之争,现实张力就会催生悲观预期,进而陷入观念迷局,使政党成为观念的囚徒;相反,只有跳出就事论事方能认清矛盾,觅得良策。透过长时段的历史视野和发展眼光,毛泽东用"人民内部矛盾"将争论限定在体制能力范围之内解决,而邓小平则用"实践是检验真理的唯一标准"将争论留给事实来解决。可见,策略用对了,"争论"便可置换为"发展"。回到当前,党内政治生态的恶化围绕"义利"产生,主要表现为由"'圈子'和'山头'林立、'潜规则'与'逆淘汰'泛滥、'政商同盟圈'与'官场共同体'盛行"等支撑形成的连续性、系统性、塌方式腐败,其"污染源头是公共权力与非法私利之间交换而产生的'公权力异化'、'公权力寻租'或'公权力腐败'问题"。[①] 如果停留在就事论事上,便难免会有妄语者将当前由党领导下的强力反腐视为权力斗争,并将制度反腐相对滞后的原因归谬为"崇尚专权"。然而,结合党领导国家治理之历史逻辑与公权力异

---

① 牛君,季正聚.试析政治生态治理与重构的路径[J].中共中央党校学报,2015(4).

化之政治逻辑①不难得出,"权力反腐"与"制度反腐"只不过是随时局之变而应用有时、运力有异,并没有绝对的正误之分。正是基于这一认识,以习近平同志为核心的党中央才领导全党首先推进重拳反腐,同时不忘强调"治标是为治本赢得时间""治标要与治本相结合",提出"制度治党""营造风清气正的政治生态",进而全面实行党和国家机构改革、调整国家权力格局、重构国家监察体系等增强党建质量、优化党的领导、健全党和国家监督体系等实现政治可持续发展的治本路径。

另一方面,党内政治生态在不同时期表现出来的特点并不只是时代的产物,它更是在长期历史政治过程中积累而来的,这意味着单一的路径方法在应对问题时可能会失之片面,与此同时,基于观念世界中的某些"定见"而形成的所谓"治本之策"也可能落入"教条主义",进而误判主次矛盾、掩盖问题症结,导致路径方法的选用次序错误。就前文提到的"权力反腐"与"制度反腐"而言,所谓观念世界中的"定见",即大凡认为"权力反腐"是饮鸩止渴,"制度反腐"才是治本之策,但这样的判断是有条件的,并非任何情况都适用。比如,在出现"制度性腐败"的情况下,制度体系已然被异化为权力利用的工具,怎么办?尽管这种理论上的推演可能有夸大经验事实之嫌,但它反映出一个对思考腐败治理具有前置性影响甚或是根本性影响的问题——制度与权力的关系状态问题。说到底,制度是靠组织和权力运作的,因此制度与权力关系的背后实际上是权力与权力的关系。作为纪律严明的马克思主义政党,如果党内不团结统一、没有统一权威,"圈子"复杂、"山头"林立、"码头"文化盛行,就会陷于因私利而起的权力争斗,再好的制度也是形同虚设。只有从严治党,严明了党纪规矩,树立起核心权威,才能稳定党内秩序、统一党内意志、凝聚党内共识、提升执政能力,进而真正做到立党为公、执政为民,这对于执政党而言至关重要,是头等大事。制度与权力的关系状态在不同语境下是不尽相同的,它在很大程度上决定了"权力反

---

① 所谓"党领导国家治理的历史逻辑",强调"党领导国家治理"形态在中国形成的历史过程,特别是该过程赋予了中国共产党内在的"国家身份"的历史结果,在这个意义上,党的政治行为就是国家的政治行为,国家的各方面生活都由党的组织及其权力运行机制所领导,因而在制度建设未能健全的特定历史阶段,由党领导的反腐败行为是具有历史合理性的。所谓"公权力异化的政治逻辑",是指政治行为者利用公权力进行渗透、转化以获取私利的政治过程,强调公权力为特定"圈子"垄断,他们可以用权力俘获制度,进而将制度变为牟取私利的工具,面对这种情况,"权力反腐"具有时效和次序上的合理性。

腐"与"制度反腐"的推进次序。如果没有研究好这个次序问题就大谈"制度反腐",那么"制度反腐"只能成为书斋式的"一厢情愿",它不仅极有可能流于形式,还可能异变为助长"制度性腐败"的催化剂。

第二节　党内政治生态的概念界定

其次,如何科学界定党内政治生态的概念,有以下几点值得关注。

第一,从学科视野出发,当前学界能够达成的基本共识是,政治生态研究是指基于生态学的观念、原理与方法对政治问题进行分析。就学科建构而言,《布莱克维尔政治学百科全书》认为,政治生态学是"研究政治行为环境的一系列方法……从广义上讲,该术语主要被用来描述环境对政治行为的影响……政治生态学的特点在于试图测定不同的环境对于这些环境周围的、一种或多种被看成是特征相似的个人或团体所产生的影响"[①]。基于此,国内有学者致力于实现政治学学科意义上的整体性理论体系和方法论的创新与突破,认为政治生态学"是关于政治主体、政治制度、政治过程及其互动,以及它们与社会环境之关系的研究的方法论和理论观"。在方法论原则层面,有学者认为政治生态学研究应强调在"多样性中寻找统一",透视多样性中的复杂性、控制事物之间的关联性、防范政治体系的离心效应与蝴蝶效应;要重视"政治体系内部诸关系及其与外部环境之间的有机性",政治生态处在与自然生态、文化生态、经济秩序等共同构成的大生态圈中,政治生态内部关系之协调离不开其与外部环境之互动甚至制衡。[②]

第二,从政治生态的具体定义来看,广义的定义更符合中国的现实,即把政治生态等同于政治生活的总和,它包括由政治个体与政治生活环境之互动、制衡关系而形成的政治权力结构(由各种政治文化观念和政治制度规则构成)、政治运行机制和过程(由各种政治行为主体设计制定并在不同政治心理下进行)、政治行为方式(政治场域的进入方式、政治角色的竞争方式、政治资源的配置方式)等。基于这样的定义,可以建立良好政治生态的要素分

[①] 戴维·米诺,韦农·波格丹诺. 布莱克维尔政治学百科全书 [M]. 中国问题研究所,等编译. 北京:中国政法大学出版社,1992:554.

[②] 刘京希. 政治生态学理论体系建构刍议 [J]. 马克思主义与现实,2013 (4).

析，比如如何通过建构良好的政治制度、政治文化、政治心理来实现良好的政治权力结构、良好的政治运行机制和良好的政治行为方式。①

第三，以前述理论为基础，党内政治生态问题需从共性与特性两个前置性维度予以理解。从共性维度来看，党内政治系统是整体政治系统的子系统，因此在生态要素构成上应具有一定同构性，可在一定范围内借用政治生态学理论和方法进行分析；从特性维度来看，"党领导国家治理"的基本形态②决定中国共产党的党内政治生态状况在极大程度上决定整个国家的政治生态状况，因而在中国语境下净化党内政治生态对于国家整体政治生态的治理与重构具有关键性意义。

第四，结合当前党内治理的重点，笔者认为党内政治生态问题的症结不能仅仅限定在"人""观念""制度"等某个单一方面。一是应坚持统合分析，即强调观念影响下的党员领导干部与制度机制之间的互动形态（包括了对政治建设、思想建设、组织建设、作风建设、纪律建设、制度建设以及深入推进反腐败斗争的统合思考）；二是应坚持分层分析，即采用具有问题针对性的破解思路，比如在具体到某项建设问题时，党中央层面、基层党组织层面、领导干部层面、党员层面都可以相应地采取不同举措，如果混淆来分析，就不具有现实意义；三是应摒弃"相互否定"的思维，比如净化党内政治生态是分步骤、分阶段的，不能因为制度建设是治本之策，就否定反腐败斗争的现实成效、忽视思想观念的潜在影响。

基于前述分析，本研究采用的党内政治生态定义是"党员干部的理想信

---

① 部分观点参见燕继荣. 政治生态是怎么被污染的［J］. 探索与争鸣，2015（11）；申建林. 把脉中国政治生态三要害［J］. 人民论坛，2014（25）.

② 所谓"党领导国家治理"形态，实际上是对中国语境下政党—国家—社会关系的一种理论概括，国内学者陈明明认为，"在当代中国，由于国家获得了某种自主性，的确也存在某种努力变政党意志为国家意志的需要，从而实际上承认政党终究是一种'非国家公权'的组织，但是中国现代历史的逻辑已经赋予了政党内在的'国家身份'——它并非靠选票'进入'了国家方才获得'运作'国家的资格，它是靠革命手段'缔造'了国家于是成为国家的灵魂，在这个意义上，它就是'国家'，或是'国家'最深刻的内容'，"在这种结构中，政党居于轴心地位，国家成为政党统治或治理的对象或工具，轴心不存，轮辐无由支撑，政治系统即行瓦解"，详见：陈明明. 在革命与现代化之间：关于党治国家的一个观察与讨论［M］. 上海：复旦大学出版社，2015.
基于同样的经验事实，不同学者还有不同的概括，比如景跃进的"党政体制"，任剑涛的"政党—国家"形态等；国外学者如萨托利（Giovanni Sartori）、斯考切波（Theda Skocpol）、乔纳蒂（Maria Csanadi）等则用 Party State 的概念。

念、工作作风、职业操守以及党内法纪水准、廉洁程度、治理效能在政党政治生活中的集中反映,特别是指党内政治生活环境、干部从政环境、组织运行环境及其未来治理走向的生态联动发展环境"①。

第三节　影响党内政治生态的基本要素

在明确了党内政治生态定义的基础上,运用系统论将有助于探析党内政治生态的基础要素。现代系统论建立在"协同论""结构论""突变论"的基础上,对传统的系统论进行了发展完善,该理论认为不能孤立地考察系统中整体与部分之间的关系,而应从不同层次、结构、环境去理解整体与部分的相互作用。由此观之,党内政治生态可被视为一个内外各要素持续互动、不断影响的系统,只有各要素相互配合、协调统一,才能实现系统最优。阿尔蒙德认为,各个要素、各个系统之间的协调联动、相互影响是必不可少的,彼此间相互依赖、相互影响、协调共生,否则系统会崩溃甚至不复存在。② 基于此,良好的党内政治生态在结构上要求在场的要素能够体系化,在过程上要求各要素的互动能够协调化,因而在理论分析中须统合把握其构成要素及其相互间关系。

党内组织体系。党内组织体系既包括静态的组织和制度框架(包括中央层面和地方层面),也包括动态的运行机制(包括横向、纵向和政党系统内外之间的运行),它们共同框定了政党的权力结构与权力运作体系,其制度化程度、组织复杂性和组织渗透性等将对党内政治生态形成结构性影响。中国共产党作为居于领导地位的执政党,在其发展的政治过程中形成了稳定的各层权力交接制度,在其历史过程中形成了从中央到地方完备且严密的组织体系。它的党组织与国家组织紧密结合,有效地执掌着国家政权。同时,它的组织网络还嵌入相当数量的大中型社会-经济组织中,建立起稳定的联系。以严密的科层制与广泛嵌入的党支部为支撑的完备的组织体系能够确保政党的整体

---

① 牛君,季正聚. 试析政治生态治理与重构的路径 [J]. 中共中央党校学报,2015(4).

② 加布里埃尔·A. 阿尔蒙德. 当代比较政治学世界展望 [M]. 朱曾汶,林铮,译. 北京:商务印书馆,1993:4-9.

行动力，尤其能够确保政策的执行力。① 在这样一个组织体系中，其权力架构、制度机制、文化观念和成员行为等对党内政治生态的生成产生决定性作用。

党内法规制度体系。无论是作为个体的党员，还是作为整体的党组织，他们都必须依循党内法规制度体系行动。从这个层面来看，党内法规制度体系对于净化党内政治生态具有基础性作用。从另一个层面来看，党内法规制度体系涵盖了政党对其成员和组织的一系列政治使命要求、道德观念要求和基本行为要求等，其本身也是影响党内政治生态的结构性要素。从组织长期发展的角度来看，党内法规制度体系是动态的、发展的，同时具有稳定性和发展性的特征。因此，必须用发展的、历史的眼光来看待党内法规制度体系，结合时代环境与外部需要，不断变化调整。党的十八大以来，稳健推进的党内法规制度群建设就是重要体现。

党内政治文化。对于党的政治生态发展来说，政党文化有着不可忽视的作用，它与党内政治生态发展以及政党的制度变迁有着密切的联系。在阿尔蒙德看来，文化是无处不在的，每个集体都有相应的文化，因此保证政治制度的稳定就需要政治文化与政治结构的相适应。当政治文化和政治制度之间出现不匹配时，政治制度也会受到相应破坏。② 由此说明了政党文化对于整个制度稳定的重要作用。同时，党内政治文化是党员对于党内价值观的内化与认知，是党内政治生态的重要衡量标准。因此，在相应的组织结构设计时，不仅要考虑如何更好地发挥组织效能，更要考虑如何构建健康可持续的党内政治文化，增强党员的政党认同感。

党员、领导干部及其行为。柏拉图曾在《理想国》中提出，当一个国家最像一个人的时候，它是管理得最好的国家。比如，像我们中间某一个人的手指受伤了，整个身心作为一个人的有机体，在统一指挥下，对一部分感受的痛苦，浑身都感觉到了。从微观上看，政党是由党员个体组成的，每个党员的行为都会对党内政治生态产生直接影响。如果能确保每位党员作风优良，那么党内就会形成良好的政治生态。进一步地，领导干部群体是党内的"关键少数"，他们的行为不仅会在党内形成示范作用，对其他党员产生重要影

---

① 袁超. 政党—国家形态下的政党能力：一个解释中国经济转型的理论简纲［J］. 内蒙古大学学报（哲学社会科学版），2015（2）.
② 加布里埃尔·A. 阿尔蒙德，小 G. 宾厄姆·鲍威尔. 比较政治学：体系、过程和政策［M］. 曹沛霖，郑世平，公婷，译. 北京：东方出版社，2007.

响，还会对整个社会的政党认知产生直接影响。可见，领导干部特别是党内领袖对于党内政治生态的影响更为显著。

此外，政治社会是一个相互联系的系统，外部要素与内部要素时刻处在互动中。因此，包括国内环境、国际格局等外部要素同样会对党内政治生态产生重要影响。然而，根据马克思主义基本原理，外因是通过内因起作用的，要确保党内政治生态风清气正，还是取决于上述内部影响因素。因此，本研究重点关注党内政治生态的内部影响因素及其相互间的关系，即借助该框架透视党内政治生态存在的问题，并借此寻求解决之道。

第四节 党内关于政治生态问题的系统性认识[①]

当前党内政治生态存在怎样的问题，该如何结合中国的政治实践认清该问题的"标"与"本"？基于党政体制的特征，厘清这个问题须回到党内特别是习近平总书记的相关论述中。党的十八大以来，习近平总书记关于政治生态建设的重要论述，是全党对当前党风廉政建设和反腐败斗争所处形势的系统性理论回应，为认清和处理当前党内政治生态出现的问题提供了理论指导和行动指南。本节将对习近平总书记系列重要讲话进行梳理，从其相关重要论述中总结出分析党内政治生态问题的逻辑框架。

从整体上看，习近平总书记系列重要讲话中关于党的执政形势，党员干部理想信念、工作作风，党内法规制度、纪律规矩，反腐败斗争与干部从政环境等重要论述是有机联系、一脉相承的，它实际上形成了一套以研判形势（发现问题）、定位问题、分析原因、解决问题为内嵌逻辑的政治生态要素分析，是对当前党内政治生态问题的系统性回应。

第一，研判形势（发现问题）：外部考验严峻、党内问题突出，政治生态状况不容乐观。中共十八大强调全党要经受住"四大考验"、防止"四种风险"，在这样的形势下，习近平总书记进一步强调"党面临的最大风险和挑战

[①] 本节在笔者已发表论文《关于党内政治生态问题的系统性认识》（载《党政论坛》2018年第5期）基础上修改拓展而成。

是来自党内的腐败和不正之风"①。一方面,他指明当前消极腐败危险的普遍性、尖锐性与严峻性:从群众诉求的角度出发,他认为腐败问题是广大干部群众始终关注的"重大政治问题"②,"人民群众最痛恨各种消极腐败现象,最痛恨各种特权现象,这些现象对党同人民群众的血肉联系最具杀伤力"③,"严惩腐败分子是党心民心所向"④;基于对党内腐败问题的判断,他强调"一些领域腐败现象易发多发,一些腐败分子一意孤行,仍然没有收手,甚至变本加厉。……一些腐败分子贪污胃口之大、数额之巨、时间之长、情节之恶劣,令人触目惊心!有的地方甚至出现了'塌方式腐败'"⑤,关键是"滋生腐败的土壤存在"⑥;在古今中外的比较视野下,他将腐败问题提到党和国家生死存亡的高度,强调"近年来,一些国家因长期积累的矛盾导致民怨载道、社会动荡、政权垮台,其中贪污腐败就是一个很重要的原因"⑦,"如果任凭腐败问题愈演愈烈,最终必然亡党亡国。……中国历史上因为统治集团严重腐败导致人亡政息的例子比比皆是,当今世界上由于执政党腐化堕落、严重脱离群众导致失去政权的例子也不胜枚举啊"⑧。另一方面,习近平总书记特别警示全党脱离群众危险的严重性,他指出"党内脱离群众的现象大量存在,一些问题还相当严重,集中表现为形式主义、官僚主义、享乐主义和

---

① 习近平. 在中央政治局常委会听取中央巡视工作领导小组关于二〇一四年中央巡视组第二轮巡视情况汇报时的讲话[G]//中共中央纪律检查委员会,中共中央文献研究室. 习近平关于党风廉政建设和反腐败斗争论述摘编. 北京:中央文献出版社,中国方正出版社,2015:101.
② 习近平. 紧紧围绕坚持和发展中国特色社会主义学习宣传贯彻党的十八大精神[G]//十八大以来重要文献选编:上. 北京:中央文献出版社,2014:81.
③ 习近平. 在十八届中央政治局第五次集体学习时的讲话[G]//习近平关于党风廉政建设和反腐败斗争论述摘编. 北京:中央文献出版社,中国方正出版社,2015:7.
④ 习近平. 在第十八届中央纪律检查委员会第三次全体会议上的讲话[G]//习近平关于党风廉政建设和反腐败斗争论述摘编. 北京:中央文献出版社,中国方正出版社,2015:7.
⑤ 习近平. 在中共十八届四中全会第二次全体会议上的讲话[G]//习近平关于党风廉政建设和反腐败斗争论述摘编. 北京:中央文献出版社,中国方正出版社,2015:25.
⑥ 习近平. 在中共十八届三中全会第一次全体会议上的讲话[G]//习近平关于党风廉政建设和反腐败斗争论述摘编. 北京:中央文献出版社,中国方正出版社,2015:17.
⑦ 习近平. 紧紧围绕坚持和发展中国特色社会主义学习宣传贯彻党的十八大精神[G]//十八大以来重要文献选编:上. 北京:中央文献出版社,2014:81.
⑧ 习近平. 在十八届中央纪律检查委员会第二次全体会议上的讲话[G]//习近平关于党风廉政建设和反腐败斗争论述摘编. 北京:中央文献出版社,中国方正出版社,2015:5.

奢靡之风这'四风'上"①，而且"这些年来，在一些地方和单位，'四风'问题越积越多，党内和社会上潜规则越来越盛行，政治生态和社会环境受到污染"②。尽管党内政治生态还未全面净化，但党的十九大指出："十八大以来的五年，我们勇于面对党面临的重大风险考验和党内存在的突出问题，以顽强意志品质正风肃纪、反腐惩恶，消除了党和国家内部存在的严重隐患，党内政治生活气象更新，党内政治生态明显好转。"

第二，定位问题：党内政治生态的治理与重构是一项长期的、复杂的、艰巨的系统工程。基于对复杂形势和突出问题的研判，习近平总书记早在2013年就提出作为重构政治生态重要途径的"党风廉政建设和反腐败斗争是一项长期的、复杂的、艰巨的任务，不可能毕其功于一役"③，而十八大以来查处的案件和"巡视发现的问题再次印证了反腐败斗争形势依然严峻复杂的判断"④，"减少腐败存量、遏制腐败增量、重构政治生态的工作艰巨繁重"⑤。进一步地，他特别强调反"四风"的重要性，认为"党内存在的其他问题都与这'四风'有关，或者说是这'四风'衍生出来的"⑥，因此"中央提出抓作风建设，……就是提出了一个抓反腐倡廉的着力点，提出了一个夯实党执政的群众基础的切入点"⑦。然而，"'四风'问题积习甚深，可谓冰冻三尺非一日之寒。……'四风'问题具有很强的变异性和传染性，这样的问题消

---

① 习近平. 在党的群众路线教育实践活动工作会议上的讲话 [G] //十八大以来重要文献选编：上. 北京：中央文献出版社，2011：310.
② 习近平. 在党的群众路线教育实践活动总结大会上的讲话 [EB/OL]. 中共中央党校网站，2014-10-09.
③ 习近平. 在十八届中央纪律检查委员会第二次全体会议上的讲话 [G] //中共中央纪律检查委员会，中共中央文献研究室. 习近平关于党风廉政建设和反腐败斗争论述摘编. 北京：中央文献出版社，中国方正出版社，2015：13.
④ 习近平. 在中央政治局常委会听取中央巡视工作领导小组关于二○一四年中央巡视组第二轮巡视情况汇报时的讲话 [G] //中共中纪律检查委员会. 中共中央文献研究室. 习近平关于党风廉政建设和反腐败斗争论述摘编. 北京：中央文献出版社，中国方正出版社. 2015：24.
⑤ 习近平. 在十八届中央纪律检查委员会第五次全体会议上的讲话 [EB/OL]. 共产党员网，2015-01-13.
⑥ 习近平. 在党的群众路线教育实践活动工作会议上的讲话 [G] //十八大以来重要文献选编：上. 北京：中央文献出版社，2014：313-314.
⑦ 习近平. 在十八届中央政治局第五次集体学习时的讲话 [G] //中共中央纪律检查委员会，中共中央文献研究室. 习近平关于党风廉政建设和反腐败斗争论述摘编. 北京：中央文献出版社，中国方正出版社，2015：71.

失了，那样的问题又会出现"①，所以说"习惯很难扭过来，常抓不懈才能防止卷土重来。……纠正'四风'是长期的、艰巨的任务"②。

第三，分析原因：公权力异化是党内政治生态恶化的根源，而思想观念问题和制度建设问题则是公权力异化的内外因。党内政治生态遭到污染，"歪风邪气"和"塌方式腐败"都只是表象，公权力异化才是根源。因此，习近平总书记特别关注"权力滥用"和"权力寻租"问题，多次强调要"让人民监督权力、让权力在阳光下运行"。在权力监督制约方面，习近平总书记指出要抓"关键少数"，重点从领导干部、"一把手"抓起，中央领导要带头示范。尽管问题认清了、方向指明了，但要提出彻底纠正"四风"、遏制腐败、净化政治生态的具体方法，还需找准公权力异化的原因。对此，习近平总书记深入分析了"四风"的实质与根源，他认为"形式主义的实质是主观主义、功利主义，根源是政绩观错位、责任心缺失，……官僚主义实质是封建残余思想作祟，根源是官本位思想严重、权力观扭曲，……享乐主义实质是革命意志衰退、奋斗精神消减，根源是世界观、人生观、价值观不正确，……奢靡之风实质是剥削阶级思想和腐朽生活方式的反映，根源是思想堕落、物欲膨胀"③，解决这些问题必须标本兼治，治标就是针对各种表现进行纠正、制止；治本则是要找深层次原因，从理想信念、工作程序、体制机制等方面下功夫。而就腐败治理而言，之所以"反腐败斗争形势依然严峻复杂，主要是在实现不敢腐、不能腐、不想腐上还没有取得压倒性胜利，腐败活动减少了但并没有绝迹，反腐败体制机制建立了但还不够完善，思想教育加强了但思想防线还没有筑牢"④。可见，思想观念和制度建设上存在的问题是公权力异化的内外因。

---

① 习近平. 在党的群众路线教育实践活动第一批总结暨第二批部署会议上的讲话［G］//中共中央纪律检查委员会，中共中央文献研究室. 习近平关于党风廉政建设和反腐败斗争论述摘编. 北京：中央文献出版社，中国方正出版社，2015：80.

② 习近平. 在中央政治局常委会听取中央巡视工作领导小组关于二〇一四年中央巡视组第二轮巡视情况汇报时的讲话［G］//中共中央纪律检查委员会，中共中央文献研究室. 习近平关于党风廉政建设和反腐败斗争论述摘编. 北京：中央文献出版社，中国方正出版社，2015：23-24.

③ 习近平. 在河北调研指导党的群众路线教育实践活动时的讲话［G］//中共中央纪律检查委员会，中共中央文献研究室. 习近平关于党风廉政建设和反腐败斗争论述摘编. 北京：中央文献出版社，中国方正出版社，2015：75.

④ 习近平. 在十八届中央纪律检查委员会第五次全体会议上的讲话［EB/OL］. 共产党员网，2015-01-13.

第四，解决问题：思想建党与制度治党紧密结合是防范公权力异化、纠正"四风"、遏制腐败，进而重构政治生态的根本之道。习近平总书记在十八届中纪委六次全会上提出："标本兼治，净化政治生态。各级领导干部特别是高级干部要从自身做起，廉洁用权，做遵纪守法的模范，同时要坚持原则、敢抓敢管，立'明规矩'、破'潜规则'，通过体制机制改革和制度创新促进政治生态不断改善。"① 这一论述可以看作对重构党内政治生态的总要求，其中内嵌了思想建党与制度治党紧密结合的意涵。首先，对于"关键少数"的廉洁用权、遵纪守法问题。一方面反映思想观念偏差，习近平总书记强调，"'四风'问题归根到底是理想信念出现动摇所致"②，"要从思想教育入手，……解决好世界观、人生观、价值观这个'总开关'问题"③。因此，领导干部特别是高级干部要"始终保持对马克思主义的坚定信仰、对共产主义和中国特色社会主义的坚定信念，按照马克思主义政治家的标准严格要求自己，始终把人民放在心中最高位置，把为党和人民事业贡献力量作为自己最高追求，为坚持和发展中国特色社会主义不懈奋斗，以此来开阔胸襟和眼界，以此来增强政治定力和政治敏锐性，以此来提高抵御各种风险和经受住各种考验的能力"④。另一方面反映党规党纪建设，加强党的规矩和纪律建设是制度治党的重要体现，也是从外部约束党员领导干部行为的重要举措。当前党内出现"制度虚置化"问题，关键原因出在制度规则的实施和执行环节，一些领导干部不讲纪律，利用手中权力私设"潜规则"，破坏了党内秩序。正如习近平总书记平指出的："巡视中对用人腐败和不正之风问题反映突出，违规

---

① 习近平．在十八届中央纪律检查委员会第六次全体会议上的讲话［EB/OL］．新华网，2015-01-13．
② 习近平．在党的群众路线教育实践活动第一批总结暨第二批部署会议上的讲话［G］//中共中央纪律检查委员会，中共中央文献研究室．习近平关于党风廉政建设和反腐败斗争论述摘编．北京：中央文献出版社，中国方正出版社，2015：143．
③ 习近平．在中共中央政治局召开关于对照检查中央八项规定落实情况讨论研究深化改进作风举措的专门会议上的讲话［N/OL］．人民法院报．2013-06-26．
④ 习近平．在中共十八届一中全会上的讲话［G］//中共中央纪律检查委员会，中共中央文献研究室．习近平关于党风廉政建设和反腐败斗争论述摘编．北京：中央文献出版社，中国方正出版社，2015：137．

用人问题十分普遍，干部制度形同虚设。"① 因此，立"明规矩"、破"潜规则"有助于理顺党内秩序、破除"制度虚置化"问题。对于体制机制改革和制度创新问题，其核心目的是把"权力关进制度的笼子里"。习近平总书记指出，党中央"采取一系列措施，包括发挥纪检监察派驻机构的监督作用，加强和改进巡视工作，建立领导干部谈话制度，畅通人民群众举报和监督渠道，发挥舆论监督包括互联网监督作用，一个重要导向就在于建好笼子、强化监督"②。

综上所述，习近平总书记有关政治生态的重要论述构成了系统认识党内政治生态问题的方法论。与此同时，这一基于政治实践形成的系统性认识实际上验证了前文提出的影响党内政治生态的基本要素。可见，无论是理论研究，还是对策分析，包括党内组织体系、党内法规制度体系、党内政治文化和党员干部及其相互关系在内的结构性框架都是可供运用的分析工具。

---

① 习近平. 在中央政治局常委会听取中央巡视工作领导小组关于二〇一四年中央巡视组第二轮巡视情况汇报时的讲话 [G] //中共中央纪律检查委员会，中共中央文献研究室. 习近平关于党风廉政建设和反腐败斗争论述摘编. 北京：中央文献出版社，中国方正出版社，2015：102.

② 习近平. 在十八届中央纪律检查委员会第三次全体会议上的讲话 [G] //中共中央纪律检查委员会，中共中央文献研究室. 习近平关于严明党的纪律和规矩论述摘编. 北京：中央文献出版社，中国方正出版社，2016：53.

参考文献

一、中文部分（按作者姓氏、文献名首字拼音首字母排序）

（一）马克思主义经典作家及党和国家主要领导人著作

1. 邓小平文选：第 2 卷［M］．北京：人民出版社，1994．
2. 邓小平文选：第 3 卷［M］．北京：人民出版社，1993．
3. 列宁全集：第 43 卷［M］．北京：人民出版社，1987．
4. 马克思恩格斯选集：第 1 卷［M］．北京：人民出版社，2012．
5. 马克思恩格斯选集：第 4 卷［M］．北京：人民出版社，1995．
6. 毛泽东选集：第 1 卷［M］．北京：人民出版社，1991．
7. 毛泽东选集：第 2 卷［M］．北京：人民出版社，1991．
8. 毛泽东邓小平江泽民论教育［M］．北京：中央文献出版社，2002．
9. 习近平谈治国理政：第 1 卷［M］．北京：外文出版社，2014．
10. 习近平谈治国理政：第 2 卷［M］．北京：外文出版社，2017．
11. 习近平谈治国理政：第 3 卷［M］．北京：外文出版社，2020．
12. 习近平谈治国理政：第 4 卷［M］．北京：外文出版社，2022．

（二）专著及文献汇编

1. 陈明明．在革命与现代化之间：关于党治国家的一个观察与讨论［M］．上海：复旦大学出版社，2015．

2. 陈仲安，王素．汉唐职官制度研究［M］．北京：中华书局，1993．

3. 程万军．逆淘汰：中国历史上的毁人游戏［M］．桂林：广西师范大学出版社，2010．

4. 邓小南．宋代文官选任制度诸层面［M］．石家庄：河北教育出版社，1993．

5. 费孝通．乡土中国［M］．北京：北京大学出版社，1998．

6. 方钦．观念与制度［M］．北京：商务印书馆，2019．

7. 高国舫. 党政干部淘汰机制研究［M］. 北京：中共中央党校出版社, 2005.

8. 郭智强. 党政领导干部淘汰机制研究［M］. 兰州：兰州大学出版社, 2009.

9. 黄光国. 人情与面子：中国人的权力游戏［M］. 北京：中国人民大学出版社, 2010.

10. 侯旭东. 宠：信-任型君臣关系与西汉历史的展开［M］. 北京：北京师范大学出版社, 2018.

11. 景跃进, 陈明明, 肖滨. 当代中国政府与政治［M］. 北京：中国人民大学出版社, 2016.

12. 李明. 新时代好干部考评机制新探［M］. 上海：上海人民出版社, 2020.

13. 李沛良. 论中国式社会学研究的关联概念与命题［M］//北京大学社会学与人类学所. 东亚社会研究. 北京：北京大学出版社, 1993.

14. 吕增奎. 执政的转型：海外学者论中国共产党的建设［M］. 北京：中央编译出版社, 2011.

15. 钱穆. 中国历代政治得失［M］. 北京：生活·读书·新知三联书店, 2005.

16. 田余庆. 秦汉魏晋史探微：重订本［M］. 北京：中华书局, 2011.

17. 田余庆. 东晋门阀政治［M］. 北京：北京大学出版社, 2012.

18. 王亚南. 中国官僚政治研究［M］. 北京：商务印书馆, 2010.

19. 王海峰. 干部国家：一种支撑和维系中国党建国家权力结构及其运行的制度［M］. 上海：复旦大学出版社, 2012.

20. 习近平. 在党的群众路线教育实践活动总结大会上的讲话［M］. 北京：人民出版社, 2014.

21. 习近平. 在全国组织工作会议上的讲话［M］. 北京：人民出版社, 2018.

22. 习近平关于党风廉政建设和反腐败斗争论述摘编［G］. 北京：中央文献出版社, 中国方正出版社, 2015.

23. 阎步克. 中国古代官阶制度引论［M］. 北京：北京大学出版社, 2010.

24. 周淑真. 政党政治学［M］. 北京：人民出版社, 2011.

25. 翟学伟. 人情、面子与权力的再生产 [M]. 北京：北京大学出版社, 2005.

26. 朱光磊. 当代中国政府过程：第3版 [M]. 天津：天津人民出版社, 2008.

27. 赵勇. 当代中国政治过程中的党校研究 [M]. 北京：人民出版社, 2014.

28. 中共中央文献研究室. 三中全会以来重要文献选编：上 [G]. 北京：中央文献出版社, 2011.

29. 中共中央文献研究室. 三中全会以来重要文献选编：下 [G]. 北京：中央文献出版社, 2011.

30. 中共中央文献研究室. 十二大以来重要文献选编：上 [G]. 北京：人民出版社, 2011.

31. 中共中央文献研究室. 十二大以来重要文献选编：中 [G]. 北京：人民出版社, 2011.

32. 中共中央文献研究室. 十三大以来重要文献选编：下 [G]. 北京：人民出版社, 1993.

33. 中共中央文献研究室. 十七大以来重要文献选编：上 [G]. 北京：中央文献出版社, 2009.

34. 中共中央文献研究室. 十八大以来重要文献选编：上 [G]. 北京：中央文献出版社, 2014.

35. 中共中央文献研究室. 十八大以来重要文献选编：下 [G]. 北京：中央文献出版社, 2018.

36. 中共中央文献研究室. 习近平关于社会主义经济建设论述摘编 [G]. 北京：中央文献出版社, 2017.

37. 中共中央纪律检查委员会, 中共中央文献研究室. 习近平关于严明党的纪律和规矩论述摘编 [G]. 北京：中央文献出版社, 中国方正出版社, 2016.

38. 中共中央关于加强党的建设几个重大问题的决定（1994年9月28日）[M]. 北京：人民出版社, 1994.

（三）译著

1. 贝淡宁. 贤能政治：为什么尚贤制比选举民主制更适合中国 [M]. 吴万伟, 译. 北京：中信出版社, 2016.

2. 布莱克 C. 现代化的动力：一个比较史的研究［M］. 景跃进，张静，译. 杭州：浙江人民出版社，1989.

3. 萨托利 G. 政党与政党体制［M］. 王明进，译. 北京：商务印书馆，2006.

4. 加里·戈茨. 概念界定：关于测量、个案和理论的讨论［M］. 尹继武，译. 重庆：重庆大学出版社，2014.

5. 加塔诺·莫斯卡. 统治阶级［M］. 贾鹤鹏，译. 南京：译林出版社，2012.

6. 加布里埃尔·A. 阿尔蒙德，小 G. 宾厄姆·鲍威尔. 比较政治学：体系、过程和政策［M］. 曹沛霖，郑世平，公婷，译. 北京：东方出版社，2007.

7. 沟口雄三. 中国的公与私·公私［M］. 郑静，译. 北京：生活·读书·新知三联书店，2011.

8. 马克斯·韦伯. 支配社会学［M］. 简惠美，译. 桂林：广西师范大学出版社，2004.

9. 莫里斯·梅斯纳. 毛泽东的中国及其发展［M］. 张瑛，译. 北京：社会科学文献出版社，1992.

10. 玛利亚·乔纳蒂. 自我耗竭式演进：政党-国家体制的模型与验证［M］. 李陈华，许敏兰，译. 北京：中央编译出版社，2008.

11. 马丁·阿尔布罗. 官僚制［M］. 阎步克，译. 北京：知识出版社，1990.

12. 马克·格兰诺维特. 镶嵌：社会网和经济行动［M］. 罗家德，译. 北京：社会科学文献出版社，2007.

13. 尼科斯·波朗查斯. 政治权力与社会阶级［M］. 叶林，译. 北京：中国社会科学出版社，1982.

14. 塔尔科特·帕森斯. 社会行动的结构［M］. 张明德，夏翼南，彭刚，译. 上海：译林出版社，2012.

15. V. 帕累托. 普通社会学纲要：修订版［M］. 田时纲，译. 北京：社会科学文献出版社，2016.

16. 西达·斯考切波. 国家与社会革命：对法国、俄国和中国的比较分析［M］. 何俊志，王学东，译. 上海：上海人民出版社，2007.

（四）古籍类

1. 汉书［M］．北京：中华书局，1962．

2. 后汉书［M］．北京：中华书局，1965．

3. 清史稿［M］．北京：中华书局，1998．

4. 全元文［M］．南京：江苏古籍出版社，1999．

5. 三国志［M］．北京：中华书局，1982．

6. 史记［M］．北京：中华书局，2013．

7. 宋书［M］．北京：中华书局，1974．

8. 十三经注疏［M］．台北：艺文印书馆，2007．

9. 睡虎地秦墓竹简［M］．北京：文物出版社，1978．

10. 苏洵．嘉祐集笺注［M］．曾枣庄，金成礼，注．上海：上海古籍出版社，1993．

11. 旧唐书［M］．北京：中华书局，1975．

12. 晋书［M］．北京：中华书局，1996．

13. 蒋礼鸿．商君书锥指［M］．北京：中华书局，1986．

14. 梁书［M］．北京：中华书局，1973．

15. 黎翔凤．管子校注［M］．北京：中华书局，2004．

16. 李攸．宋朝事实［M］．北京：商务印书馆，1936．

17. 明史［M］．北京：中华书局，1974．

18. 南史［M］．北京：中华书局，1975．

19. 南齐书［M］．北京：中华书局，1972．

20. 新唐书［M］．北京：中华书局，1975．

21. 元史［M］．北京：中华书局，1976．

22. 张集馨．道咸宦海见闻录［M］．北京：中华书局，1981．

23. 资治通鉴［M］．北京：中华书局，2011．

（五）期刊及学位论文

1. 边燕杰．关系社会学及其学科地位［J］．西安交通大学学报（社会科学版），2010（5）．

2. 陈明明．作为一种政治形态的政党-国家及其对中国国家建设的意义［J］．江苏社会科学，2015（2）．

3. 陈明明．双重逻辑交互作用中的党治与法治［J］．学术月刊，2019（1）．

4. 陈家喜. 我国干部选拔制度改革的路线图：以全国组织工作会议为线索［J］. 社会科学研究，2017（5）.

5. 陈家喜，林清新. 新时代执政党干部选任制度的新变化［J］. 理论探讨，2019（2）.

6. 曹正汉. 无形的观念如何塑造有形的组织：对组织社会学新制度学派的一个回顾［J］. 社会，2005（3）.

7. 段伟红. 技术官僚的"谱系"、"派系"与"部系"——对西方"中国高层政治研究"相关文献的批判性重建［J］. 清华大学学报（哲学社会科学版），2012（3）.

8. 方正达，黄震乾. 简论领导干部适度淘汰机制的建立［J］. 理论与改革，1993（4）.

9. 高国舫. 党政干部末位淘汰制探讨［J］. 岭南学刊，2005（1）.

10. 甘长山. 公务员末位淘汰制评析［J］. 当代中国政治研究报告，2003（1）.

11. 何志明. 川陕苏区时期乡村干部的选拔·淘汰机制探析［J］. 苏区研究，2019（1）.

12. 何显明. 非正式关系与权力资源的获取［J］. 社会科学家，2003（2）.

13. 黄其松，胡赣栋. 类型与授权机制：县域党政一把手权力配置分析［J］. 政治学研究，2019（4）.

14. 黄信豪. 中国政治精英"栽培"制度的利与弊［J］. 文化纵横，2015（6）.

15. 黄小钫. 干部选拔任用方式的历史变迁：从委任制到选举制［J］. 北京行政学院学报，2012（4）.

16. 景跃进. 将政党带进来：国家与社会关系范畴的反思与重构［J］. 探索与争鸣，2019（8）.

17. 季乃礼. 官员逆淘汰制度溯源［J］. 人民论坛，2014（27）.

18. 贾立政，等. 关注官场逆淘汰［J］. 人民论坛，2014（27）.

19. 林尚立. 以政党为中心：中国反腐败体系的建构及其基本框架［J］. 中共中央党校学报，2009（4）.

20. 林毅夫，潘士远. 信息不对称、逆向选择与经济发展［J］. 世界经济，2006（1）.

21. 林蓉蓉. 人力资本如何影响官员晋升：基于1990—2013年省级领导晋升过程的研究 [J]. 政治学研究, 2019 (1).

22. 林蓉蓉. 中国干部选任制度化进程：基于首次干部代际更替的历史研究 [J]. 理论与改革, 2021 (4).

23. 罗峰. 转型期中国的政党治理：生成、资源与框架 [J]. 毛泽东邓小平理论研究, 2014 (5).

24. 罗中枢. 党政领导干部的分类选用、考核和管理探析 [J]. 四川大学学报（哲学社会科学版）, 2012 (1).

25. 刘云山. 在全国组织部长会议上的讲话 [J]. 党建研究, 2015 (2).

26. 刘云山. 在全国组织部长会议上的讲话 [J]. 党建研究, 2016 (2).

27. 刘再春. 党政领导干部选拔任用制度改革研究：基于制度变迁理论的分析 [D]. 上海：华东师范大学, 2012.

28. 刘建军. 新型精英与使命政治：共产党执政体系的干部制度基础 [J]. 探索与争鸣, 2010 (11).

29. 刘宗洪. "一把手"监督的难点及其应对：基于上海的调研分析 [J]. 中共中央党校学报, 2015 (4).

30. 刘京希. 政治生态学理论体系建构刍议 [J]. 马克思主义与现实, 2013 (4).

31. 刘西忠. 基层导向的党政干部培养选拔链研究 [J]. 中国行政管理, 2011 (5).

32. 李景治. 着力解决干部"带病提拔"的问题 [J]. 党政研究, 2016 (5).

33. 李景治. 加强和改进对党政"一把手"行使权力的制约监督 [J]. 党政研究, 2014 (4).

34. 李发军. 试论建立领导干部积极淘汰机制 [J]. 领导科学, 1999 (3).

35. 李源潮. 坚持德才兼备以德为先的用人标准 [J]. 求是, 2008 (20).

36. 李有学. 反科层治理：机制、效用及其演变 [J]. 河南大学学报（社会科学版）, 2014 (1).

37. 李春峰. 治理压力中的组织调适：中国共产党党内学习机制的转换与再造 [D]. 北京：中国人民大学，2013.

38. 梅赐琪，翟晓祯."政绩出官"可持续吗？：挑战晋升锦标赛理论的一个新视角 [J]. 公共行政评论，2018（3）.

39. 马剑银. 现代法治、科层官僚制与"理性牢笼"：从韦伯的社会理论之法出发 [J]. 清华法学，2008（2）.

40. 牛君，季正聚. 试析政治生态治理与重构的路径 [J]. 中共中央党校学报，2015（4）.

41. 欧阳静."关系"如何、缘何影响基层官员晋升 [J]. 甘肃行政学院学报，2012（1）.

42. 彭跃辉. 乡镇政府机构改革干部逆淘汰的成因和对策 [J]. 云南行政学院学报，2002（3）.

43. 齐惠. 略论我国公务员退出机制 [J]. 中共中央党校学报，2006（2）.

44. 乔坤元. 我国官员晋升锦标赛机制的再考察：来自省、市两级政府的证据 [J]. 财经研究，2013（4）.

45. 乔德福."一把手"特权治理困局及其破解路径 [J]. 理论探讨，2014（2）.

46. 人民论坛问卷调查中心. 官场逆淘汰六大怪象 [J]. 人民论坛，2014（27）.

47. 人民论坛问卷调查中心."逆淘汰"程度与根源：对官场逆淘汰的调查分析 [J]. 人民论坛，2014（27）.

48. 人民论坛"特别策划"组. 关注官场逆淘汰 [J]. 人民论坛，2014（27）.

49. 人民论坛"特别策划"组."后备干部"之谜：一个特殊群体的生存状态和未来制度走向 [J]. 人民论坛，2010（10）.

50. 人民论坛问卷调查中心. 后备干部怎么"备"，"备"什么：关于后备干部群体的问卷调查 [J]. 人民论坛，2010（10）.

51. 任剑涛. 政党、民族与国家：中国现代政党-国家形态的历史-理论分析 [J]. 学海，2010（4）.

52. 任剑涛. 从政党国家到民族国家：政党改革与中国政治现代化 [J]. 江苏行政学院学报，2013（3）.

53. 任剑涛. 以党建国: 政党国家的兴起、兴盛与走势 [J]. 江苏行政学院学报, 2014 (3).

54. 任剑涛. 从帝制中国、政党国家到宪制中国: 中国现代国家建构的三次转型 [J]. 学海, 2014 (2).

55. 任剑涛. 宏观避险、中观着力与微观搞活: 中国治理体系现代化的转变 [J]. 政治学研究, 2019 (1).

56. 任中平, 张振雪. 党内"一把手"体制的由来、危害与治理 [J]. 江苏行政学院学报, 2012 (3).

57. 任建明. 领导干部选拔制度模式研究 [J]. 清华大学学报 (哲学社会科学版), 2003 (S1).

58. 孙立平. "关系"、社会关系与社会结构 [J]. 社会学研究, 1996 (5).

59. 史云贵. 完善官员"正淘汰"机制 [J]. 人民论坛, 2014 (27).

60. 石绍斌. 论我国公务员退出机制的发展与完善 [J]. 江西社会科学, 2008 (10).

61. 施康. 我国公务员录用、管理与退出机制的关系及整合研究 [D]. 南京: 南京农业大学, 2006.

62. 松尧·撒列尼, 伊万·撒列尼. 东欧社会转型中的精英循环与再生产 [J]. 毕向阳, 译. 战略与管理, 1997 (6).

63. 陶然, 苏福兵, 陆曦, 等. 经济增长能够带来晋升吗?: 对晋升锦标竞赛理论的逻辑挑战与省级实证重估 [J]. 管理世界, 2010 (12).

64. 汤秀丽. 官场"逆淘汰"的成因、危害与防御机制探讨 [J]. 领导学科, 2015 (22).

65. 王续添, 辛松峰. 中心主义国家现代化的历史逻辑: 以近代中国社会中心力量转换为中心的考察 [J]. 政治学研究, 2021 (6).

66. 王文龙. 制度缺陷、逆淘汰与阶层固化 [J]. 吉首大学学报 (社会科学版), 2011 (4).

67. 王海峰. 干部国家与中国建设: 一个新的分析概念和框架 [J]. 上海行政学院学报, 2012 (4).

68. 汪仕凯. 政治体制能力: 一个解释国家治理兴衰的分析框架 [J]. 学术月刊, 2021 (10).

69. 武园萍. 建立干部定期适度淘汰机制的探索 [J]. 福建论坛 (经济

社会版），1995（2）．

70. 吴海红．选人用人中的"带病提拔"：概念、类型及治理对策［J］．中共天津市委党校学报，2012（6）．

71. 吴海红．从政治生态恶化到执政基础侵蚀："带病提拔"现象的危害性分析［J］．理论探讨，2015（5）．

72. 吴海红．防范"带病提拔"的保障性制度构建［J］．中共浙江省委党校学报，2015（5）．

73. 习近平．在党的十八届六中全会第二次全体会议上的讲话（节选）［J］．求是，2017（1）．

74. 习近平．在全国组织工作会议上的讲话［J］．当代党员，2018（19）．

75. 习近平．在庆祝中国共产党成立100周年大会上的讲话［J］．求是，2021（14）．

76. 徐湘林．后毛时代的精英转换和依附性技术官僚的兴起［J］．战略与管理，2001（6）．

77. 袭亮，龚凡鑫．官场"逆淘汰"：表现及其治理［J］．山东行政学院学报，2017（4）．

78. 俞可平．改革开放30年政府创新的若干经验教训［J］．国家行政学院学报，2008（3）．

79. 杨光斌．什么是历史政治学？［J］．中国政治学，2019（2）．

80. 杨光斌，释启鹏．历史政治学的功能分析［J］．政治学研究，2020（1）．

81. 杨光斌．历史政治学的知识主体性及其社会科学意涵［J］．政治学研究，2021（1）．

82. 杨光斌．历史政治理论序论［J］．社会科学，2022（10）．

83. 杨雪冬．压力型体制：一个概念的简明史［J］．社会科学，2012（11）．

84. 杨德山．当代中国共产党干部选拔任用标准演变考察［J］．新视野，2004（6）．

85. 姚洋，张牧扬．官员绩效与晋升锦标赛：来自城市数据的证据［J］．经济研究，2013（1）．

86. 姚桓．扫除官场"逆淘汰"［J］．中国党政干部论坛，2014（11）．

87. 郁建兴，蔡尔津，高翔. 干部选拔任用机制在纵向地方政府间关系中的作用与限度：基于浙江省市县党政负责人的问卷调查［J］. 中共浙江省委党校学报，2016（1）.

88. 袁超. "关系"裹挟、科层失灵与官场逆淘汰［J］. 理论探讨，2017（3）.

89. 袁超. 政治衰败概念的分析与重构：基于"三层次"概念建构法的尝试［J］. 国外理论动态，2015（2）.

90. 袁超. 政党-国家形态下的政党能力：一个解释中国经济转型的理论简纲［J］. 内蒙古大学学报（哲学社会科学版），2015（2）.

91. 袁超. 政党、社会和民众关系的内涵分析：从普遍意涵到时代意涵的理论阐释［J］. 江西师范大学学报（哲学社会科学版），2015（5）.

92. 余洋. 从精英国家化到国家精英化：我国干部录用制度的历史考察［J］. 社会，2010（6）.

93. 赵乐际. 在全国组织部长会议上的讲话［J］. 党建研究，2015（2）.

94. 赵大朋. 使命型政党与中国共产党的自我革命：基本逻辑、动力机制与风险应对［J］. 治理研究，2022（3）.

95. 翟学伟. 关系与权力：从共同体到国家之路：如何认识传统中国人与中国社会总纲［J］. 社会科学研究，2011（1）.

96. 翟学伟. 再论"差序格局"的贡献、局限于理论遗产［J］. 中国社会科学，2009（3）.

97. 翟学伟. 关系与权力：从共同体到国家之路：如何认识传统中国人与中国社会总纲［J］. 社会科学研究，2011（1）.

98. 翟学伟. 人情与制度：平衡还是制衡？：兼论个案研究的代表性问题［J］. 开放时代，2014（4）.

99. 周雪光. "逆向软预算约束"：一个政府行为的组织分析［J］. 中国社会科学，2005（2）.

100. 周雪光. 基层政府间的"共谋现象"：一个政府行为的制度逻辑［J］. 社会学研究，2008（6）.

101. 周雪光. 国家治理逻辑与中国官僚体制：一个韦伯理论视角［J］. 开放时代，2013（3）.

102. 周黎安. 中国地方官员的晋升锦标赛模式研究［J］. 经济研究，

2007（7）.

103. 周晓. 领导干部"逆淘汰"现象及其解决对策分析［D］. 哈尔滨：黑龙江大学，2019.

104. 周建红. 官场逆淘汰的形成机制及治理思路［J］. 领导科学，2015（6）.

105. 张维迎，柯荣住. 诉讼过程中的逆向选择及其解释：以契约纠纷的基层法院判决书为例的经验研究［J］. 中国社会科学，2002（2）.

106. 张李节. 官场"逆淘汰"现象的末端治理［J］. 领导科学，2015（1）.

107. 张弛. 解码中共"后备干部"［J］. 凤凰周刊，2016（21）.

108. 竺乾威. 现代官僚制的重构：中国干部制度改革的回顾与展望［J］. 江苏行政学院学报，2011（6）.

109. 朱信凯，彭廷军. 新型农村合作医疗中的"逆向选择"问题：理论研究与实证分析［J］. 管理世界，2009（1）.

110. 祝灵君. 从"打破"官僚制到超越官僚制：当代中国执政党建设的另一种逻辑分析［J］. 马克思主义与现实，2010（5）.

111. 郑崇明，孙宗峰，杨君. 官员晋升逆淘汰的新制度主义分析及对策［J］. 廉政文化研究，2016（3）.

112. 冯军旗. 中县干部［D］. 北京：北京大学，2010.

113. 方韦. 公务员退出机制研究［D］. 上海：复旦大学，2011.

114. 刘博. 我国公务员退出制度研究［D］. 上海：华东师范大学，2006.

115. 兰喜阳. 党政领导干部选拔任用制度改革与完善研究［D］. 北京：中共中央党校，2004.

（六）报刊类

1. 党政领导干部选拔任用工作条例［N］. 人民日报，2019-03-18（2）.

2. 党政领导干部考核工作条例［N］. 人民日报，2019-04-22（5）.

3. 党政机关厉行节约反对浪费条例［N］. 人民日报，2013-11-26（8）.

4. 关于新形势下党内政治生活的若干准则［N］. 人民日报，2016-11-03（5）.

5. 关于改进地方党政领导班子和领导干部政绩考核工作的通知［N］. 人民日报, 2013-12-10 (2).

6. 胡锦涛. 坚定不移沿着中国特色社会主义道路前进 为全面建成小康社会而奋斗: 在中国共产党第十八次全国代表大会上的报告［N］. 人民日报, 2012-11-18 (1).

7. 贾立政. 用什么堵住"逆淘汰"的黑洞［N］. 人民日报, 2014-10-17 (4).

8. 刘云山. 党员干部要自觉践行"三严三实"［N］. 学习时报, 2014-09-08 (1).

9. 习近平. 关于《中共中央关于全面深化改革若干重大问题的决定》的说明［N］. 人民日报, 2013-11-16 (1).

10. 习近平. 强化反腐败体制机制创新和制度保障 深入推进党风廉政建设和反腐败斗争: 在十八届中央纪委三次全会上发表重要讲话强调［N］. 人民日报, 2014-01-15 (1).

11. 习近平. 在十八届中央纪委五次全会上发表重要讲话［N］. 人民日报, 2015-01-14 (1).

12. 习近平. 严把标准公正用人拓宽视野激励干部 造就忠诚干净担当的高素质干部队伍［N］. 人民日报, 2018-11-27 (1).

13. 习近平. 在深圳经济特区建立40周年庆祝大会上的讲话［N］. 人民日报, 2020-10-15 (2).

14. 习近平. 高举中国特色社会主义伟大旗帜 为全面建设社会主义现代化国家而团结奋斗: 在中国共产党第二十次全国代表大会上的报告［N］. 人民日报, 2022-10-26 (1).

15. 习近平在全国组织工作会议上强调 建设一支宏大高素质干部队伍确保党始终成为坚强领导核心［N］. 人民日报, 2013-06-30 (1).

16. 县以上党和国家机关党员领导干部民主生活会若干规定［N］. 人民日报, 2017-01-13 (1).

17. 中华人民共和国公务员法［N］. 人民日报, 2019-04-02 (15).

18. 中国共产党章程（中国共产党第二十次全国代表大会部分修改, 2022年10月22日通过）［N］. 人民日报, 2022-10-27 (1).

19. 中国共产党廉洁自律准则［N］. 人民日报, 2015-10-22 (3).

20. 中国共产党地方委员会工作条例［N］. 人民日报, 2016-11-05

(6).

21. 中国共产党纪律处分条例［N］. 人民日报, 2018-08-27（3）.

22. 中国共产党党员教育管理工作条例［N］. 人民日报, 2019-05-22（1）.

23. 中国共产党问责条例［N］. 人民日报, 2019-09-05（3）.

24. 中国共产党组织工作条例［N］. 人民日报, 2021-06-03（5）.

25. 中国共产党组织处理规定（试行）［N］. 人民日报, 2021-03-29（1）.

26. 中办印发《推进领导干部能上能下规定》［N］. 人民日报, 2022-09-20（1）.

27. 中共中央印发《2018—2022年全国干部教育培训规划》［N］. 人民日报, 2018-11-02（5）.

28. 中共中央关于全面深化改革若干重大问题的决定［N］. 人民日报, 2013-11-16（1）.

29. 中共中央关于坚持和完善中国特色社会主义制度 推进国家治理体系和治理能力现代化若干重大问题的决定［N］. 人民日报, 2019-11-06（1）.

30. 中央纪委有关负责同志就颁布新修订的《中国共产党廉洁自律准则》《中国共产党纪律处分条例》答记者问［N］. 人民日报, 2015-10-26（6）.

31. 中办印发《推进领导干部能上能下规定》［N］. 人民日报, 2022-09-20（1）.

32. 中共中央办公厅法规局. 开辟新时代依规治党新境界: 党的十八大以来党内法规制度建设成就综述［N］. 人民日报, 2021-06-17（1）.

二、英文部分（按作者姓氏首字母排序）

（一）Books

1. ARORA R K. Comparative Public Administration (An Ecological Perspective)［M］. New Delhi: Associated Publishing House, 1972.

2. ANDREAS J. Rise of Red Engineers: The Cultural Revolution and the Origins of China's New Class, Stanford［M］. California: Stanford University Press, 2009.

3. GREENWALD B C N. Adverse Selection in the Labor Market［M］.

London: Routledge, 1979.

4. LEE H Y. From revolutionary cadres to party technocrats in socialist China [M]. Oakland: University of California Press, 2018.

5. MILLS C W. The Power Elite [M]. New York: Oxford University Press, 1956.

6. MILIBAN R. The State in Capitalist Society [M]. New York: Basic Books, 1969.

7. PYE L W. The Dynamics of Chinese Politics [M]. Cambridge: Oelgeschlager, Gunn & Hain, 1981.

8. QUINN R E, et al. Becoming a Master Manager: A Competing Values Approach [M]. New Jersey: John Wiley & Sons, 2015.

(二) Articles

1. AKERLOF G A. The market for lemon: Quality uncertainty and the market mechanism [J]. The Quarterly Journal of Economics, 1970, 89: 488-500.

2. BIAN Y J, SHU X L, LOGAN J R. Communist Party Membership and Regime Dynamics in China [J]. Social Forces, 2001, 79 (2): 805-841.

3. COLLIER D, MAHON J E. Conceptual "Stretching" Revisited: Adapting Categories in Comparative Analysis [J]. American Political Science Review, 1993, 87 (4): 845-855.

4. CHOI E K. Patronage and Performance: Factors in the Political Mobility of Provincial Leaders in Post-Deng China [J]. The China Quarterly, 2012, 212: 965-981.

5. HEBERER T, TRAPPEL R. Evaluation Processes, Local Cadres' Behavior and Local Development Process [J]. Journal of Contemporary China, 2013, 22 (84): 1048-1066.

6. HACKER J S, HERTEL-FERNANDEZ A, PIERSON P, et al. The American Political Economy: Markets, Power, and the Meta Politics of US Economic Governance [J]. Annual Review of Political Science, 2022, 25 (1): 197-217.

7. JIA R, KUDAMATSU M, SEIM D. Political Selection in China: The Complementary Roles of Connections and Performance [J]. Journal of the European Economic Association, 2015, 13 (4): 631-668.

8. LI H, GORE L P. Merit-Based Patronage: Career Incentives of Local

Leading Cadres in China [J]. Journal of Contemporary China, 2018, 27 (109): 85-102.

9. LI C, BACHMAN D. Localism, Elitism, and Immobilism: Elite Formation and Social Change in Post-Mao China [J]. World Politics, 1989, 42 (1): 64-94.

10. LI C, WHITE L. Elite Transformation and Modern Change in Mainland China and Taiwan: Empirical Data and the Theory of Technocracy [J]. The China Quarterly, 1990, 121: 1-35.

11. LI C, WHITE L. The Thirteenth Central Committee of the Chinese Communist Party: From Mobilizers to Managers [J]. Asian Survey, 1998, 28 (4): 371-399.

12. LI C, WHITE L. The Fifteenth Central Committee of the Chinese Communist Party: Full-Fledged Technocratic Leadership with Partial Control by Jiang Zemin [J]. Asian Survey, 1998, 38 (3): 231-264.

13. LAZEAR E P, ROSEN S. Rank-order Tournaments as Optimum Labor Contracts [J]. Journal of Political, 1981, 89 (5): 841-864.

14. LEE H Y. China's 12th Central Committee: Rehabilitated Cadres and Technocrats [J]. Asian Survey, 1983, 28 (4): 673-691.

15. LIN R R. The Rise of Technocratic Leadership in the 1990s in the People's Republic of China [J]. Politics and Governance, 2020, 8 (4): 157-167.

16. SHIH V, ADOLPH C, LIU M X. Getting ahead in the Communist Party: Explaining the Advancement of Central Committee Members in China [J]. American Political Science Review, 2012, 106 (1): 166-187.

17. SHAMBAUGH D. Training China's Political Elite: The Party School System [J]. The China Quarterly, 2008, 196: 827-844.

18. TURNER R H. Sponsored and Contest Mobility and the School System [J]. American Sociological Review, 1960, 25 (6): 855-867.

19. TSAI W H, KOU C W. The Party's Disciples: CCP Reserve Cadres and the Perpetuation of a Resilient Authoritarian Regime [J]. China Quarterly, 2015, 221: 1-20.

20. WALDER A G. The Party Elite and China's Trajectory of Change [J]. China: An International Journal, 2004, 2 (2): 189-209.

21. ZANG X W. Educational Credentials, Elite Dualism, and Elite Stratification in China [J]. Sociological Perspectives, 2001, 44 (3): 189-205.

22. Zang X W, CHEN N B. How Do Rural Elites Reproduce Privileges in Post - 1978 China Local corporatism, informal bargaining and opportunistic parasitism [J]. Journal of Contemporary China, 2015, 24 (94): 628-643.

23. ZANG X W. Technical training, sponsored mobility, and functional differentiation [J]. Communist and Post - Communist Studies, 2006, 39 (1): 39-57.

24. ZANG X W. Elite transformation and recruitment in post - Mao China [J]. Journal of Political & Military Sociology, 1998, 26 (1): 39-57.

25. ZANG X W. The Fourteenth Central Committee of the CCP: Technocracy or Political Technocracy? [J]. Asian Survey, 1993, 33 (8): 787-803.

26. ZHOU X G, TUMA N B, MOEN P. Stratification Dynamics under State Socialism: The Case of Urban China, 1949-1993 [J]. Social Forces, 1996, 74 (3): 759-796.

27. ZHAO W, ZHOU X G. Chinese Organizations in Transition: Changing Promotion Patterns in the Reform Era [J]. Organization Science, 2004, 15 (2): 186-199.

后 记

开始抬手写下本书后记的这一刻,我的内心是惶恐而焦虑的。经过反复思忖,这种内心情绪的出现,大抵是因为以下几方面原因。

首先,关于本书的研究主题与研究推进过程。在政治学的研究议题中,当代中国干部问题研究可谓中外学者时刻高度关注的议题。虽然中外学术界在立场、史观和具体的研究路径、方法等方面不尽相同,但仍然存在众多可以对话的概念和层次。也正因如此,我等青年学者才怀揣学术梦想,试图能以严肃的学术逻辑去探寻当代中国的干部制度变迁、去阐释其重要的附随性问题。由于实地调研上的不完整(相对于研究计划而言)、信息掌握上的不对称以及本人研究水平的限制,本研究还是停留在了"阶段性成果"的层面,而未能如愿成为一份当初那个带着理想主义学术构思的研究成果,我深表遗憾。

其次,关于本研究的整体质量。粗略算来,整项研究从选题构思到最终成稿共耗费近5年时间。若换作一位天赋异禀的学者,恐怕早已完成了"1万小时积累"并成为这个领域的专家。可惜,本人不仅天资鲁钝,还罹患重度拖延症,以致未能在这个时间不短的研究周期中实现蜕变。实际上,这项研究试图完成对干部淘汰和逆淘汰的学术重构,特别是希望能够基于对这样两种"孪生"机制的解析来重新解释当代中国的干部结构转换。或许,这是一个不小的学术抱负,但受制于研究者自身的学术积累和性格缺陷,并未真正推出一部让本人完全满意的著作。这样的不满意,具体体现在,拙作的章节布局、概念构建、机制阐释等仍然存在进一步推敲调整的空间,有些结论或许还需要在历史发展中得到进一步验证。

再次,关于本人的学术成长。从宽泛意义上讲,这本书是本人学术征途中的首部著作（博士学位论文还在修改完善中、尚未出版），同时又是在完全跳出博士研究选题和积累的前提下完成的，因而到了"丑媳妇"真要见"公婆"的时候，倍感忐忑和惶恐。纵观在学术史上留下伟大成果的学者，他们无一例外都是在某个研究议题上进行了毕生的积累和探索，频繁更换研究议题或什么议题都涉及往往只能成为"杂家"而永远成为不了"大家"。应该说，任何一个青年学者都很清楚这个道理，但又不得不在当下中国的学术生存圈中不断调适自我。从比较政治理论研究转向当代中国政治研究，我的第一次学术议题转换发生在毕业后的7年中，我不否认这样的转换是适应职场的一种体现，但也确实怀揣着想要"接点地气"、把中国故事讲好的学术理想。7年来，虽未产出惊艳的研究成果，但每一篇干部研究论文也是付出了心血，时刻抱着"宁肯慢一点也要把问题想清楚点""宁肯不发表也要把研究做得扎实点""宁肯不写作也要让想法更有灵气点"的原则，回想起来，也的确是透着浓浓的"书生迂腐气"。都说"百无一用是书生"，但谁能回答为什么书生一定要"有用"呢？何谓"有用"？这一定是个没有标准答案的问题，至少对于我来说，心中的"有用"断然不是用发多少论文、拿多少课题、赢得多少称号、赚取多少金钱来衡量的。学者，或许还是应该回归朴素的思考、做朴素的研究、回答朴素的问题。这本书，这项未竟的研究，虽然非常不完美，甚至充满缺憾，但我要将它作为这7年学术议题转换的总结，用"遗憾"来鞭策自己，并开启新的学术征程——重回"象牙塔"。

行文至此，惶恐、焦虑仍然未得到缓解。但细细回顾这项研究的历程，总有无数让我感动的场景和瞬间浮现脑海。在此，我想真诚感恩这些人和事。

从选题形成，到获得国家社科基金资助，再到整体研究推进，我得到了一众前辈"老法师"（沪语）和同侪学友的指点和帮助：他们是中共上海市委党校、上海行政学院的郭庆松教授、曾峻教授、梅丽红教授、周敬青教授、刘宗洪教授、刘红凛教授、赵刚印教授、吴海红教授、周建勇教授、谷宇教授、赵大朋副教授、袁峰副教授以及党校科研处郭小霞、陆怡清、马宗亮等，深圳大学政府管理学院、当代中国政治研究所的黄卫平教授、张定淮教授、陈家喜教授、陈文教授、唐娟教授、谷志军教授、林蓉蓉副教授、聂伟副教授、陈科霖博士、吴灏文博士、陈硕博士、段哲哲博士以及校院科研系统石秀选、王宁、张璋、王莹莹、吴沛谦等，复旦大学政治学博士后流动站的陈明明教授、郭定平教授、臧志军教授、刘建军教授、陈周旺教授、熊易寒教授，"干部研究工作坊"（本课题开题会）的浙江大学高翔教授、厦门大学林雪霏副教授、上海师范大学冯猛副教授、上海外国语大学郝诗楠副教授、清华大学杨竺松副教授、上海交通大学曾瑜副教授、中央财经大学王兰兰副教授、中国行政管理学会彭云研究员、华东师范大学陶逸骏博士、深圳大学郭晨晖博士、江苏省人社厅汪吉庶博士、浙江工业大学蒋杭波博士等，"政知闪耀"读书小组的武祥博士、刘莹博士、龙雪岗博士和鞠亚楠同学。我要感谢他们的无私帮助！

在本研究的攻坚深化过程中，我要特别感谢几位师友。首先，感谢我的博士后合作导师陈明明教授，这项研究之所以能够从干部逆淘汰研究拓展到干部淘汰研究，并将二者视为干部结构转换机制以观察当代中国的政治发展，就是因为有陈明明老师的全力支持。无论是在博后报告开题阶段遇到质疑还是在写作过程中遭遇瓶颈，无论是在研究兴趣时汇报进展还是在研究低迷时消失逃避，陈明明老师都像一座灯塔帮我指明方向，支撑我走到最后。其次，感谢我的博士导师周淑真教授，如果没有在人大读博士那会儿周老师的手把手写作教学，那么我的学术写作一定是不入门的。周老师言传身教，我从她身上悟得了求真求实不求名、学实学通不学杂，稳扎稳打、慢工出细活的学术品质，它们铭刻在我的心中，不断鞭策着我。再次，感谢参与本书写作、为本研究提供了宝贵智力支持的学友，他们依次是：南京大学政府管理学院在读博士生龙雪岗，龙博士是我在上海党校供职时期的学生，他勤奋刻苦、踏实进取，是当下少有的能够坐得了"冷板凳"、埋头读文献、潜心做学问的青年研究者，我与龙博士经常线上讨论到深夜，也合作写成了多篇研究论文，在本书稿中，龙博士主要参与了第一章、第二章和第四章第一节的写作；北京大学历史学博士许梦阳，许博士是历史研究的青年才俊，尤其擅长中国古代史研究，我们一起探索逆淘汰的历史制度根源，并得出了一些有意思的结论，他参与了本书稿第三章第二节的写作；深圳大学政府管理学院段哲哲博士，段博士是公共行政学专家，近些年来也一直关注干部问题研究，产出了一系列干部激励议题的中英文论文，他参与了本书第四章第二节干部激励矫治机制部分的写作;以及独具卓识但不便具名的被访谈者,他们为本研究提供了极具启发的经验资料。我要感谢上述师友的鼎力支持!

最后,我想感谢我的家人。相信每位从事人文社会科学研究的学者都深有体会:一方面,包括选题、构思、阅读、写作、改稿等在内的整个过程都是"向内用力"的过程,不仅需要将时间集零为整、不被打断,还需要保持平稳的情绪和心态,以投入日复一日、夜复一夜的科研节奏中;另一方面,写作的过程从来都是崎岖不平的,不仅常会遇到认知瓶颈,而且很可能会泥足深陷,难以继续推进,好比我的博士导师周淑真教授常对弟子说的论文常常要写到"脑浆子疼",这种煎熬又恰恰会导致焦虑、烦躁、失眠,甚至有时还会抑制不住脾气、殃及池鱼。

我庆幸能在自己学术征途最焦虑的阶段,遇到了我的爱人张丽佳,她乐观向上、包容大度、诙谐风趣,总能以"宰相肚里能撑船"的气量包容我的"无名火",以"四两拨千斤"的功夫抚定我这个胖子;她既可以以"云鬓斜簪"的俏皮褪去我的土面心焦,也可以"风物长宜放眼量"的智慧引领我看向美好的远方。她以极大的耐性常常面对着一个"入定"之后即旁若无人的"木头",却又以极大的自由让这个"木头"没有半点儿束缚、能够可劲儿地追逐那些外人看来迂腐无用的学术理想,安心做一个"甩手掌柜"。明年,我们的宝宝"知知"就要来到这个世界,我希望用这本不完美的著作感谢我的夫人、迎接我们的知知宝。

当然,我更要感谢我的父母和我的姥爷姥姥。在我无尽的工作、生活抱怨面前,他们总是"毫无底线"地信任我,给我信心和力量,是他们让我没有任何后顾之忧地读书写作,是他们为我一直守护着安静无扰的家庭净土,让我无论何时回到家,都能美美地吃一顿、睡一觉,将一切烦恼抛诸脑后。我的姥爷姥姥,永远是我在这个世界上最在意的亲人,他们陪伴我长大、充满了我成长记忆中的所有场景,我怀念姥爷还在的日子、想念他把我架在肩膀上到沙河坎街上溜达买"酸溜溜"糖的场景、思念他喊我"超娃子"的音容笑貌,我真的无比想念他……在姥爷去世后,还好姥姥跟我们来到了深圳,让我有机会陪伴她的晚年。姥姥没读过什么书、大字不识几个,却是光荣在党63年的老党员,姥姥曾说她成为中国共产党党员就是想着"能更好地为人民服务",她的"好思想"常常影响着身边的亲朋好友，对我的三观塑造也最为深刻。千言万语，尽在不言中。感恩他们，愿他们健康、快乐！

没想到啰里啰唆写了这么多，果然，没有构思的文字才最是真情实感。

是为后记。

袁超

2022 年 10 月 26 日

写于深圳万达"之静斋"